# 青岛西海岸新区非物质文化遗产集萃

吕达 张成福 主编

中国文联出版社

图书在版编目（CIP）数据

匠心文脉：青岛西海岸新区非物质文化遗产集萃 / 吕达，张成福主编. -- 北京：中国文联出版社, 2024. 10. -- ISBN 978-7-5190-5587-5

Ⅰ. G127.523

中国国家版本馆 CIP 数据核字第 20247VB701 号

# 匠心文脉：青岛西海岸新区非物质文化遗产集萃

（JIANGXINWENMAI: QINGDAO XIHAIANXINQU FEIWUZHIWENHUAYICHAN JICUI）

主　　编　吕　达　张成福
责任编辑　王素珍
责任校对　秀点校对
装帧设计　吴燕妮

出版发行　中国文联出版社有限公司
社　　址　北京市朝阳区农展馆南里 10 号　　　邮编　100125
电　　话　010-85923025（发行部）　　　010-85923091（总编室）
经　　销　全国新华书店等
印　　刷　北京雅昌艺术印刷有限公司

开　　本　710 毫米×1000 毫米　1/16
印　　张　23.75
字　　数　348 千字
版　　次　2024 年 10 第 1 版第 1 次印刷
定　　价　128.00 元

## 编纂委员会

# 匠心文脉 守护传承

薛立群

地有其居，文有风尚。作为保留历史记忆、凝结民间智慧、传递民主情感、体现地域风格的非物质文化遗产，是历史“活”的见证。

青岛西海岸新区文明肇始于山海之间，底蕴深厚、民风淳朴。数千年来孕育积淀的111项非物质文化遗产，涉及生产消费、衣食住行、婚丧嫁娶、岁时节令、娱乐游艺、礼仪信仰等多个领域，林林总总，逾时而珍，镌刻成当地人民的生活印记，汇结成远方游子的淡淡乡愁，同时也凝聚成独特的文化标识，是新区呈献给世界的文化之礼。

掬起历史长河中的遗存，续一节有生命的故事；拾掇文明画卷里的碎片，镶一页话乡音的传奇。近年来，通过社会各界的共同努力，新区一大批优秀非物质文化遗产得以保护传承。“徐福传说”“黄岛茂腔”等3项被列入国家级非物质文化遗产名录；“泊里红席”“麦草画”“琅琊台传说”等7项被列入山东省非物质文化遗产名录；“胶南年画”“大珠山传说”“泊里大集”等11项被列入青岛市非物质文化遗产名录。这些非物质文化遗产凝结西海岸先民智慧的结晶，是传统文化艺术的瑰宝，正散发着故土的芬芳，尽显永恒的魅力与价值。

《匠心文脉：青岛西海岸新区非物质文化遗产集萃》收录了新区列入国家、省、市、区四级非物质文化遗产名录的项目，着重反映非遗项目的历史渊源、表现形式、代表人物、典型作品、文化价值、艺术特征和民俗风情等，图文并茂、通俗易懂、深入浅出，兼具文学性、知识性、可读性，是新区非物质文化遗产挖掘保护成果的集中展示。这本书为我们展示了新区非物质文化遗产各种形态的真实写照，是一幅文明演进图式，强调着新区独特的非物质文化遗产魅力，也是当地民众精神文脉的意向。通过这本书，我们惊喜地看到，先民们留给我们的礼物，是这样光辉灿烂，是这样弥足珍贵。读这样的书，相信人们，特别是远离故土的游子，永远也不会感到厌倦。

每项非物质文化遗产都是一个完整的生命体，都需要被完整地守护与传承，这也是我们做这项工作的初心。对本土文化的热爱就像一捧有温度的炭，只要一点火星与希望，就能够继续燃烧燎原。我相信，海纳百川、博采众长，留住历史、收藏文化，无论是过去、现在，还是未来，青岛西海岸新区的文化必然是绚丽辉煌的。

昔我来兮，生机勃勃；今我往兮，勃勃生机！

是为序。

（作者为青岛西海岸新区政协副主席，区文化和旅游局党组书记、局长）

# 目录

## 八 传统技艺

## 九 传统医药



## 十 民俗

# 前 言

山东省青岛市黄岛区,地处山东半岛西南隅,胶州湾畔。东临胶州湾,与青岛主城区隔海相望,南临黄海,北靠胶州市,西邻诸城市和日照市,总面积2128平方千米。黄岛区以黄岛岛名命名。1979年,原胶南县划出3处公社,设立黄岛区。2012年9月30日,撤销青岛市黄岛区、县级胶南市(区划调整前,原胶南市辖6个街道办事处,10个镇,共62个居委会,961个村委会;原黄岛区辖6个街道办事处,212个居委会),合并设立新的青岛市黄岛区。

2014年,设立青岛西海岸新区,与黄岛区实施“区政合一”管理体制。青岛西海岸新区(黄岛区)是2014年6月3日国务院批复设立的第九个国家级新区,与行政区黄岛区体制机制合一,包括黄岛区全部行政区域,陆域面积约2129平方千米,海域面积约5000平方千米、海岸线309千米,辖23个镇街、功能区,376个村和社区,总人口261.4万人。

截至2023年6月,黄岛区下辖14个街道、8个镇:黄岛街道、辛安街道、薛家岛街道、灵珠山街道、长江路街道、红石崖街道、灵山卫街道、珠海街道、隐珠街道、铁山街道、滨海街道、胶南街道、王台街道、张家楼街道、琅琊镇、泊里镇、大场镇、大村镇、六汪镇、海青镇、宝山镇、藏马镇,另辖灵山岛省级自然保护区。

2014年设立国家级新区青岛西海岸新区后,黄岛区全力加强新区建设,在政府文件、社会资料以及民间口语中,青岛西海岸新区、西海岸新区、新区、黄岛区等词语经常被交错使用,作为地理概念的“西海岸”也被人持续使用,这些词语在当地人心目中等同于作为行政区域的

“青岛市黄岛区”和作为国家级新区的“青岛西海岸新区”。

青岛西海岸新区高标准打造影视之都、音乐之岛、啤酒之城、会展之滨“四张国际名片”，东方影都领航电影工业，成为全球知名影视文化地标；凤凰之声、星光岛大剧院交相辉映，凤凰音乐节跻身国内一流音乐节行列；青岛国际啤酒节成为世界规模最大啤酒盛会，品牌价值368亿元；国际会展名区魅力凸显，获评中国十佳会展名区。

收入本书的青岛市黄岛区111项非物质文化遗产项目分布于全区的23个镇街、功能区，从2006年第一批非物质文化遗产名录被公布到2023年黄岛区公布第七批区级非物质文化遗产项目名录，17年间，区内的部分行政和功能区划几经变革。这些变革也相应地在各个时期非物质文化遗产的申报文件中得以保留。如胶南市2012年并入新的黄岛区，藏南镇于2019年更名为藏马镇等。在很多非物质文化遗产文件中依然保留了胶南市、藏南镇的名称。

2022年年底，我们策划出版本书，期望将青岛市黄岛区的所有非物质文化遗产项目收入一本书中，发挥集中展示、宣传新区本土特色文化资源的作用。本书的编纂，按中国非物质文化遗产的分类方法编排，采用最新国家级非物质文化遗产代表性项目名录中的分类名称，即民间文学，传统音乐，传统舞蹈，传统戏剧，曲艺，传统体育、游艺与杂技，传统美术，传统技艺，传统医药，民俗，共计十类。同时，我们认识到“人”与活态传承才是非物质文化遗产保护和传承的关键，因此把非物质文化遗产代表性传承人的生平和传承事迹收入书中，也按分类方法编排，排在对应类别代表性项目后。整本书，既可以通观青岛市黄岛区所有非物质文化遗产项目内容，又可以详见对应项目的代表性传承人的基本情况，在见人见生活立体活态的传承中把握这一地区非物质文化遗产的保护现状和未来发展。

2023年，由于区非物质文化遗产保护中心接收到了太多咨询和申请，百姓们对自己掌握的技艺、技能能够被列入非物质文化遗产名录特别渴望。2023年下半年，我们组织专家进行了第七批区级非物质文化遗产项目的评审，评出25个项目进入名录，这些项目也被收入本书中。

为了编好此书，我们曾经组织专家团队对部分非物质文化遗产项目进行细致调研，如徐福传说、梁祝传说、铁橛悬泉传说、宝山地秧歌、胶州剪纸、胶南年画、西海岸核雕、大夼香传统制作技艺等20余个项目。这些项目的调研成果已经在书中有所体现。但由于时间关系，还有很多项目没能进行实地调研，在编纂过程中只能依据项目申报书进行文字抽取和编辑。为了尽可能地保存非物质文化遗产的地域性特征和传承人对该项目的认知，我们在编纂中多遵循保持申报书文本原貌的原则，除了一些明显的知识性、语言性错误，尽量不对其进行修改。读者可能会感觉到此书的文风多样，这一方面是学术的需要，另一方面也是编者水平的限制，请读者谅解。

人是非物质文化遗产保护中最需要保护的，绝大多数的非物质文化遗产代表性传承人在困境中坚守中华民族的优秀传统，在新时代进行非物质文化遗产的创造性转化、创新性发展。通过此书，我们可以更多地认识在西海岸新区大地上活跃的各级各类传承人，为他们加油鼓劲。同时，通过此书，我们可以更深入了解新区大地上人们千百年来创造和传承的各类民族民间文化瑰宝，我们以及我们的孩子也会因这些瑰宝而无比自豪。

# 一 民间文学

# 徐福传说

徐福传说是关于秦末方士徐福及其活动内容的传说群，千百年来通过人们的口耳相传而不断传承，成为地方文化中非常重要的文化元素和标志性文化。2011 年，原青岛市黄岛区、胶南市分别申报的“徐福传说”同时入选第三批国家级非物质文化遗产名录。2019 年 11 月，《国家级非物质文化遗产代表性项目保护单位名单》公布，青岛市黄岛区琅琊暨徐福研究会、青岛市黄岛区文化馆被确认为“徐福传说”项目保护单位。

《史记》《汉书》《太平寰宇记》《三齐记》《齐乘》等古籍均有徐福在青岛活动并出海的记载。地方志如《登州府志》《莱州府志》《平

琅琊台景区

度州志》《胶州志》《即墨县志》《灵山卫志》等对徐福也有记载。很多文人墨客到青岛后留下了吟咏徐福东渡事件的文字。

徐福传说在青岛市有几个集中流传地。在青岛西海岸新区琅琊台周边，大珠山、小珠山周边，徐山周边，都流传着关于徐福的多种传说。其中，在琅琊台上有徐福殿、徐福像、徐福觐见秦始皇石雕、徐福街等文化景观。在琅琊台周边有徐福东渡启航处石碑，有些村落有专门宣传徐福的壁画，徐福酒店、徐福公园等徐福传说的文化载体。在小珠山上有徐福洞。在徐山及其周边有徐福石屋、车辙石、神茶树、徐福井、徐福启航处、镰湾河等多种关于徐福传说的物质载体。在青岛崂山区有徐福岛，在徐福岛周边的登瀛社区、栲栳岛社区流传着大量有关徐福船队出海的传说，徐福水道、福塔流等与徐福有关的人文遗迹、自然景观至今被人们津津乐道。在青岛平度市城关街道，历史上曾有徐福乡、徐福村，也流传着关于徐福及其家人的传说。

与其他地区徐福传说的主要内容为徐福东渡事件不同，青岛流传的徐福传说内容丰富，涵盖了徐福生活、东渡寻找长生不老药、到达日本等多方面的内容。如在平度，流传着徐福父亲徐猛建村的传说；在徐山、小珠山，流传着徐福在山洞修炼、在山上采药、与弟子生活的传说，流传着徐福自此出海的传说；在大珠山，流传着徐福爱情生活及为民治病的传说；在琅琊台，流传着徐福觐见秦始皇，率领船队出海寻找长生不老药的传说；在崂山，流传着徐福船队驻扎徐福岛，在此休整后出海的传说。此外，在各地，还流传着徐福带着童男童女到了日本，日本人之所以穿和服，是因为徐福出海时忘记带剪刀，没法裁剪衣服的

黄岛区非遗专家听取当地村民讲述徐福传说

传说。在青岛各地的传说中，徐福也不再只是历史人物、传说人物，而是成了神仙人物。他一直保佑着这方的百姓平安，也成为当代人们开展政治经济文化建设、发展地方经济、建构文化自信和实现区域文化认同的重要文化资源。

为了保护和传承好徐福传说，青岛西海岸新区相关部门作出了卓有成效的努力。如在琅琊台设立徐福觐见秦始皇石雕群像，竖立徐福东渡启航处石碑，连续十几年召开徐福文化国际研讨会，建设徐福街、徐福公园等；把徐福石屋列为文物保护单位，挖掘整理徐福传说的多个版本，编印《徐山》《琅琊风》等书刊杂志，新编大型茂腔戏《徐福东渡》。成立了黄岛区琅琊暨徐福研究会、青岛西海岸新区徐福文化研究中心、青岛西海岸新区徐福传说传承基地，专门研究徐福传说、徐福文化和当地历史文化的密切关联。

徐福传说具有重要的历史文化价值和学术价值。徐福在中、日、韩三国都具有十分广泛和深远的影响。在日本，徐福被视为农耕神、养蚕神、医药神之一；在韩国，也有很多地方十分尊崇徐福。徐福传说反映了先民探索未知世界的愿望，塑造了一个抱负宏远、博学多智、具有冒险精神的徐福形象，对区域社会地方认同和文化认同的形成具有较大影响。受现代传媒方式的影响，如电视、网络和各种新兴媒体的逐渐普及，民间传说的口头讲述活动逐渐受人冷落，一向主要靠口传心授方式传承的这一古老传说失去了传承的主要载体，加之徐福传说传承人相继离世，使口头传承面临后继乏人的状况。

## （一）徐福传说（琅琊台）

徐福，字君房，秦代方士，相传为琅琊（今青岛市黄岛区琅琊镇）人，其于始皇二十八年（前 219）和始皇三十七年（前 210），在琅琊台两次上书秦始皇，为秦始皇入海寻求神山仙药。始皇三十七年，其带数千名童男童女和五谷百工由琅琊台下的琅琊港扬帆启航东渡日本，一去不返。

公元前 219 年，秦始皇东巡到了山东沿海的琅琊（今青岛市黄岛区琅琊台）。传说齐人徐福与一些方士上书秦始皇，声称海中有三座神山，请求秦始皇派童男童女和他一起去求长生不老药。秦始皇听信了徐福的话，派了数千童男童女乘船随他出航。经过几年，花去了许多费用，并没有得到神药。公元前 210 年，秦始皇再次巡幸琅琊时，徐福恐怕受到责备，便编造说法，说是船行途中遇到海中的大鲛鱼，受到阻难，一定要派善于使用连弩的射手去才能排除困难。这次秦始皇又派徐福率童男童女 3000 余人，装载五谷种子、技艺百工入海，徐福入海后则一去不返。传说徐福航海沿途经过朝鲜半岛最后到达了日本，韩国、日本国内亦盛传徐福在抵达本国后种种活动的情形。

当地学者研究认为，徐福东渡航线是从琅琊台的琅琊港出发，穿过渤海口，抵达辽东半岛，再沿朝鲜半岛近海域抵达对马海峡，经冲绳岛入日本北九州。徐福率领庞大的船队，沿近海岸航行绕道而抵达日本，表明古代中国人近海远航的技术和知识已趋成熟。日本和歌山县新宫町附近迄今还有徐福古墓、古祠和徐福碑文，以纪念他率童男童女、携种粒和耕作农具，开垦种植，养育后代之功。

关于徐福东渡的主要文献有：

《史记·秦始皇本纪》记载，始皇二十八年（前 219），秦始皇率文武百官东巡琅琊，“齐人徐市等上书，言海中有三神山，名曰蓬莱、方丈、瀛洲，仙人居之。请得斋戒，与童男女求之”。秦始皇同意了徐福的请求，“于是遣徐市发童男女数千人，入海求仙人”。同书记载：始皇三十七年（前 210），秦始皇来到琅琊，再次见到徐福，“方士徐市等入海求神药，数岁不得，费多，恐谴，乃诈曰：‘蓬莱药可得，然常为大鲛鱼所苦，故不得至，愿请善射与俱，见则以连弩射之。’”秦始皇相信了徐福的说法，第二次派徐福入海采药，这次配备了强弩射手。

《史记·淮南衡山列传》又记载了新的情况。将军伍被与淮南王刘安谈论徐福入海采药这件事，书中记载："又使徐福入海求神异物，（徐福）还为伪辞曰：'臣见海中大神，言曰："汝西皇之使邪？"臣答曰："然。""汝何求？"曰："愿请延年益寿药。"神曰："汝秦王之礼薄，得观而不得取。"即从臣东南至蓬莱山，见芝成宫阙，有使者铜色而龙形，光上照天。于是臣再拜问曰："宜何资以献？"海神曰："以令名男子若振女与百工之事，即得之矣。"秦皇帝大说，遣振男女三千人，资之五谷种种百工而行。徐福得平原广泽，止王不来。"这是说徐福最后一次入海的事，虽然与先前记载不同，但司马迁也作了如实的记载。东汉班固《汉书·郊祀志》和《伍被传》都记载了徐福入海采药的事，大体和《史记》的记载相同，只是徐福所去的平原广泽改为平原大泽。

徐福东渡启航处

晋代成书的《三国志·吴主传》记载，吴大帝黄龙二年（230），孙权"遣将军卫温、诸葛直将甲士万人浮海求夷洲及亶洲。亶洲在海中，长老传言秦始皇遣方士徐福将童男童女数千人入海，求蓬莱神山及仙药，止此洲不还。世相承有数万家，其上人民，时有至会稽货布，会稽东县人入海行，亦有遭风流移至亶洲者。所在绝远，卒不可得至，但得夷洲数千人还"。徐福所去的地方又成了亶洲。夷洲即今日的台湾，亶洲在夷洲以远，像是今日的日本。

南北朝时刘宋人范晔撰《后汉书·东夷传》中也记载了《三国志》中那一段文字，范晔将其列在倭国以后，似乎是指日本。

《隋书·倭国传》隋大业四年（608）记载："上遣文林郎裴（世）

清使于倭国，度百济，行至竹岛，南望耽罗国，经都斯麻国，迥在大海中，又东至一支国，又至竹斯国，又东至秦王国，其人同于华夏，以为夷洲，疑不能明也。”这里说的秦王国，好像是指的徐福所建立之国。这个地方是今日日本的什么地方，日本学者看法不一：有的以为是广岛县的安艺志严岛，有的以为是山口县周防，有的以为是山阴西部秦氏之住地。

最早明确记载徐福到了日本的是五代后周义楚和尚撰写的《义楚六帖》。该书记载：“日本国亦名倭国，在东海中。秦时，徐福将与五百童男、五百童女止此国，今人物一如长安……又东北千余里，有山名富士，亦名蓬莱……徐福止此谓蓬莱，至今子孙皆曰秦氏。”义楚有友人日本宽辅和尚，这些事可能是宽辅告知的。

到了宋代，史学家、文学家欧阳修和司马光的文集中，都有一首《日本刀歌》，写道：“传闻其国居大岛，土壤沃饶风俗好。其先徐福诈秦民，采药淹留丱童老；百工五种与之俱，至今器玩皆精巧。”也写明徐福是到了日本。元代人就知道日本熊野有徐福祠。元代诗人吴莱《听客话熊野徐福庙》诗：“大瀛海岸古纪州，山石万仞插海流。徐市求仙仍得死，紫芝老尽令人愁。”

明代记载徐福东渡日本的书籍有很多。明代洪武元年（1368），朱元璋召见日本高僧绝海中津，他们一唱一和各写了一首诗。绝海中津的诗：“熊野山前徐福祠，满山药草雨余肥；至今海上波涛稳，直待好风须早归。”朱元璋和诗：“熊野峰前血食祠，松根琥珀亦应肥；当年徐福浮舟去，直至如今更不归。”诗中写明日本熊野山前有徐福祠。明人著作中提到徐福到达日本的有陈仁锡《皇明世法录》、刘仲达《刘氏鸿书》等。

清代我国驻日本外交官黄遵宪、黎庶昌、薛福成等都曾参观过日本的徐福墓、徐福祠，并撰写诗文记载了这些事。

20 世纪初，中日韩学者对秦汉史和海上交通史做了大量的研究。

琅琊台徐福街（图为徐福殿）

人们根据地下文物考古资料旁征博引，对徐福是否到了日本，大致做了肯定。吕思勉、范文澜、吕振羽、顾颉刚、杨宽等在著作中都对徐福求仙事作了叙述和评论。马非百《秦集史》中还为徐福作了传记。翦伯赞在《秦汉史》一书中说："徐福等入海寻三神山，正是当时滨海一带的商人，企图打通与日本诸岛之商业通路。"

徐福东渡日本是中国由大陆走向海洋的开端。

为了保护徐福传说，地方政府做出了积极努力。

建设琅琊台省级旅游度假区：依据徐福传说，1992 年，在徐福东渡启航地——青岛市黄岛区琅琊台，建设开放了琅琊台省级旅游度假区。在度假区区内复制了记载秦始皇派徐福东渡史实的琅琊刻石，建设徐福雕塑、徐福街和徐福殿等诸多景点，供游客观赏和进行徐福文化交流活动。

成立胶南琅琊暨徐福研究会：1993 年 11 月成立了胶南琅琊暨徐福研究会，由原胶南市副市长钟利安担任会长，成员均为秦汉文化研究的专家学者。

成立《琅琊风》编辑部：编撰出版了《琅琊与徐福研究论文集》《琅琊台志》《徐福其人》《琅琊台》《琅琊与徐福史料辑录》《千古名胜琅琊台》等书籍，编辑刊行季刊《琅琊风》，大力弘扬琅琊文化和徐福文化。

2011 年，原胶南市申报的徐福传说被列入国家级非物质文化遗产名录。

## （二）徐福传说（徐山）

原黄岛区的徐福传说主要流传在徐山及周边区域。徐山位于黄岛区中部，西靠小珠山，东临胶州湾，北部是辛安街道办事处，南侧是长江路街道办事处。徐山呈东西走向，山体的南坡以石头为主，北坡土质较多，有较好的植被，是中药材的天然宝库。

徐福传说依托的主要风物是徐山的石屋，被当地群众称为徐福石屋。徐福石屋位于徐山北坡，传说是徐福制药炼丹的地方，也是徐福出海求仙的出航地。

关于徐福求仙的叙事，在我国多地均有。青岛当地学者研究认为，史料记载徐福启航的地点就是徐山。

晋代地方志《三齐记》记载："徐山，始皇令术士徐福入海求不死药于蓬莱方丈山，而福将童男童女二千人于此集会而去，因曰徐山。"宋代的《太平寰宇记》，元代的《齐乘》，清代的《山东通志》《灵山卫志》《诸城志》《胶州志》等地方志均有此记载。

元代地方志《齐乘》载："徐福将入海，会于此处。"又载："壬午，始皇二十八年，帝东巡，登琅琊，立石，遣徐市入海求神仙。"（见《纲目》）注：今治南有徐山。

清《胶州志》载："徐山，在灵山卫北。""徐福将童男女二千人于此山集会而去，因曰徐山，据此则山之以徐福得名，其说已古。”至今当地人仍称徐山为“神仙山”。

清《灵山卫志》载，鹁鸪山东为徐山（即徐福入海求仙处）。

徐福出海寻求仙药当是从现在的徐山启航。秦始皇梦想成仙、徐福修行炼丹和入海求仙药不返的故事，在当地群众中广为流传。

徐福，一作徐市，齐国人，字君房。《神仙传》上称他为方士之祖，道家称其为神仙。关于徐山，不但有史料记载，出土文物也可以见证古代徐山的盛况。

20 世纪末，为配合城市建设，考古人员在徐山的北侧多次发现春秋战国——秦汉时期水井、墓葬和建筑遗址。2005 年，在徐山的北部出土了秦汉时代的 “千秋万岁”的瓦当。2006 年，在徐山一带发现的一处战国——西汉时期的大型窑址。在 3 万多平米方的范围内，发现窑炉 3 座，水井 3 眼，石砌沉淀池 1 个，可见，当时对陶器和建筑材料的需求量之大。2008 年，在徐山的北部发现一处战国时代的墓葬，出土了一把青铜剑和 3 枚箭镞。

经考证，在春秋战国至汉代期间，徐山一带已具备城镇的规模。这

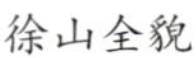

徐山全貌

座城镇就是出土文物记载的齐国安陵城。徐山的北侧是一个天然的港湾，这为徐福在此启航提供了可靠的依据。

相传，秦始皇统一六国之后，梦想做一个万代皇帝，下令全国各地为他寻找长生不老药。有一年，他率领文武百官，先到泰山封禅，然后又来到了琅琊。正在黄岛徐山修行炼丹的方士徐福听说后，立刻去拜见秦始皇，声称在大海中有三座神山，名叫蓬莱、方丈、瀛洲，山上生长着各种各样的仙草，有仙人在此炼丹制药，人吃了可以长生不老。但这三座神山在大海中漂浮不定，时隐时现，要想找到这些神山非常不容易。一是要有诚心，需要童男童女 500 人跪拜神仙。二是要进奉给神仙大量的金银财宝。三是要建造船只，供给求仙人员的生活需求。秦始皇听了大喜，立刻答应了徐福的要求，并下诏沿海各地官吏，为徐福提供各种需求。徐福拿着秦始皇的圣旨，在徐山周围的山上伐木、在徐山北侧的海湾造船，便出海寻找仙山去了。就这样，找啊，找啊，一年又一年，徐福的船队从南到北，由北向南，找遍了沿海各地岛屿，也没有看到这三座神山，更没有找到什么仙药。

10 年之后，秦始皇又一次来到琅琊，即刻召见徐福，询问仙药之事，这可把徐福吓坏了。心想，这几年为了寻找长生不老药，钱粮费了无数，却没有找到仙药，岂不是犯下了欺君之罪。万般无奈，徐福就撒了一个弥天大谎。对秦始皇说："仙山已经找到，但有一条大鲛鱼在挡道，不让我们上去。后来，费了很多周折才登上仙岛，仙人见我们带的童男童女不够，拿的礼品太少，不给仙药，我们只好空手而归。这些仙人不但要金银财宝，还要各种农作物的种子和各种工匠。"秦始皇听了之后虽然很生气，但又觉得徐福说得也在理，就又一次相信了他，赏给他更多的金银财宝和 2000 名童男童女，还有若干能工巧匠和五谷种子，命他再次入海求仙。这次，徐福等人在徐山一带再次起航，直接向大海的远处航行，一去不返。据传是先到达了韩国，留下了一部分人，然后，带领大队人马又乘船东去，到了日本。

徐福东渡时，他们庞大的船队是朝着太阳升起的方向航行的，那些古老的航海家们边行船边仰天大呼“日奔，日奔”。据说，日本国的国名就是由此演绎而来的。徐福东渡时，裁缝工匠留在了韩国，到日本后才发现没有做衣服的，徐福一行人只好将织好的布缠绕在身上，就是现在日本的和服。日本妇女背后有一个包袱，人称“背福”，据说，这是祖祖辈辈不忘徐福的意思。

徐山有一个奇特的天然山洞。洞门朝正东，洞口有 2 米高、1 米宽。从洞口进去逐渐向上伸延，走进四五米远后，洞里向西南一拐，又出现一个石屋。石屋内南面有一个长 3 米、宽 1 米、高近 1 米的平平的大石炕，石炕的北面是一块有两个石炕大小的平石板。石屋的西北角，有个方圆 1 米的通气口，从上面的洞口也可以进到洞内。相传，方士徐福出游到徐山（当时此山无名）时，见此山虽然不高，但风景秀丽，山上长有奇花异草，草药漫山遍野。离山洞不远处，有一山泉，泉水清澈甘甜。徐福非常高兴，认为这是个炼丹的好地方。于是，他决定在此山安家修

传说徐福当时居住的石屋遗址

行炼丹。

这些传说与史料记载基本一致，据《史记》记载，公元前219年，秦始皇第二次出巡，大队人马在泰山封禅刻石，又浩浩荡荡前往渤海。抵达海边，秦始皇登上芝罘岛，纵情游览。只见云海之间，山川人物时隐时现，蔚为壮观，尤令秦始皇心驰神往。这种景象，本来是海市蜃楼，但方士为迎合秦始皇企望长生的心理，将其说成传说中的海上仙境。徐福趁机给秦始皇上书，说海中有蓬莱、方丈、瀛洲三座仙山，有仙人居住，可以得到长生仙药。

秦始皇下令入海时带足渔具，自己也准备了连弩。海船由徐山启程，航行数百里，经过荣成山，再前行到芝罘时，果然见到大鲛鱼，当即连弩齐射，大鲛鱼中箭而死，沉入海底。作为历史名山的徐山，至今仍遗存有徐福采药修行炼丹时使用的石屋、水井和徐福推车而过的车辙石。

2011年，原黄岛区申报的徐福传说被列入国家级非物质文化遗产名录。

## 非物质文化遗产代表性传承人

# 钟安利

钟安利，男，1951年11月生，中共党员，山东青州人，徐福传说项目青岛市级非物质文化遗产传承人，大学本科学历，陆军上校军衔。

现任中国徐福研究会副会长，琅琊暨徐福研究会会长，青岛西海岸文化艺术交流中心主任，青岛大学兼职教授，《琅邪风》主编。立三等功两次，被省政府表彰为先进个人。长期致力于历史文化的研究，对琅琊文化、先秦史、地方史有较深的研究。较早提出了“琅琊文化”的概念及体系架构，涉猎“文化人类学”和“美学”的研究。工作之余发表作品100余件，主要有《对“文化”的理解》《关于“美”的定义的思考》《陈毅子弟兵团》《我的父亲》《齐吴海战》《宋金海战》《徐福东渡与琅琊文化》等。参与了地方志和军事志的编写，多次被邀出席国内外徐福文化交流和探访活动。

1992 年，钟安利倡议发起成立了琅琊暨徐福研究会，并主持该会工作，组织邀请国内外专家开展徐福专题研究交流会 17 次；徐福东渡启航地遗迹探访活动 7 次；赴日韩考察交流 6 次，国内徐福遗迹考察交流 12 次；接受央视《探索发现》频道、央视乡土栏目等徐福专访制作影视片 6 集。聘请中日韩十名专家学者为研究会特邀研究员。每年为部队、院校、社会团体、民众讲授“徐福传说”公益讲座 10 次以上。创办会刊《琅邪风》，自 2006 年已刊出 58 期，组织出版徐福论文集 3 集共 100 余万字。

钟安利（左一）正在讲解徐福传说

2006 年，以琅琊暨徐福研究会的名义，主持承办了“中日徐福文化友好交流活动”；2019 年，主办了“中日韩专家学者琅琊徐福遗迹探访及学术交流活动”。以徐福文化交流为载体进行民间外交，得到了国家级外事部门的支持和赞誉。与琅耶陶瓷博物馆联合，打造了一处集接待、学术交流、徐福文化展示传播于一体的基地，展出了与日韩交流的相关资料及日本国宝“徐福求仙人图”复制品，利用“徐福传说”内容，制作了文创品、纪念品。研究会在 2012 年被中国徐福会授予了“徐福文化贡献团体奖”。钟安利于 2016 年被中国徐福会授予了“徐福文化研究特别贡献奖”。

# 李居发

李居发，男，1954年10月生，汉族，本科学历，现居山东省青岛市黄岛区长江中路，徐福传说省级非物质文化遗产传承人，2017年“山东省最美传承人”，2018年“黄岛区最美传承人”。于1976年调入黄岛区文化馆，专业从事文化遗产保护工作，开始挖掘、整理、传承徐福传说。

熟练掌握徐福传说的三大类型。近30年来，走遍黄岛区的100余个村落，召开各类座谈会30多次，调查走访200余人，摸清徐福传说的三大类型：一是徐福求仙的传说，大部分依托于史料记载，如《史记》《资治通鉴》，《齐记》《胶州志》《灵山卫志》等地方志书对徐福均有记载，群众对其进行了部分加工而成为传说；二是依托徐山地貌、奇石而衍生出的各类传说，主要是徐福炼丹的徐福石屋、车辙石、棋盘石、仙人石 、仙茶树等传说，这类传说充分反映了人民群众丰富想象力和创造力；三是海上奇闻的传说，徐福在海上寻找仙岛而衍生的传说，如海市蜃楼、海岛仙人等。

李居发（中）和采编人员采访牛王庙村的“徐福传说”讲述人潘进禄老人

编纂书籍。对调研的传说与史料忠实记录，编辑成书。1984年，参加民间文学三套集成工作，曾受过专业培训，在搜集编纂过程中遵循忠实记录的原则。1996年，主编完成《黄岛民间故事》，编纂《辛安民间故事》，收录了多篇徐福传说，编辑了徐山的《徐福传说》，汇集史料，编纂完成有关徐福的文献集成《徐山》论文集、《徐山》画册等。

积极开展徐福传说传承活动。2006 年，策划举办“徐山保护座谈会”，设计筹建以徐福传说为主题的“黄岛非遗展览馆”，为徐山的开发保护奠定了基础。撰写《徐山保护规划》，并编辑出版论文集《徐山》，将徐福在徐山的传说做了系列介绍。2011 年，主持申报“徐福传说”进入国家级非物质文化遗产扩展项目名录。2017 年，在青岛电视台《才智访谈》栏目制作了以传承徐福传说为题的大型专题片《守望徐山——李居发访谈》。2018 年，以青岛理工大学为基地，联合社会力量策划成立了“徐福文化研究会”，建成了“徐福传说传承基地”。协同该校师生完成了“徐福传说”影像记录工程。利用“徐福文化研究会”平台，举办了“徐福文化研讨会”。2021 年，协助相关部门完成了对徐山文化公园的设计，依据“徐福传说”修建了徐福广场。极大地丰富了徐福文化的内涵。加强了国际交流，使徐山成为日本、韩国的朝圣寻根地，发挥了巨大的社会效益。

## 徐忠强

徐忠强，男，1974 年 9 月生，山东青岛人，徐福传说项目区级非物质文化遗产传承人。2006 年至 2017 年担任黄岛区琅琊暨徐福研究会办公室主任，从事徐福文化交流和传播工作。

上巳节寻迹徐福雅集活动

2006 年 9 月，调入原胶南市琅琊暨徐福研究会办公室工作，自此开展有关徐福文化研究和交流工作。先后参与组织了三届国际徐福文化的研讨会和 2011 年首届中国徐福会会长扩大会议，参与了撰写和统稿徐福会专刊《琅邪风》40余期。工作近20年来，不断为国内外徐福研究组织、区内各机关企事业单位发放徐福文化各类宣传品10000余册，同时开展徐福文化进机关和进课堂活动10余次。持续开展徐福文化研究和对外交流，组织参加线上及线下国内外徐福文化研讨会30余次。积极参与青岛黄海学院徐福文化陈列馆各项相关工作，直至建成投入使用。

## 丁盛华

丁盛华，男，1991年10月生，汉族，本科学历，山东青岛人。于2023年2月被评为徐福传说项目区级非物质文化遗产传承人。现为青岛西海岸新区文化馆助理馆员，曲艺专业。

作为土生土长的黄岛人，从很小的时候就听说过在当地广泛流传的徐福传说，并对其产生了浓厚兴趣。2018年，进入青岛西海岸新区文

丁盛华依托数字化技术，拍摄音乐说唱MV《徐福出世》《徐福修炼》

化馆工作后，得到机会进一步了解了系统的徐福传说，并开始跟随徐福传说省级非物质文化遗产传承人李居发学习和传承徐福传说。与青岛理工大学建立青岛西海岸新区“徐福文化研究基地”“徐福传说传承基地”；深度参与“青岛西海岸新区徐福传说普查暨影像记录工程”“青岛西海岸新区徐福传说学术调查与研究”等课题的调研工作；创作、录制音乐说唱 MV《徐福出世》《徐福修炼》；用话剧的形式演绎徐福传说，与青岛理工大学共同排演 6 幕话剧《东渡长歌》；组织策划举办新区徐福传说手造及文艺作品征集与评选活动；在疫情期间录制云舞台《徐福传说》，通过线上舞台，利用数字文化的宣传，丰富了老百姓的“宅家”生活，受到了广大市民的热烈欢迎。通过文化馆公益培训、群众文化活动、非遗在社区等活动品牌，举办小小非遗传承专场演出。培养传承人赵艺婷、陈俊屹、徐浩峰、王瀚、王嘉瑞、曲浩然等，都曾参与徐福传说曲艺表演。

# 琅琊台传说

琅琊台位于青岛市黄岛区琅琊镇境内，海拔 183.4 米，三面环海，其东南为斋堂岛，北为龙湾，西南为沐官岛，西北为琅琊城故址，是著名的国家重点风景名胜区。琅琊台“因山形如台，在琅琊，故曰琅琊台”。早在战国之前就已闻名于世，《山海经·海内东经》中有记载：“琅邪台在渤海间，琅邪之东。”

说起琅琊台，人们自然会把它和两个历史人物联系在一起：秦始皇和徐福。秦始皇统一六国后，10 年中的 5 次出巡，就有 3 次登临琅琊台，徐福则从这里 2 次出海为秦始皇寻找长生不老仙药，这两个人铸就了琅琊台的历史地位，演绎了琅琊台的千年故事。

琅琊台琅琊文化陈列馆

史传越王勾践初建琅琊台，同秦、晋、齐、楚等国君主在台上歃血同盟，共同尊辅周室。公元前 473 年，越王勾践灭吴后，为称霸中原，从会稽迁都琅琊，并在城东南 5 公里的琅琊山上筑台。秦始皇统一六国后，于公元前 219 年东巡郡县，建造了除函谷关外唯一的行宫——琅琊台行宫。

千古名胜琅琊台，围绕秦始皇巡幸演绎流传有《始皇赶山》《秦始皇修筑琅琊台》《老湾哭坟》《清水湾、浊水湾与琅琊台神泉》《皇姑庵与烽火台》《海市与三神山》等许多民间传说，经过千百年来在民间乡野演绎流传，逐渐成为百姓追求美好生活、渴望人生平安、惩恶扬善的精神寄托。

琅琊刻石

琅琊台的传说是关于历史事件和历史人物的民间传说，是历代老百姓口头流传下来的，它是老百姓艺术修养和文艺才干的反映，是集体智慧的结晶，长期以来流传在黄岛沿海一带民众中的重要传说群。琅琊台传说是群众精神食粮的一部分，也是劳动人民文化素养和艺术追求的集中体现，并且传承至今，经久不衰，一直影响着大批群众，具有重要的学术研究价值。

2009 年，琅琊台传说被列入山东省级非物质文化遗产名录。

## 非物质文化遗产代表性传承人

# 王景东

王景东，男，1943 年 1 月生，2015 年 3 月被评为琅琊台传说项目区级非物质文化遗产传承人。1972 年任原胶南市文化馆干部；1980 年任原胶南市图书馆副馆长；1983 任原胶南市博物馆馆长、书记；1992 年任原胶南市旅游局副局长、调研员。

自 1972 年，从事文化、文物、考古、博物、旅游工作，始终坚持认真学习，潜心研究，广泛宣传、保护开发琅琊台。先后在《胶南县志》《胶南县地名志》《琅琊台志》《胶南文史资料》等图书上发表文字，

王景东（中）在学术会议上发表讲演

在市广播电台、电视台多次做专题讲座和节目宣传。经常到琅琊镇调查搜集历史典故和民间传说，编写民间故事。为扩大对外宣传，提高琅琊台的知名度，在国家级、省级、青岛市级图书报刊发表文章166篇。为加强琅琊台的保护与开发，做好全市的文物考古工作，征集文物1300余件，创造条件成立了市博物馆。多次受到市委、市政府的大会表彰奖励，多次被评为“先进工作者”“优秀党员”，记大功奖励。1995年4月，被市委、市政府授予“专业技术拔尖人才”称号；2007年又被授予“优秀拔尖人才”称号。曾经连续10年被评为“青岛市文物先进工作者”，还被评为“山东省文物先进工作者”。在学术研究领域多次获得荣誉称号。

## 肖常会

肖常会，男，1971年10月生，山东青岛人，于2016年6月被评为琅琊台传说项目区级非物质文化遗产传承人。

肖常会（右）在琅琊台传承传说

通过请教地方文化学者、阅读有关琅琊台的书籍和文章，深入地了解了琅琊台，在文化刊物上发表了多篇有关琅琊文化研究的文章，还刻苦锻炼自己的讲解能力，多次完成了中央、省市级领导的讲解接待工作，很好地宣传了琅琊文化。1995年，跟随王景东学习琅琊台传说讲解，通过学习，掌握了琅琊台诸多的民间传说、历史典故和奇异佳话。

2019 年 1 月，被黄岛区文广新局评为“2018 年度最美非遗传承人”。2020 年 1 月，被黄岛区文化和旅游局评为“2019 年度最美非遗传承人”。

## 刘圣文

刘圣文，男，1953 年 4 月生，汉族，山东青岛市人。于 2016 年 6 月被评为琅琊台传说项目区级非物质文化遗产传承人。

曾在本村和安子联中任教，平度师范学校毕业后，于 1975 年 11 月任琅琊镇文化站长；先后任大珠山党委副书记，隐珠镇党委副书记、镇长，红石崖党委书记，原胶南市国土局副局长。自 1975 年 11 月起，为弘扬琅琊文化，即对琅琊台周边文物，收集、挖掘、宣传、上捐各类文物 500 余件于胶南博物馆，先后受到了省文化厅和青岛市文化局的表彰奖励，并推介做好文化工作的经验。

刘圣文（左二）为游客讲解琅琊台传说

多次受政府表彰奖励，现为中国自然资源作家协会会员。多次参加省内外、公益展出并获奖。

# 大珠山传说

大珠山，坐落在青岛市黄岛区滨海街道办事处南部海滨，西北东南走向，三面临海，突出于灵山、古镇口两湾之间，南北长 20 多千米，直插入海，宽约 5 千米，面积约 65 平方千米。山势陡峭，林木葱茏，奇峰异石迭生，文物古迹颇多。

大珠山所在的青岛市黄岛区文化源远流长，早在春秋时期就被誉为"东方胜地"，自古素有"岸海名山"的美誉，古《胶州志》说它是"州中第一胜地"。早在春秋时期大珠山地区就有了神话和传说故事的存在，至今有 2000 多年的历史。

大珠山传说内容丰富，几乎涵盖了山中所有景点古迹，主要有：

历史遗址的传说，如《大珠山的石门寺》《麻衣庵》《朱朝洞的传说》等。

自然景观与奇峰怪石传说，如《大珠山杜鹃花》《帽子峰》《帽子峰和仙人洞》《狮子峰》《月季山》《和尚石与女人石》《大珠山的鹰龟石》《双仙对弈石》《天然佛》《淌钱石》《珠山石龟的传说》《石

大珠山山水一色

大珠山珠山秀谷

龟与石鹰》《青石山与鹰儿峰》等。

帝王名士传说，如《李世民重修石门寺》《朱元璋放牛》《徐庶与帽子峰》《徐庶助贫》等，特别是《仙山神草》讲述了秦方士琅琊人徐福医术高超，利用大珠山上的神草良药为百姓治病的传说。

佛教文化传说，如《石屋子沟的石屋子》《峡沟西山石窟》《峡沟南山石窟》等。

神仙传说，如《石屋子》《天女下凡》《两座大山》等。

周边村庄与百姓生活传说，如《聚宝盆》《老高桥》《东山张古槐》《海庙后的传说》《程子沟的传说》《凤凰山的传说》《点石成金》《县官断斧》《唱戏娘娘》《巧立遗嘱乔秀才告状》《智惩无赖》等。

20 世纪 80 年代初，原胶南县文化部门，通过走访下乡，口述记录，整理出 500 多篇大珠山传说。此后，又不间断地收集到新发现、新整理的各类作品。先后结集编印出版了《胶南民间故事》《大珠山传说》等专辑，许多民间传说被国内多家报刊选载，许多游客因为阅读了大珠山传说故事纷至沓来。

大珠山传说充满了神奇的幻想，以虚幻勾画的手法，超现实地将历史与生活联系起来。传说大多表现的是社会底层老百姓的劳动、朴素的善恶观、家庭等世俗题材，以赞美和凸显劳动人民的善良、智慧为审美基调，并具有传统不失鲜活、质朴不失浪漫，美妙且奇特的风格，与过去识字不多的百姓的生活和文化心理需要相适应，可以与老百姓的欣赏习惯和审美情趣产生共鸣。它承载着百姓悲欢离合、喜怒哀乐的真情实感，凝结着大珠山人民生活智慧和文化精神。大珠山传说在历史、社会、民族等多学科的文化研究及文艺创作的借鉴等诸方面，有极为珍贵的价值。特别在当今社会剧烈转型期间，它给人们对传统文化的反顾和眷恋提供了最亲近的选择。

2008 年，大珠山传说被列入青岛市级非物质文化遗产名录。

# 陈姑传说

在陈姑庙传承传说的人群

陈姑传说在青岛市黄岛区沿海村落被人们广泛传讲，尤其是在黄岛区薛家岛街道办事处各社区，特别是顾家岛村讲述得更为广泛、多样。顾家岛村，位于薛家岛街道的南部，南与鱼鸣嘴村相邻，西侧的海湾是当地一处小型港湾，东邻温山，西靠唐岛湾，是一处典型的渔村。在古代，顾家岛海湾曾经是船只的停泊处，依陈姑传说修建的陈姑庙就成为当地过往船只为保出海平安祭拜的庙宇，陈姑就是当地人们心中的“妈祖”。

陈姑传说可以追溯到宋金时期，距今已有800余年的历史。不但在薛家岛地区广为流传，在山东东南部沿海和江浙沿海地区也影响深远，集中反映了陈姑追求爱情、赡养婆母、死后化为神仙的优良品格。陈姑传说主要有陈姑成神、南方人建庙以及陈姑显灵的传说等，其中，陈姑显灵的民间传说居多。

陈姑传说是一个比较庞大的传说群，它的主要内容是反映陈姑生前对爱情的执着追求、对婆母的孝道、死亡的原因、化为神仙之后屡屡显灵保佑渔民海上平安等，为人们所广泛传颂。她的传说和妈祖传说有很多相似之处。

生前的传说：相传陈姑是胶南琅琊人，家有良田千顷，雇有长工若干。陈姑自小聪明伶俐，模样俊秀，又识文断字，是一个百里挑一的好姑娘。陈姑生前勇敢追求爱情、精心赡养婆母，感动了天神，天神便派四海龙王将陈姑婆媳二人送到了顾家岛龙王泉处，成为当地人们心目中敬仰的神仙。

陈姑庙大门

升仙的传说：主要讲述陈姑如何死亡以及如何成仙的叙事。

显灵的传说：主要内容有陈姑帮助村民照顾小孩子、为人们降下甘霖、在海上为渔民和商船引路、保护渔民海上平安丰收、为当地村民治病等丰富多彩的叙事。

有关风物的传说：主要包括陈姑庙的传说、陈姑井的传说、出海前后祭祀陈姑原因的传说等。

陈姑传说在传承发展过程中，形成了较为鲜明的特征：

首先，内容全面，涵盖了陈姑生前、死亡、身后所有环节的人生经历，还和当地的风土人情、生产生活方式等结合密切。

其次，传说与地方信仰互相构建，形成了具有地方特色的信仰文化系统。陈姑传说和渔民出海前的祭拜、在海上的祈求、回岸后的还愿等风俗互相支撑，对当地的自然风物进行解释，是地方文化的有机组成部分。

最后，陈姑传说主要依靠口耳相传世代相传，即使在现代化的传播条件下，仍然主要靠口头传承，是中国文化的活化石之一。

陈姑传说属于民间传统信仰文化，具有海洋民间信仰的特点，又体现了民间庙宇的多神合祀现象，是中华传统文化的一个重要组成部分，具有较高的文学价值、实用价值和研究价值。

2018 年，陈姑传说被列入青岛市级非物质文化遗产名录。

# 小珠山传说

小珠山位于青岛市黄岛区中部，前襟灵山湾，后带齐长城，是青岛西海岸最大最高的山体，也是清代的胶州八景之一。当地谚语有云："大珠山不大，小珠山不小。"《增修胶志》记载："小珠山与大珠山皆古朱山也。"大小珠山互相映衬，史称"双珠嵌云"，有诗云"累累形胜隐苍烟，九曲谁将一线牵，神女倦游何处去，双珠抛在水云边"。《胶州志》对小珠山有记载："治南有大、小珠山，海疆名镇也。小珠千岩攒空两峰特起，万山皆在其下；大珠山绵亘百余里，东插入海，势如巨鳌，二山错立，天表云气，出没不绝，夏尤蓊蔚，望之累累若珠。"

小珠山支脉较多，蔓延至灵山卫、隐珠、胶南薛家庄、王台、红石崖及辛安、薛家岛等 8 处乡镇。小珠山山势雄峻，拥有众多象形石，如金鸡石、望夫石、姜公背姜婆、釜台筒、天门、天桥等景点，围绕着小珠山诸多自然景观，在附近村民中形成了流传已久的传说群。除了钟灵毓秀的美景之外，小珠山历史底蕴丰厚。春秋时期修筑的齐长城穿越小珠山珠峰，在此留下了大量与齐长城有关的民间传说。小珠山上寺庙众多，如修建于唐代的朝阳寺、始建于明代的白云寺等佛教寺院，丰富了小珠山的民间传说内涵与文化传承。

20 世纪初期编纂的《增修胶志》中《民社志》《祥异》《杂述》中收录了一些关于小珠山的奇事逸闻，是小珠山传说记录研究的开端。20 世纪 80 年代，当地文化部门组织作者下乡采风，搜集了大量小珠山传说和民间故事。1995 年，辛安街道办事处出版了《辛安民间故事》，其中收录小珠山的民间传说 11 篇。1996 年，黄岛区文化局编辑出版的《黄岛民间故事》一书中，收录小珠山的民间故事 20 篇。2010 年，黄岛区文化体育中心编辑出版的《小珠山传说》中，共收录各种传说，民间故事 25 篇。柳花泊街道编纂出版的《走进珠山》，收录传说 19 篇。这使小珠山的传说得以从口口相传的民间传说见诸文字记载。

小珠山的相关传说可以分为三类：其一，山川景观类，如《小珠山的来历》《石屋洞的传说》《釜台筒传说》《青石潭的传说》《石龙潭的传说》《石门湾的传说》等，讲述的是山川的起源和景观的传说；其二，风物民俗类，如《狐狸财神的传说》《土地爷赌钱》《打狐狸的传说》《“三老妈妈”的“五台楼子”回灵殡》《宝珠泉与白云茶的传说》等，讲述了小珠山地区的特定习俗与物品的起源；其三，人物传说类，如《姜道士的传说》《陈顺兴与邢氏正骨术》等，讲述了当地百姓的生平故事。

这些传说不仅讲述了自然景观、特定风俗或当地历史人物的相关故事，更是反映出百姓的道德愿景。“姜公背姜婆”讲述了两位老人恩爱扶持的故事，死后双双化作巨石，执手相望、生死相依，传递了人们对

小珠山菩提寺

爱情的向往。“孔子授书”石描绘了孔子向当地百姓传授知识的画面，表达了普通百姓勤奋、好学的优秀品质。“扎营山”流传的则是明末农民起义首领张大雅对封建统治势力勇于抗争的英雄事迹。

小珠山传说中的景色、人物、风俗等与当地的地理环境、生活环境密切相关。“八仙聚”反映了八仙为缓解民间疾苦在此相聚的高尚情怀；《朝阳洞与狐仙》则讲述了狐仙对善良者的帮助和对贪婪者的惩罚，传说语言诙谐，生动形象。《人参仙看戏》里，两棵人参化身成大闺女，跑去小珠山东麓的上庄村看戏，被村民发现后又化身成赶着毛驴推碾的老嬷嬷，巧妙躲过了村民的追踪，故事极具生活气息。

小珠山风光

小珠山传说辐射范围极广，除了小珠山周边的社区，尤其是珠山脚下的木厂口、独垛子村，黄岛区的辛安、长江路、灵山卫、王台、隐珠等街道均有小珠山传说流传。小珠山传说扎根于民间，通过老一辈口述的方式传给下一代，故事中保留了大量方言与地域性表达，使得这些传说故事也具有了文学研究价值，成为当地人文资源的重要组成部分。围绕着小珠山景点、白云寺、狐仙洞的传说，至今流传在当地，也提升了小珠山旅游区的人文内涵。

2018 年，小珠山传说被列入青岛市级非物质文化遗产名录。

# 梁祝传说

“梁祝传说”，中国四大民间传说之一。青岛市黄岛区是梁祝传说的集中流传地之一。

青岛市黄岛区梁祝传说分布的核心区域是被铁橛山、凤凰山、峄山等点缀的平原地带，当地汉墓遗存众多，考古遗址星罗棋布。梁祝传说主要流传在该地的祝家庄、梁家庄、北马家庄、小台、溧水、大荒等社区，随着人员流动，当地传说也流传到胶州、高密、诸城、五莲等周边市县以及北京、上海、广州、东北三省等地。

青岛市黄岛区广泛流传着“淹了运城，立了洪州；淹了洪州，立了胶州”的传说，且认为祝家庄村东的“城顶”遗址即为运城遗址。星罗棋布的汉墓及考古遗址说明当地曾有过辉煌的历史，是区域政治经济文化中心。明清以来，由于处于三州交界处，中心地位下降，传说走向衰落。但青岛市黄岛区梁祝传说历史悠久，有明确的文献记载和丰富的口头传统呈现。清康熙《胶州志》记载：“祝英台墓在州治南百里祝家庄社其墓临河岁久河水冲啮殆尽土人相传云未详。”清乾隆《胶州志》记载：“祝英台墓治南祝家庄社相传无考。”两部志书均把祝英台墓标注为宋代。说明至少在明末清初，祝英台仍然是当地百姓口口相传的传说人物，传说的流传历史可以追溯到宋代。

当地老人大都能讲梁祝传说，如祝家庄 1922 年出生的刘佃军、1926 年出生的杨福进等儿时就听自己的长辈讲述英台坟及梁山伯与祝英台的传说，长大后听过当地的茂腔戏唱演梁祝故事。杨福进上过私塾，曾为村庄会计，记忆力强，其对儿时英台墓的记忆特别清晰，对当地广泛流传的到英台坟借盘子借碗的传说讲述生动。李兆勇自 2015 年以来一直持续研究、挖掘、整理和传播梁祝传说，使当地的梁祝传说走向了系统化，把梁祝传说具象化。新建梁祝公园、梁祝大舞台等设施，持续向村民、学者、媒体讲述梁祝传说，对丰富梁祝传说的内容做出了重要贡献。王连全，男，1927 年 12 月生，小台村人。当过兵，曾为村庄书记，博闻强识，其对梁祝在峄山书院上学的传说讲述生动，对峄山书院、上马石、梁祝爱情的讲述丰富了当地梁祝传说的内容。宋芝合，男，1946 年 10 月生，大荒村人，当过肉联厂工人，务农，能帮人看日子、治小病。其对梁祝传说讲述生动，对梁祝与当地风俗的联系讲述系统。梁家庄 1924 年出生的张振业、1933 年出生的张振文、北马家庄 1946 年出生的马增良等，均在自己的少年时代听过长辈们讲梁山伯、马秀才、梁祝峄山上学的传说。

大荒社区宋青吉、宋芝合正在为调查人员讲述英台坟、英台上学、梁祝殉情的传说

青岛市黄岛区梁祝传说内容丰富，主要叙事情节包括当地女性无法上学的传统、祝英台的家庭、祝英台女扮男装去上学、王家楼相遇梁山伯、学堂接受考验、砚台压梁祝魂魄、回家相送、梁祝殉情、英台坟显灵、梁祝行医给药、求神水、马秀才化身石人泊、祝梁家的衰落、英台坟的规模与形制等，形成了具有鲜明地域特色的叙事主题。

青岛市黄岛区梁祝传说与当地历史、风俗、风物紧密结合，具有如下主要特征：第一，形成了小范围的风物圈：在方圆十里的范围内，集中了英台坟、祝家庄、梁家庄、马家庄、峄山、相公山等与梁祝传说紧密相关的风物圈；与当地的风俗如婚丧嫁娶、认干亲、求子等也密切相关，传说的自足性和自洽性突出。第二，除了梁祝传说主体外，衍生出诸多梁祝身后事迹的传说。与其他地方梁祝传说主体是介绍梁祝的生前事迹不同，黄岛区的梁祝传说还包括梁祝坟墓显灵、行医给药、护佑一方、家族衰落等，如多数人讲述的梁祝传说主要是到英台坟借盘子借碗。第三，黄岛区梁祝传说保持原生态传承，异文丰富。由于较少受到外地梁祝文化的影响，当地的梁祝传说还保留着原生态，多为祖祖辈辈口口相传而来，同一传说有多个不同的异文，还没有被系统化和标准化。

青岛市黄岛区梁祝传说蕴藏着丰富的历史文化基因，融合了这一地域的历史、传统和民俗特色，对应着这一地域特定的风土风物、生活方式，是区域历史文化沿革的口头活化石，是当地百姓千百年来的文学创作和艺术生产，反映了广大民众的期待和追求。作为地方标志性文化，在乡村振兴中发挥了凝聚人心、提升居民人文素养的作用；作为重要文化资源，在地方经济社会建设中也发挥了重要作用。

2021 年，梁祝传说被列入青岛市级非物质文化遗产名录。

梁祝传说进入当地幼儿园传承

非物质文化遗产代表性传承人

# 杨甫进

杨甫进，男，1926 年 2 月生，汉族，山东青岛人，梁祝传说区级非物质文化遗产传承人。

杨甫进在讲述梁祝传说

幼年时读过几年私塾，认识一些字，在村里算是一个文化人。1943 年，当地解放，曾任祝家庄村主任；1947 年，在灵山卫粮所工作；1948 年，先后任祝家庄村会计，祝家庄片区粮食保管员，后来，主要在生产队种地，是一个地地道道的农民。

杨甫进自小听祖父及父亲讲述关于梁山伯祝英台的故事，对祝英台出生在本村引以为豪，充满了崇敬之情，每年祭祀上坟的日子，他都忘不了给祝英台烧上几张纸钱。如今，杨甫进虽然已是 90 多岁高龄，但记忆力依然很好，至今仍能完整地讲述故事的来龙去脉。他所讲的梁祝故事与当今流传的故事也有所不同，当年祝家庄有若干个有钱人家，祝英台家只是其中之一，据说祝英台家还有东花园和西花园。祝英台在读书期间，也没听说是住在学堂里还是每天走读，祝英台到梁山伯坟前吊唁，并不是坟自动裂开跳了进去，而是撞碑而死。后来，按照旧俗，将两人合葬，才形成合葬墓。

杨甫进是人们心目中的故事大王，他不知讲了多少故事，特别是梁山伯祝英台的故事也不知讲了多少遍。也许是祝英台是本村的缘故，杨甫进割舍不了自己对祝英台的情感，只要是有机会，就向后人讲述。现在，他的儿子、孙子，都成了梁祝传说的传承人。每当村里有人员集中的活动，杨甫进及其子孙都会向村民宣讲梁祝传说，当地的小学举办校外活动，也请他讲述。

# 没尾巴老李的传说

青岛市黄岛区王台镇流传的“没尾巴老李的传说”情节曲折，村民李林瑞与李娟以七言长篇歌行体的形式讲述了《黑龙记》，全诗共336字，雕刻在龙王庙的墙壁上。

故事上溯很久前，黑龙传说在民间。卧龙堑有龙王庙，接受香火几千年。

黑龙祖籍胶州湾，父亲姓李是高官。生下黑龙宝剑斩，龙尾落在地平川。

一道金光一缕烟，黑龙直奔天门山。如果登上南天门，天门山上直升天。

没有尾巴登不上，黑龙落难卧龙堑。龙血沥在灵犀地，日后建庙香火全。

响雷声声震天地，金光道道照山川。无尾黑龙有仙缘，天上神仙来指点。

身驾黑云快北上，北有大江由你管。壮志行程几千里，来到北国大江边。

黑龙掌管大江水，滚滚黑水流向前。来了一条小白龙，要与黑龙争地盘。

黑龙白龙来相斗，一条大江波浪翻。黑龙托梦江边人，要求江人来支援。

翻上黑水扔面馍，白水就把石灰填。黑龙战胜小白龙，把守江口几千年。

此江得名黑龙江，千秋万载美名传。渡江若有山东人，风平浪静好行船。

江中水产多丰富，欢歌笑语大江边。黑龙有时回家转，载风载雨载平安。

正月十五庆龙节，热闹庙会龙庙前。祈求来年好收成，风调雨顺乐民间。

《黑龙记》完整讲述了黑龙出生遭难、遇仙成圣、二龙相斗、百姓支援、福泽家乡的完整经历。不同于其他地方传说中黑龙父母是“农民”的身份，王台镇当地流传的传说中，黑龙父亲姓李，是一位“高官”。这一身份与山东地区孔孟之乡的儒家文化脉络密切相关，李父砍去黑龙尾巴的情节也暗暗贴合了哪吒传说中李靖砍子的情节。由于黑龙被砍去尾巴，因此不能升天，“黑龙落难卧龙堑”—“天上神仙来指点”—“北有大江由你管”。这些情节使黑龙离开家乡前往东北变得更有逻辑性。

随后，黑龙白龙争夺地盘，黑龙向百姓托梦，要求“翻上黑水扔面馍，白水就把石灰填”。两龙相斗、投喂馒头，体现了老百姓与大自然的搏斗，正是百姓努力克服自然灾害的表现，也是对天象加以解释的动态过程。黑龙打败白龙，成为大江的守护神，为当地百姓降雨，福泽一方。但此时的黑龙没有忘记家乡人民，“渡江若有山东人，风平浪静好行船”。“黑龙有时回家转，载风载雨载平安”，正是黑龙难离故土、回馈家乡的情感写照。

没尾巴老李传说的传承地——龙王庙

没尾巴老李的传说在民间广为流传，不仅仅是因为传说的情节波动曲折，更是因为以神话故事为主线，串起了神话传说、敬老孝亲、乡愁文化、农耕文明等诸多要素，传说的内核正在于乡土社会的向心性与农耕文明的实用主义。虽然龙是虚幻的传说，但山东人去东北则是真实的历史，黑龙的个体经历也是一种个人成圣的英雄主义体现，勇斗恶龙、对治下百姓关怀、惦记家乡百姓，丰富了黑龙的形象。

没尾巴老李庙坐落于王台镇占山前坡的山坳，传说黑龙被父亲砍掉尾巴后，未能从南天门登天，掉落在诺多夼。因黑龙在诺多夼洒了龙血，当地百姓便在此修建了黑龙庙，求雨治病很灵验。沙沟水库、喜鹊山、占山周围村庄深受黑龙传说的影响，形成了地域性的黑龙崇拜。

2010 年，“没尾巴老李的传说”被列为青岛市黄岛区区级非物质文化遗产名录。

# 西施舌的传说

青岛市黄岛区泊里镇信阳白马河入海口处，黄家塘湾海域的滩涂盛产一种海贝。这种海贝被誉为贝中至珍， 颜色发白，蚌肉长约寸许，上尖下阔，呈弧形，光滑圆润，酷似人舌，加上其肉质细腻，味道鲜美，故而被称为“西施舌”。西施舌与海参、鲍鱼齐名，被称为“海中上八珍”。西施舌的名称来源一个广为流传的民间传说。

传说公元前 220 年，秦始皇的大队人马东巡经琅琊台停留时，曾吃一菜，这个菜的主料便是西施舌。秦始皇被其独特风味吸引，便询其名，又询其名的来历，地方官便讲述了一个凄美动人的爱情故事。西施被勾践当礼物献给了吴王夫差，诱惑夫差沉湎酒色、不理国政。勾践却卧薪尝胆、励精图治，十几年后，越甲吞吴，勾践在范蠡、文种的协助下，一举打败夫差。夫差临死还贪恋酒色，在出逃的船上让西施为他唱歌。西施认为自己的使命已经完成，不留恋于世，于是咬断舌头，跳江自杀。她的舌头被江中的一只神蚌接住。神蚌被西施的情义感动，就将西施的舌头含在口中，四处寻找范蠡，准备把西施的舌头交给他。听说越国已经迁都琅琊，神蚌不远万里从江南沿海来到琅琊，到琅琊后又得知范蠡在越国灭吴后就不再为勾践谋事，而是弃武经商去了，定居在定陶一带，他也在到处寻找西施。神蚌无法逾越旱路，只好含着西施的舌头在琅琊附近的海边等范蠡。等了一代又一代，于是就形成了一种优美的海滩蛤蜊——西施舌。

用西施舌制作的美食“氽西施舌”

西施舌的传说杂糅了秦始皇东巡和四大美女西施的故事，但也表明了西施舌这种海贝所具有的地域特征。黄家塘湾海域得天独厚的地理环境十分适宜西施舌的生长。现当代文学家梁实秋在来了青岛以后，品尝到西施舌，他在散文里写道：“我第一次吃西施舌是在青岛顺兴楼席上，一大碗清汤，浮着一层尖尖的白白的东西，初不知为何物，主人曰西施舌，含在口中有滑嫩柔软的感觉，尝试之下果然名不虚传，但觉未免唐突西施。”

西施雕像及西施舌的传说

作为当地特产，西施舌成为寻常百姓家的餐桌美食，“清汤西施舌”也是鲁菜特色之一。经过洗净、开口、取舌、劈半、清洗、配料、烧煮 7 道工序，一道美味佳肴就可供人享用。每到上市的季节，在泊里镇大集上，西施舌总能吸引赶集人的目光。而从泊里镇驻地通往大岚村的道路旁边，也竖立了一座西施的雕塑，只见她背海矗立，两片蛤壳成了她飘扬的裙摆。传说点缀了美食，更丰富了当地人民对美好生活的向往。

2015 年，西施舌的传说被列入青岛市黄岛区区级非物质文化遗产名录。

# 沐官岛的传说

沐官岛是青岛最南端的海岛，与斋堂岛、灵山岛并称胶南三大岛。沐官岛与斋堂岛的起源传说均与徐福东渡故事有关，同属琅琊台传说体系。

沐官岛上只有一个自然村，即沐官岛村，共有村民 50 多户，其中以吴姓和李姓为主。岛上共有淡水井 3 口，村民以农业和渔业为生，其中耕地 91 亩，主要种植小麦、玉米。大潮退后，沿该岛北部海滩沙坝向北可徒步登陆。

据《史记》记载："齐人徐市等上书，言海中有三神山，名曰蓬莱、方丈、瀛洲，仙人居之。请得斋戒，与童男女求之。于是遣徐市发童男女数千人，入海求仙人。"沐官岛正是传说中"请得斋戒"的场所之一。关于"沐官"的具体说辞，民间向来众说纷纭。其一，沐官是秦始皇出行官员沐浴更衣之所。秦始皇为求仙，携徐福三次来到琅琊郡，遣徐福出海东渡求不老仙药。秦始皇率百官登临此岛时，所从官员皆在此沐浴，男官浴于沿海；女官浴于岛上淡水湾处。其二，秦始皇的士兵在此沐浴。秦始皇在此岛休息补给，要求兵众下水沐浴，但鲜有人从，于是便传令：士兵凡在此沐浴者，皆授官衔，是为"沐官"。其三，百官在觐见秦始皇之前要沐浴。秦始皇东巡之时，行宫建在琅琊台，百官凡觐见始皇帝者，必先在此岛沐浴。

沐官岛流传的传说，主要与秦始皇与徐福东渡有关。岛上多药材，其中有一种稀有草药 —— 蔓荆子，治疗腹胀腹泻十分灵验，相传此乃徐福为秦始皇配置长生不老药时采用的原料之一，为历代宫廷贡品。岛前湾内，传说曾有一个什河县（一说石河县）城，后沉于水中，故当地

沐官岛航拍

有民谣“先有什河县，后有日照城”或“淹了石河县，立了日照城”。据说天晴浪静之时，可望见海底的村庄，渔民常从海中捞出陶罐、铁锅等器物。相传沐官岛上曾有甘泉，地处海滨，潮来则隐于水下，潮退即可取用，水脉连接日照丝山，故又名“丝山泉”。如今岛上北面还有一汪清泉，村民称之为北泉子。

清乾隆年间，吴、李二姓由琅琊镇到岛上定居，以打鱼为生。传说流传至今，辐射范围覆盖了沐官岛周边区域村庄及日照、五莲等地。这些传说是当地百姓对自然环境的解释和对美好生活的向往，传达的是善良正义的道德理念。

2015 年，沐官岛的传说被列入青岛市黄岛区区级非物质文化遗产名录。

# 斋堂岛的传说

斋堂岛位于青岛市黄岛区琅琊镇东部黄海中，与琅琊台隔海相望，风景秀丽。斋堂岛与沐官岛、灵山岛并称胶南三大岛。斋堂岛分为南北二岛，南岛高 69.6 米，北岛高 27 米，两岛之间有一狭长堤坝连接。从空中俯瞰，斋堂岛宛如一柄“海上如意”。斋堂岛的传说既是琅琊台传说的分支，又形成了基于海岛独特的地理位置与地势等自然环境的海岛传说群。

关于斋堂岛名字由来有多种说法，但都与秦始皇有关。其一，斋堂岛名字源于徐福东渡。相传秦始皇为了寻找长生不老药，派遣徐福东渡入海，在琅琊台上举行了隆重的祭祀仪式。为示虔诚，秦始皇命令随从官员和 3000 名童男童女到海中小岛上斋戒沐浴，以求身心内外都洁净。也因此，沐浴的岛屿被称为沐官岛，而斋戒所在的岛屿被称为斋堂岛。清乾隆年间编纂的《诸城县志》中对此也有记载：“岛上有古斋堂，为

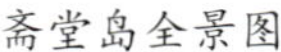
斋堂岛全景图

秦始皇侍从斋戒处，故名斋堂岛。”其二，斋堂岛与秦始皇的母亲有关。传说秦始皇到东海巡视，来到琅琊台上祭祀，见隔海有座小岛，景色清幽，便把母亲安置在岛上吃斋度日、安享晚年。

据岛上居民回忆，岛上曾有一座斋堂，后遭到破坏，只有遗迹尚存。岛上有座娘娘庙，传说正是秦始皇母亲斋戒居住之所，但早已坍塌。岛上还有甘泉，位于海边绝壁，相传为太后洗脸盆。有关岛上斋戒、秦始皇母亲居住的故事，至今居民还能娓娓道来。这些传说故事多用当地方言讲述，充满口语化的趣味性，尤其是带有胶南方言特色，地域特征明显。

斋堂岛传说的素材往往来源于奇闻逸事，以“节外生枝”的方式，将多个故事串联起来，不仅丰富了故事的情节，也推动了故事的发展，构思独特。以秦始皇母亲的传说为例，为了解释她为什么会来到斋堂岛，民间传说中增加了赵姬与吕不韦私通的情节，得知真相的秦始皇十分气愤，将吕不韦罢官并流放巴蜀，将母亲逐出京城。此处又杂糅了《左传·郑伯克段于鄢》中“不及黄泉，无相见也”的故事，说一位琅琊县令，极为孝顺，冒死劝谏秦始皇，献策可以挖通泉水以及“黄泉”，使秦始皇与母亲冰释前嫌。这也符合民间叙事对忠、孝的推崇。

斋堂岛传说种类丰富，与岛上自然景观相映成趣。岛上的一个礁石平台被称为“姜太公钓鱼台”，正是源自姜子牙垂钓的故事，而台下海水里还有一块巨石，酷似鱼形，传说就是姜太公钓上来的大鱼。由于岛上没有耕地，岛上居民历来以捕鱼为生。也因此，斋堂岛上有最古老的海神庙的遗迹，这是渔业文明的缩影。

斋堂岛与琅琊台之间的斋堂岛水道一侧，有一海湾名为“老湾子”，湾前为一片礁石，潮来波隐，退潮出现，形如坟丘，被当地人称为“哭坟”。传说当年徐福出海，在台前海湾造船，第一艘船下水试航时，触礁沉没，众人大哭，故名“哭坟”。徐福船队一去不返，怀念家乡，就将启航的海湾称为“老湾子”，意即“老家的海湾”。明成化年间进士匡翼之在游斋堂岛后曾作《再游秦山》一诗：

吾生直欲访丹丘，不惮乘桴续旧游。
古径竹深难见日，水乡殿晚易生秋。
昔逢樵子还青眼，前度仙郎已白头。
正喜烟波开四面，好于西北望龙楼。

斋堂岛山上立有一尊“始皇观海”的塑像，秦始皇面朝大海，目光凝视远方，底座上刻有一诗：“始皇东巡吉灵山，观海遨游气宇轩；徐福求仙从此过，劝母来岛齐休闲。”也因此，斋堂岛在当地也被称为“吉灵山”或“吉灵岛”。除此之外，岛上还有黑石门、斋堂遗迹、青龙泉、彩化石、天然钓鱼台、灯塔等景点。

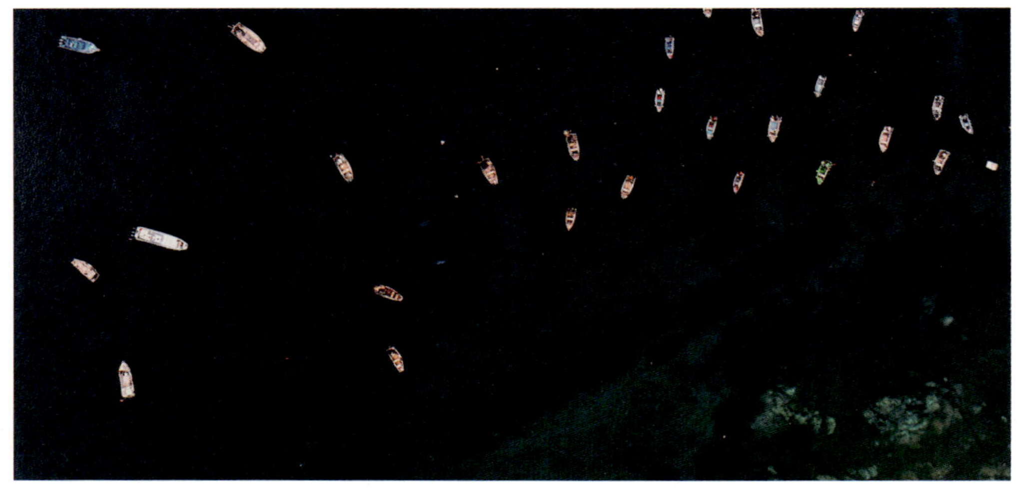

斋堂岛小舟

斋堂岛上只有一村，据村民讲述，明朝时期村民为躲避战乱从江苏迁过来，因为岛上没有耕地，一直以捕鱼为生，直到今天依然如此。斋堂岛传说属于当地居民集体传承的民间文学，与琅琊台传说互相补充，丰富了当地的文化底蕴。

2015 年，斋堂岛的传说被列入青岛市黄岛区区级非物质文化遗产名录。

# 月季山的传说

月季山在黄岛区铁山街道办事处境内。月季山虽不甚高，但山势甚陡，山顶有座仙人洞。相传为仙人所建，说是能直通东海，其实只是一个天然的石洞。围绕此洞又有不少传说。

月季山原名越界山。传说，春秋战国时期，越王勾践败后到山东琅琊建立越国，齐国为防越国侵袭所以修建了齐长城，西至丰台东至黄岛。月季山目前保留 3 段长城遗迹。

夕阳下的月季山

月季山景色

月季山以满山的月季而得名，传说内容丰富，情节曲折，浪漫感人，语言朴素、诙谐，具有浓厚的乡土气息，涵盖神话故事、帝王将相、文化才俊等历史人物传说、宗教人物传说、奇石花卉（自然景观）传说、鬼狐精怪故事、生活故事、机智人物故事，其中有许多脍炙人口的名篇，如《刘姑娘大闹月季山》《朱元璋落难传说》《法若真传说》《杨家山里的传说》《朱元璋放牛》《月季泉传说》《神奇鬼怪篇 》《悲情西野山》等。

20 世纪 80 年代初，原胶南县文化部门进行了大规模民间文学普查，通过下乡走访，采录整理出几十篇月季山传说，为月季山风景区的旅游开发增添了厚重的文化底蕴。

2015 年，月季山的传说被列入青岛市黄岛区区级非物质文化遗产名录。

# 灵山岛的传说

灵山岛，又名水灵山岛，地处青岛市黄岛区南部海湾，是青岛市最大的海岛。地势南高北低，东陡西缓，沿岸多断崖，有大小山峰 56 个，主峰歪头顶海拔 513.6 米，是中国北方第一高岛。

《山海经》中有段文字："琅琊台在渤海间，琅琊之东。其北有山，一曰在海间。"这座"山"即灵山岛。可以说，早在战国时期，灵山岛已经同东方名胜琅琊台一起名扬天下了。

灵山岛虽处大海巨浸之中，距大陆较远，但其历史文化比较丰富灿烂。早在春秋战国时期，岛上就有人类活动。1973 年，在灵山岛李家村之沙嘴子海滩出土了环纹铜鼎、铜锛、陶片等一批珍贵文物，说明当时岛上的经济、文化已经比较发达。由于战争和社会动乱，灵山岛的先民鲜见于史册。据《胶州志》载，岛上居民是明朝永乐三年（1405）从

灵山岛全景

云南迁居灵山岛的，属于灵山卫下的军屯。清代，卫所裁撤，居民田庄并入州县，灵山岛遂属胶州，居民也从世袭军户而变为农渔业户。大陆居民亦向岛上迁居。清代时，灵山岛已因其秀丽景色而被誉为“灵岛浮翠”，被列为胶州八景之一。近代以来，先后为德、日侵略军和国民党军队所占据。中华人民共和国成立后，灵山岛成为海防前哨和守备要地。

灵山岛民间传说众多，涉及一草一木、一山一石，如《水灵姑娘传说》《霸母树传说》《“石秀才”传说》《象鼻山传说》《试刀石传说和飞来“天柱”传说》等，无不反映了当地居民的思想、感情、爱憎和向往，表达了他们的美好愿望和崇高理想，是灵山岛文化的重要组成部分。

灵山岛传说有自己独特的表现方式和艺术手法，语言口语化、地方性强，通俗易懂。创作和讲述及传承上均使用口语白话，并融入了黄岛当地语音、地方方言，讲起来上口，听起来顺畅，易记易懂，有很强的乡土亲和力。灵山岛传说结构灵活、简练，形象典型化。素材的取舍，灵动性强，同一素材常常“节外生枝”，或交叉联系，构思别致奇特；篇幅一般短小精练，节奏紧凑，强调细节的描述，情节发展迅速，直奔

灵山岛风光

主题；人物形象突出，性格鲜明。灵山岛传说艺术表现具有古朴、浪漫情调。擅长把传奇与历史、幻想与现实有机融合，用联想、夸张等手法，常常设计偶然、巧合等出乎意料的情节，采用幻想、虚构及移花接木等手段，塑造富有个性、令人感动的人物形象。同时，在创作和讲述过程中，讲究使用对比、重叠等方法，运用固定语句、套话、双关语、谐音句、民间歌谣、歇后语等，以丰富传说的表现效果，使传说更具艺术感染力。

灵山岛传说，是人们世代口头相传的民间故事，所以具有传承性特征，在一定程度上也反映了当地的风土人情；记录了灵山岛宝贵的人文价值，赋予了自然景观丰富的文化底蕴；赞美了灵山岛山灵水美；体现了人们对大自然丰富的想象力；寄托了人民对美好生活的向往，并假借传说故事反映了人们对社会生活现象惩恶扬善的价值观。

2010 年，灵山岛的传说被列入青岛市黄岛区区级非物质文化遗产名录。

# 藏马山传说

坐落于黄岛区大村镇和藏马镇之间的藏马山，海拔高度有 395.2 米，绵延 30 千米，涵养了浓厚的名胜古迹与文化资源。藏马山是一个天然生态博物馆，动植物资源极为丰富，植物品种达千余种，山上生长着多种中草药植物，山上各种飞禽走兽种类繁多。

藏马山名字的来历存在多种说法，但都与“马”有关，其中“白马下凡”“神马筑城”的传说广为流传。传说一匹白马偷偷从天宫跑出来，趁着夜黑来到了人间，天兵发现后前来追赶。白马漂洋过海来到胶东半岛时，一座大山映入眼帘，于是便顺河而下直奔山上，天兵近前搜捕了

藏马山

7天7夜，却始终没有发现白马的影子。后人传说白马就此隐居于山中，故称此山为藏马山，顺山而下的小河被称为白马河。

“白马下凡”的传说在民间也有许多不同的版本。其一是类似《牛郎织女》的爱情故事。白马下凡后变为白马仙子，与东海龙太子结缘，生下一匹白龙马。后白马仙子与东海龙太子被玉皇大帝抓回天庭，附近村民将白龙马养大，白龙马为了报恩便施展法力，帮村民耕地和治病。县官听说此事，打算将白龙马献给皇帝，村民出面阻挠，被县官派人打伤。白龙马为了拯救村民，挺身而出，等到了京城以后，因思念乡亲，便逃回山中藏了起来。其二是基于周边广为流传的秦始皇传说的延伸。传说有出海寻仙者寻得不死灵药，献给秦始皇。秦始皇斋戒3天，欲择吉时而服，一匹白马突然出现夺走灵药，向西南方向狂奔而去，最后隐入一座大山中。官兵搜捕数日也找寻不到，百姓奉其为灵兽。其三则依附李世民传说。唐太宗的一匹白马从长安城跑出来，一路向东直到海岸

藏马山远景

附近。天微亮时到达的地方后被称为“小亮马”，天大亮时经过的地方被称为“大亮马”，跑过的一条河被称为白马河，走上的一个岭被称为跑马岭，最后白马跑的深山就成了藏马山。

“神马筑城”的传说与里岔镇牧马城遗址有关。牧马城遗址原是汉代祓侯国都城遗址，传说一匹神马绕着祓侯国都城的城墙奔跑，每跑一圈，城墙就升高一截。如果神马能顺利跑完左三圈、右三圈，那么这座城就将永远作为国都而存在，否则国都面临被废黜的命运。神马跑到两圈半的时候，一个孕妇拦住了神马的路，并对它说了几句话。神马听后就纵身向南跑去，马蹄踩出几个坑，化成6个村庄，神马在奔跑的过程中，向东向西各一抬头，形成了东抬头、西抬头两个村庄，然后一头扎进了大山里。

藏马山历史底蕴深厚，和大村镇一带的“龙马”文化息息相关。《明史·五行志》中记载：“永乐十八年九月，诸城进龙马。民有牝马牧于海滨，一日云雾晦冥，有物蜿蜒与马接。产驹，具龙文，其色青苍，谓之龙马。”这也为藏马山的传说增添了一层神秘色彩。藏马山传说在当地流传甚广，老百姓口耳相传，深受民间喜爱。这些传说都是群众自由创作，表达了朴素的情感与价值理念。

2007年，藏马山传说被列入青岛市黄岛区区级非物质文化遗产名录。

# 胶南歌谣

胶南歌谣是对原胶南市民间歌谣的统称。它强调格律和韵脚，通常以口头形式流传。许多胶南歌谣都是根据古代仪式中的惯用语逐渐加工流传而来，或是以较晚一些的历史事件为题材加工而成。

收录胶南歌谣的书籍

胶南歌谣的种类繁多，主要有节令歌（《十二个月》等）、童谣（《找朋友》《拍手歌》等）等。胶南歌谣的内容取材贴近生活和自然，内容浅显，通俗易懂。胶南歌谣一般大多数是为孩子编唱的，也有一些风土人情的主题。

胶南歌谣有三大主要特征：首先，语言活泼，节奏明快易唱、富于音韵，朗朗上口。其次，胶南歌谣的内容取材贴近生活和自然，内容浅显，通俗易懂。最后，胶南歌谣的内容想象丰富，富有情趣，整首篇幅简短，结构整齐。

胶南歌谣在品德教育、文学教育以及智识教育方面极具价值。

首先，胶南歌谣蕴含着伦理道德或劝勉讽戒的教育性内容，能够潜移默化地进行品德教育，起到陶冶品行、美化心灵的作用。

其次，胶南歌谣中的词句，通常是浅白而简练的。由于浅白，人们容易了解其中的意思，领略其中的情趣，欣赏其中的意境；由于简练，人们容易学到生动优美的句子，从而吸收各类语汇，扩充知识领域。

最后，儿歌的内容，绝大多数是描述一般生活情景、民俗节庆的祝

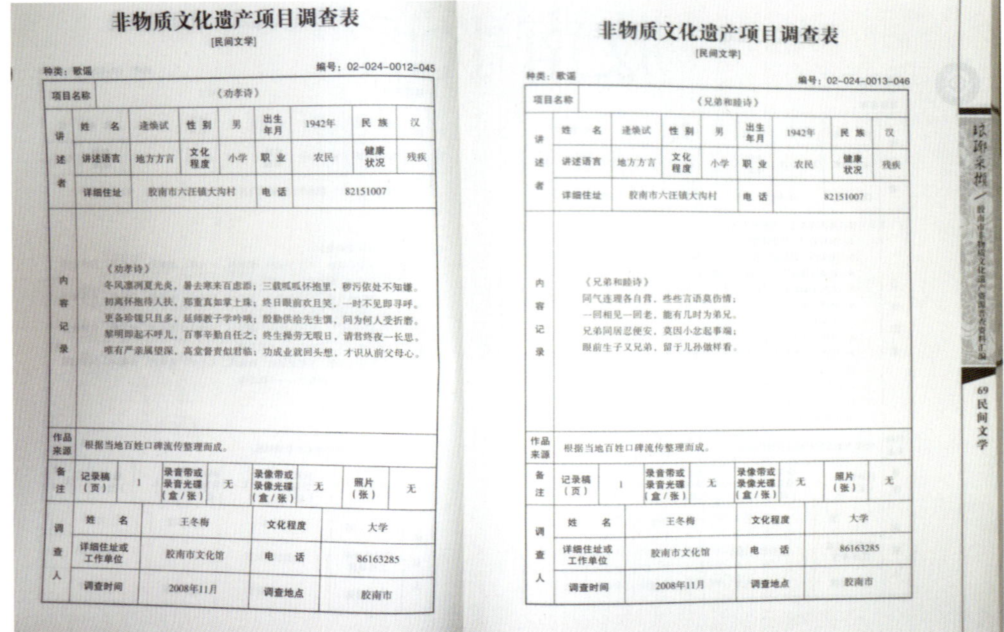

**非物质文化遗产项目调查表**

[民间文学]

种类：歌谣　　编号：02-024-0012-045

| 项目名称 | 《劝孝诗》 | | | | | | | |
|---|---|---|---|---|---|---|---|---|
| 讲述者 | 姓　名 | 逄焕试 | 性　别 | 男 | 出生年月 | 1942年 | 民　族 | 汉 |
| | 讲述语言 | 地方方言 | 文化程度 | 小学 | 职　业 | 农民 | 健康状况 | 残疾 |
| | 详细住址 | 胶南市六汪镇大沟村 | | | 电　话 | 82151007 | | |
| 内容记录 | 《劝孝诗》<br>冬风凛冽夏光炎，暑去寒来百虑添；三载呱呱怀抱里，秽污依处不知嫌。<br>初离怀抱待人扶，郑重真如掌上珠；终日眼前欢且笑，一时不见即寻呼。<br>更备珍馐只且多，延师教子学吟哦；殷勤供给先生馔，问为何人受折磨。<br>黎明即起不呼儿，百事辛勤自任之；终生操劳无暇日，请君终夜一长思。<br>唯有严亲属望深，高堂督责似君临；功成业就回头想，才识从前父母心。 | | | | | | | |
| 作品来源 | 根据当地百姓口碑流传整理而成。 | | | | | | | |
| 备注 | 记录稿（页） | 1 | 录音带或录音光碟（盒/张） | 无 | 录像带或录像光碟（盒/张） | 无 | 照片（张） | 无 |
| 调查人 | 姓　名 | 王冬梅 | | 文化程度 | 大学 | | | |
| | 详细住址或工作单位 | 胶南市文化馆 | | 电　话 | 86163285 | | | |
| | 调查时间 | 2008年11月 | | 调查地点 | 胶南市 | | | |

**非物质文化遗产项目调查表**

[民间文学]

种类：歌谣　　编号：02-024-0013-046

| 项目名称 | 《兄弟和睦诗》 | | | | | | | |
|---|---|---|---|---|---|---|---|---|
| 讲述者 | 姓　名 | 逄焕试 | 性　别 | 男 | 出生年月 | 1942年 | 民　族 | 汉 |
| | 讲述语言 | 地方方言 | 文化程度 | 小学 | 职　业 | 农民 | 健康状况 | 残疾 |
| | 详细住址 | 胶南市六汪镇大沟村 | | | 电　话 | 82151007 | | |
| 内容记录 | 《兄弟和睦诗》<br>同气连理各自营，些些言语莫伤情；<br>一回相见一回老，能有几时为弟兄。<br>兄弟同居忍便安，莫因小忿起事端；<br>眼前生子又兄弟，留于儿孙做样看。 | | | | | | | |
| 作品来源 | 根据当地百姓口碑流传整理而成。 | | | | | | | |
| 备注 | 记录稿（页） | 1 | 录音带或录音光碟（盒/张） | 无 | 录像带或录像光碟（盒/张） | 无 | 照片（张） | 无 |
| 调查人 | 姓　名 | 王冬梅 | | 文化程度 | 大学 | | | |
| | 详细住址或工作单位 | 胶南市文化馆 | | 电　话 | 86163285 | | | |
| | 调查时间 | 2008年11月 | | 调查地点 | 胶南市 | | | |



胶南歌谣

贺，或者是日月星辰、风雨雷电、天文气象等自然景观，甚至是关于鱼虫鸟兽、花草树木、色彩数字等的想象情节，不但生动有趣，而且题材包罗万象。儿童从儿歌童谣中，可以获取新的经验和知识。

2010 年，胶南歌谣被列入青岛市黄岛区区级非物质文化遗产名录。

# 胶南方言

胶南方言的形成和发展体现了地方历史，方言词语记录了地方风物。

胶南方言大体可分为三个区域：以大场镇、海青镇为代表的西南部方言，以王台街道为代表的东北部方言和以城区为代表的中部方言。中部区域和东北部区域的方言比较接近一些，与西南部的方言相差比较大。究其原因，主要有两个：

第一，与移民有关系。原胶南境内90%以上人口是在明朝时期移民而来的。明代的移民主要有三个来源：一是山西省移民，就是通常所说的我们的祖先来自山西省临汾市洪洞县的大槐树下，这一部分移民现在多居住在胶南的北部地区如王台街道、宝山镇、黄山镇等。二是来自江苏省连云港市海州一带，这就是人们常提起的海州区的“荡芦村”，也有人说成是“当啷村”。这部分移民基本上居住在胶南的西南部。这个地区几个比较著名的大姓，如丁、徐、安、许、魏、赵等都是从江苏移民而来的。三是明代军屯迁移过来的，主要是灵山卫等区域。明代初期为了边防的需要，实行卫所制度。灵山卫建立，这一部分移民多是军人及其家属，以后就世代在这里居住下来了，比较著名的大姓如苏、薛等都是这部分移民。正是因为移民来自不同地方，所以语言风格以及风俗习惯也不一样。尽管已经过了五六百年，但差距仍然不同程度地存在。

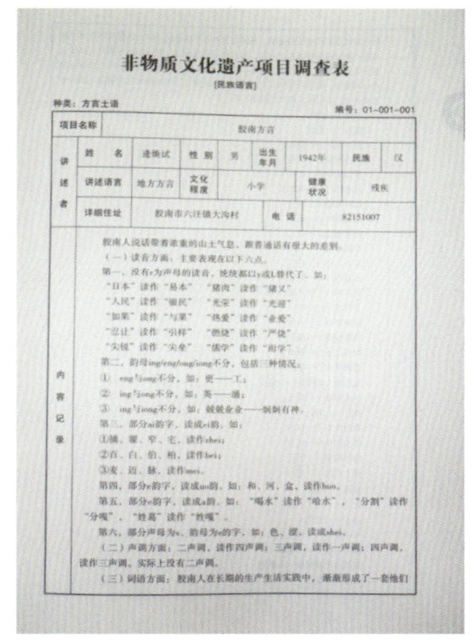

非物质文化遗产项目调查表

[民族语言]

种类：方言土语　　编号：01-001-001

| 项目名称 | 胶南方言 | | | | | | |
|---|---|---|---|---|---|---|---|
| 讲述者 姓名 | [illegible] | 性别 | 男 | 出生年月 | 1942年 | 民族 | 汉 |
| 讲述语言 | 地方方言 | 文化程度 | 小学 | 健康状况 | 残疾 | | |
| 详细住址 | 胶南市六汪镇大沟村 | 电话 | 82151007 | | | | |

内容记录：

胶南人说话带着浓重的山土气息，跟普通话有很大的差别。

（一）读音方面，主要表现在以下六点。

第一，没有r为声母的读音，统统都以y或L替代了。如：

“日本”读作“易本”　“猪肉”读作“猪又”

“人民”读作“银民”　“光荣”读作“光[illegible]”

“如果”读作“与果”　“热爱”读作“[illegible]爱”

“忍让”读作“引样”　“燃烧”读作“严烧”

“尖锐”读作“尖[illegible]”　“儒学”读作“[illegible]学”

第二，韵母ing/eng/ong/iong不分，包括三种情况：

① eng与iong不分，如：更——工；

② ing与iong不分，如：英——[illegible]；

③ ing与iong不分，如：[illegible]——[illegible]有神。

第三，部分ai韵字，读成ei韵，如：

①摘、翟、窄、宅，读作zhei；

②百、白、伯、柏，读作bei；

③麦、迈、脉，读作mei。

第四，部分e韵字，读成uo韵，如：和、河、盒，读作huo。

第五，部分e韵字，读成a韵，如：“喝水”读作“哈水”，“分割”读作“分嘎”，“姓葛”读作“姓嘎”。

第六，部分声母为s、韵母为e的字，如：色、涩，读成shei。

（二）声调方面：二声调，读作四声调；三声调，读作一声调；四声调，读作三声调。实际上没有二声调。

（三）词语方面：胶南人在长期的生产生活实践中，渐渐形成了一套他们

胶南方言 1

第二，原胶南区域形成得较晚，是由不同地域组成的行政建制。原来没有胶南这个行政建制，1945 年从诸城割东部地区成立了藏马县，1946 年从胶县割南部成立了胶南县，1956 年藏马、胶南合并成为胶南县。藏马县的母体诸城和胶南县的母体胶县，这两个县一个属于胶东地区，一个靠近临沂地区，是风格完全不同的地域，这就难怪语言不同了。那时，区域之间的交往与交流也不像今天那样频繁，语言融合程度较低。

随着普通话的推广，许多有地方特色的胶南方言开始渐渐消失。

西南部语言最典型的特点是“咬舌子”。在这种语言里没有汉语拼音里面的“j、q、x”的发音，也少有“zh、ch、sh”的发音，因此就把“血”字发成类似“舍”字、把“鸡”字发成类似于“直”字、把“鞋”字发成类似“筛”字，例如“杀了一只鸡，崩了一鞋血”这句话一咬就完全变味了。还有一句经典的玩笑句子：“嫩起起，喃出去，穿上鞋，打打鸡。”

受咬舌子的影响，还有一批字词发生异变，如“现在”“今天”“九”“教训”等，如果不是经常听他们说话，还真弄不明白表达的意思。这种咬舌子一旦形成是很难纠正的，有些人知道咬舌子不好听，想矫正，结果矫正过了头，形成了“倒咬舌子”，把本来应该正确发言的字也发错了，如：把“直”发成“极”、把“仇”发成“球”等。

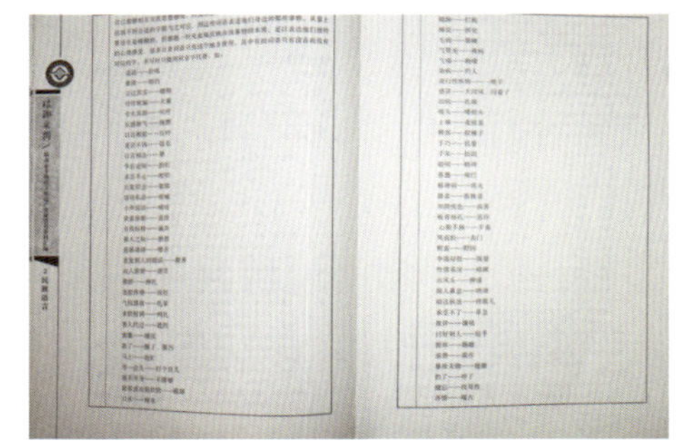
胶南方言 2

胶南中部和东北部的人可以用“半咬舌子”来表达。之所以说半咬舌子，是因为有很多字的发音和咬舌子类似，胶南中、北部与西南部发音存在许多同样的问题，如“直接”“全部”“静”“书”等，胶南北部的土话的这些发音同样是在普通话发音和汉语拼音中找不到的。而有些普通话中的发音在胶南土话里面也没有。

胶南方言词语与普通话差异较大。胶南方言有比普通话丰富得多的生活、情感用语；在动作的细微区分、事物的性状描绘等方面都更具体，具有较高的文化价值；在一些文艺表达方面表现得更加淋漓尽致。随着普通话的普及，胶南方言渐渐失去了原有的特色和味道。

2010年，胶南方言被列入青岛市黄岛区区级非物质文化遗产名录。

# 泊里竹蛏的传说

沐官岛位于山东省青岛市黄岛区琅琊古港西。沐官岛所在的黄家塘海湾，滩平浪稳，金黄细腻的沙滩上生长着一种碗口大的贝类和竹节般的蛏，人们称它为“西施舌”和“泊里竹蛏”。相传，西施舌和泊里竹蛏就是春秋战国时期西施女和范蠡的化身。

正在售卖的泊里竹蛏

春秋末期，吴国打败越国，越王勾践向吴王夫差乞降。历经三年的含垢忍辱后，夫差将勾践放走。勾践回国后，卧薪尝胆，秣马厉兵，一心要报仇雪耻，打败吴国。于是，利用吴王夫差好色的特点，献上了一批美人给他，其中就有大臣范蠡情投意合的恋人西施。国家正处于危急存亡之中，范蠡舍弃情感，说服西施，让她到吴国完成大计。十年过后，越国用美人计大败吴国，西施归来后同范蠡一起泛舟而上，来到了黄海岸边的泊里境内隐姓埋名，过起了平常人的生活。谁知，越王夫人得知勾践一直恋着西施的美貌，担心勾践将她迎回宫，威胁到自己的地位，于是趁范蠡外出做生意的机会，派兵找到西施，将石头绑在西施身上沉入大海。范蠡归来后，得知西施被害，他悲痛欲绝，散尽全部财富，毅然来到西施被害的地方投海而亡。西施被害后，化作了一个美丽的大蚌，在海滩上日夜思念着范蠡，人们称之为“西施舌”。范蠡投海后，化作了一个玉树临风般的竹蛏，来到了西施舌的身边，两人终于又在一起，永久不再分离。

赶海人收获竹蛏

泊里竹蛏和西施舌的传说互相补充，都是泊里地区美食的起源故事。如同梁祝化蝶一样，西施和范蠡的爱情故事在西施舌和竹蛏上得到了延续，使原本悲剧的爱情得到了升华。

2019 年，泊里竹蛏的传说被列入青岛市黄岛区区级非物质文化遗产名录。

铁橛悬泉

# 铁橛悬泉传说

国画《铁橛悬泉》田胜 绘

青岛市黄岛区铁橛悬泉传说源于六汪镇，六汪镇位于黄岛区西北部，东临铁山，西靠诸城市、五莲县，南邻大村镇，北部与胶州市接壤。铁橛悬泉传说分布的核心区域是被铁橛山、藏马山、月季山等点缀围合的山区地带，当地不仅拥有磅礴秀美的自然风光，也有众多的人文遗存和深厚的历史底蕴。铁橛悬泉传说主要流传在该地的下庵、大庙口、小庙口，以及六汪、铁山等大部分村居社区，随着人员流动，传说也流传到青岛其他市区以及高密、诸城、五莲等周边地区，在当地有着广泛的群众基础。

青岛市黄岛区铁橛悬泉传说历史悠久，有明确的文献记载和丰富的口头传统呈现。铁橛山作为黄岛区第二高山，山势险峻，树木丰茂，山中胜景“铁橛悬泉”为清乾隆版《胶州志》载“胶州八景”之一。该景位于数百米高的山腰之上，两棵多人才能合抱的古银杏树紧邻悬泉，一水两木交相呼应，堪为胜景。明代大画家法若真的《幽涧古柏图》就是对此胜景的写照。说明至少在明清时期，铁橛悬泉和古银杏树已经在当地广泛流传，传说的流传历史可以追溯到明代。

当地老人大都能讲和铁橛悬泉有关的传说，如下庵社区的代桂国对恋人殉情化身银杏树讲述系统，贾永坤、闫增芳对山上自来佛传说讲述生动，代德温对行医给药和分面板的记忆特别清晰，孙志明对银杏树显形讲述细致；大庙口社区的刘泽国讲述了悬泉求雨的传说；小庙口社区的刘桂福叙述了老虎洞通海眼的神奇之处。周边村居的刘镇泰、刘四军、闫芳爱、刘明尧等，均在自己的少年时代听过长辈们讲述过这一传说。

青岛市黄岛区铁橛悬泉传说是一个包含多个传说的传说群。主要传说包括杏儿跟泉生私订终身、恋人自来佛许愿、牛家棒打鸳鸯、殉情化身伴侣树、古树行医给药、牛七化身恶鬼作恶、自来佛求宝钟护佑、7个长工一夜吃一头驴、悬泉通海、公树托梦舍身救妻、母树断臂护夫、7男7女悬泉求雨、石牛下山吃农家麦田、悬泉投糠出琉璃瓦等，形成了具有鲜明地域特色的与铁橛悬泉相关的传说群。

铁橛悬泉传说与当地的风物对应，形成了一个自成体系的传说圈。传说圈主要是铁橛山、藏马山等环绕的，以下庵社区为中心向周边辐射的村居社区；风物圈主要包括铁橛悬泉、古银杏树、自来佛庙遗址、阁子庙、道观大殿、白马河、铁橛山、上庵山、老虎洞、古茶树等。铁橛悬泉传说与当地的风俗有机融合，如寻医求药的风俗、生活生产的风俗等，并依托风俗的传承而口口相传。

铁橛悬泉传说一直在六汪镇及其周边地区口口相传，曾经是当地百姓茶余饭后、田间地头最重要的谈资，也是当地诗歌、朗诵等艺术表现的重要题材，如文联组织的“铁橛悬泉和古银杏树传说”征文比赛、乡镇组织的这一主题的朗诵比赛等。总体来说，存续状况良好。

2022年，铁橛悬泉传说被列入青岛市黄岛区区级非物质文化遗产名录。

## 非物质文化遗产代表性传承人

### 逄伟

逄伟，男，汉族，1967年12月生，山东青岛人，中共党员，本科学历。

于 2023 年 3 月被评为铁橛悬泉传说项目区级非物质文化遗产传承人。

2001 年调到六汪镇政府工作，任黄岛区六汪镇文化和旅游办公室负责人。他长期致力于六汪镇及其周边地区的传说文化研究工作，特别是在“铁橛悬泉传说”的传承和发展过程中，起到了非常重要的挖掘、整理、传承作用。

逄伟（左一）挖掘整理铁橛悬泉传说

《铁橛悬泉传说》在当地是非常有名的一个地区性质的文化传说。该传说包括泉生和杏儿私订终身、牛七逼婚、殉情、寻医送药、雄银杏树托梦杀身救妻、雌银杏树断臂救子、自来佛传说、海眼的传说，等等。这是一个系列的传说组合群，但是这些传说在当地没有一个系统完整的文字材料，只是通过当地人口口相传，并且在传承的过程中有很多的口误及其漏落，很多地方都失去了传说的基本原貌。

他走村串户，对多村 80 岁以上的老人进行调查了解，同时自费到外地采访了解铁橛悬泉传说的一些老退休教师、文艺工作者等，组织“文联”的有关人员到铁橛悬泉和古银杏树的地方进行采风，实地调查了解，系统整理铁橛悬泉传说。

他利用不同场合和机会进行宣传，利用“协会”培训、学习的机会，向大家宣传铁橛悬泉传说。同时他经常在网络平台、纸刊等发表有关宣传推介铁橛悬泉传说的文章，他写的《铁橛悬泉与古银杏树的传说》，被黄岛区《西海岸》杂志全文转发。

2023 年正式收徒本单位工作人员管凤佼，学习宣传铁橛悬泉传说。

# 草桥的传说

草桥位于青岛市黄岛区泊里镇西北方向 1.8 千米处，自明清时期始，这里就流传着草桥的诸多传说。这些传说与当地的地理特产相对应、与历史记载高度吻合。如今，草桥传说进入抖音视频、戏曲小品以及各种宣传材料，成为古村落传说之一，草桥也被称为“浸淹在故事的村庄”。

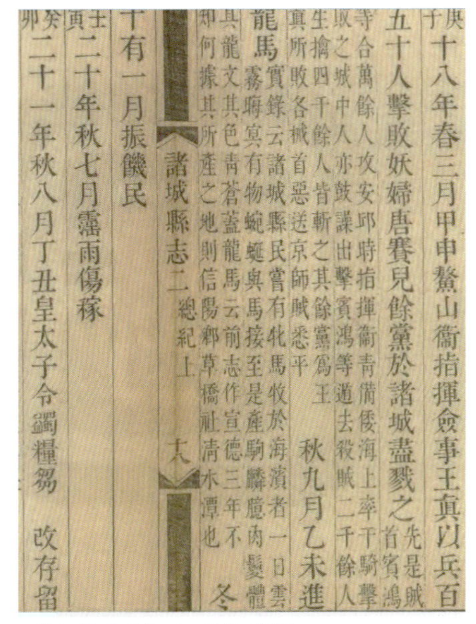
庚子 十八年春三月甲申鰲山衛指揮僉事王真以兵百
五十人擊敗妖婦唐賽兒餘黨於諸城盡戮之 先是賊首賓鴻
等合萬餘人攻安邱時指揮衛青備倭海上率千騎擊
敗之城中人亦鼓譟出擊賓鴻等遁去殺賊二千餘人
生擒四千餘人皆斬之其餘黨爲王
眞所敗各械首惡送京師賊悉平 秋九月乙未進
龍馬 實錄云諸城縣民嘗有牝馬牧於海濱者一日雲
霧晦冥有物蜿蜒與馬接至是產駒鱗臆肉鬉體
其龍文其色青蒼蓋龍馬云前志作宣德三年不
知何據其所產之地則信陽鄉草橋社淸水潭也 冬
諸城縣志二 總紀上 大
十有一月振饑民
壬寅 二十年秋七月霪雨傷稼
癸卯 二十一年秋八月丁丑皇太子令蠲糧芻 改存留

《诸城县志》记载的草桥

金大定二十九年（1189）诸城设草桥镇，元、明两代，草桥镇已不再见于史籍。清乾隆《诸城县志 · 沿草表》载，草桥为金山东东密州三镇（普庆、信阳、草桥）之一。清代为“草桥社”，其位置基本与今村址合。清道光《诸城县续志 · 疆域》称“泊里练草桥村”。时草桥古镇已变成普通村庄。1931 年版《中国古今地名大辞典》载：“草桥镇，金置，在今山东诸城县东南一百二十里。”1990 年版《胶南县地名志》载：明洪武年间，滕、于两家自江苏海州迁此立村。古草桥镇当在今泊里镇草桥村附近。因此地是诸城通往海口的要道，河上有桥，河滩荒草茂盛，故名草桥。

草桥地势平坦，风景秀美，历史上丰富的文化交流形成了独具特色的民间文化，产生了许多美丽的传说。这些传说产生在民间，流传于民间，传说优美动人，带给人们丰富的想象和无限的遐想，寄托了人们美

泊里镇草桥村景观小品

好生活的向望和对幸福未来的追求。

草桥传说主要分为两个方面：一是与草桥周边的人文地理、历史名人、历史古迹、风土人情有关的传说，主要有：孙膑的传说、奇人夜闯皇宫的传说，等等。二是风物传说，如清水潭的传说、龙马传说的由来，等等。

草桥传说运用奇妙的幻想、超自然的形象、神奇变化的手法，把历史人物和神话人物的故事地方化，具有较强的思想性、通俗性、传奇性和广泛性。草桥传说所弘扬提倡的传统道德理念是中华民族传说文化保护中的瑰宝，具有极强的历史价值和积极的社会意义，是当地人们独特的精神文化财富。

2023 年，草桥传说被列入青岛市黄岛区区级非物质文化遗产名录。

# 蟠龙庵的传说

蟠龙庵位于青岛市黄岛区泊里镇蟠龙村西南方向 4.8 千米处，自明清时期，这里就流传着蟠龙庵的传说。这里的河流、村庄名称、庵院分布以及姓氏结构等均与戏曲传说中的内容一致。因此，附近村民认定茂腔《罗衫记》的故事就起源于此。

元朝中期，蟠龙庵村就有一座庵堂存在，有尼姑在此修行，明洪武二年（1369）王姓叔侄二人，由江苏省连云港海州区荡芦村三槐堂迁此立村。该地山岭盘旋曲折，形如蟠龙，又因有庵，故名蟠龙庵村。早期的庵院规模很小，后来被佛家接管改为寺院，规模达到鼎盛。不仅大院内有前后殿，还有僧人生活院落和自修的道场，居住在此的和尚有二三十人，周边大片土地也属于寺院。清雍乾时期，寺庙管理混乱，部分土地被寺院住持廉价卖给周围村庄，因而不断有人口迁移到此，村庄规模越来越大。清嘉庆年间，部分寺院僧人强买强卖、横行霸道，累积的矛盾引发村民强烈抗议。不久，村里以王姓家族为主的几十人，徒步百里到诸城县衙告状，经过漫长审理后，诸城县衙判决寺院败诉，勒令寺院缩小规模，不准再新纳弟子，从此，寺院逐渐走向衰败。

传说，明朝中期，距蟠龙庵村较远的村镇里有一水霸。他听说一位即将赴任的举人携带家眷和巨额银两将要乘船渡河，于是，他邀请举人上船，待船只行至河中央时将船凿沉，不但劫取举人的银两，还把举人美貌的妻子郑氏带回府中。水霸要纳她为妾，她誓死不从，郑氏当时已有身孕，在使妈的帮助下逃出。逃跑途中她产下一名男婴，见追找的人将至，急忙撕下身上的一片罗衫将婴儿包好，将井旁一块大石头投入井中，制造自己投井身亡的假象，然后跑到蟠龙庵削发为尼。丢弃的男婴被水霸带回家中，收为养子，待长大成人后，考取了功名，成为朝廷命官。当他回家省亲时，恰遇尼姑郑氏告状，审理后得知了自己的身世。在当年使妈的指认下，最终母子相认，水霸得到了应有的惩处。

这段惩凶认母、情理归一的悲情故事被整理、编排成茂腔《罗衫记》，搬上舞台久演不衰，深受群众喜爱。无数村民也从故事中得到了启迪和教益，蟠龙庵村以及附近村民民风淳朴、邻里和谐、安居乐业。

蟠龙庵大戏台，供群众欣赏戏曲

自建村起，村民就有热爱艺术的传统。当茂腔在黄岛区一带产生，蟠龙庵村人就深深爱上了这源自地方乡音的艺术，这里也逐渐成为远近闻名的茂腔之乡。人人爱听，家家会唱。村头田间，无论男女老幼，无论忙农耕还是忙家务，都爱随口来上几句。古老的银杏树下，更是村民们聊戏唱戏的好场所。从村中的蟠龙古庵，到《罗衫记》起伏跌宕的传说，茂腔的魅力渗透到了蟠龙村人的岁月流年。看戏看多了，蟠龙庵村也诞生了自己的茂腔戏班。茂腔村茂腔人，虽是村庄班底，却远近知名。银杏树下的戏台，成了本村名角的最佳舞台。蟠龙庵前唱《罗衫记》，可谓旧时泊里地区的一大盛事。

蟠龙庵传说结构灵活、简练，形象典型化。故事素材的取舍，灵动性强，同一故事素材常常“节外生枝”，或故事间交叉联系，构思别致奇特；故事篇幅一般短小精练，矛盾组织紧凑，强调情节、细节的描述，情节发展迅速，直奔主题；故事中的人物形象突出，性格鲜明。

蟠龙庵传说，是人们世代口头相传的民间故事，在一定程度上也反映了当地的风土人情，记录了蟠龙庵宝贵的人文价值，赋予了蟠龙庵村丰富的文化底蕴，寄托了人民对美好生活的向往。

2023年，蟠龙庵传说被列入青岛市黄岛区区级非物质文化遗产名录。

茂腔《罗衫记》演出剧照

# 五凤楼与荆梁寺的传说

五凤楼与荆梁寺的传说起源于青岛市黄岛区六汪镇祝兹侯村、西下泊村，在六汪镇胶河管区、胶州铺集镇，诸城、五莲等地均有流传。

村民在讲述五凤楼与荆梁寺的传说

相传，很多年以前，在胶河东岸的西下泊村东有一个土丘，方圆几百里，是一块风水宝地。天上的王母娘娘在此处栽下五棵梧桐树，时时引来五只凤凰落到树枝上。后来有人在此处建起了一处高楼，名为五凤楼。在明清两代，此地隶属于诸城县，根据明代陈烨撰写的《诸城县志》记载：诸城筑有凤凰台，有凤凰止于其上而得名，与五凤楼的传说相为呼应。据传清代乾隆皇帝曾向刘墉问起过：“听说你老家有一座五凤楼，朕要亲自去瞻仰一番。”考虑到皇帝出巡要黄沙铺路、净水泼街，耗费无数钱财，刘墉回奏道：“当地确有五凤楼的传奇故事，但是现在那里什么也没有了，只剩一些土丘和碎石而已。”皇帝听闻后，打消了巡视五凤楼的念头。现如今五凤楼已消失不见，楼旁边还留有一些石桌、石椅等，据说是八仙中的吕洞宾经过这里休息的地方。

五凤楼的附近，不知从何时长出一棵荆条树来。别的树都长得干粗苗壮，唯有荆条树如手指粗细。若不注意，根本看不到这里还有一棵荆条树。传说，这棵荆条树就是这里的守护神，在它的佑护下，下泊村民生活富足。胶河西岸的柏乡村，过去百姓生活条件一直不如东岸的下泊村，为了压住东岸的下泊村的风水，他们决定修建一座寺庙，庙的主梁正是他们所觊觎的宝树——荆条树。据传，荆条树被挖走的那天，树根处有鲜血冒出，染红了山沟的红土。目前西下泊村东有一条沟名为红土沟，沙土的颜色是红色，与别处不同。柏乡村的寺庙建成之后，名为“荆梁寺”。荆梁寺，方圆百里非常有名，西至诸城，南至五莲，北到胶州铺集镇，都有人听说过这座寺庙。据村里上了年纪的老人讲，曾经亲眼见过这座庙，1946 年左右毁于战火，寺庙起火后有人专门探究荆条做的大梁的情况，发现大梁杳无踪迹，连焚烧后的灰烬也没有找到，甚是惊奇。

五凤楼与荆梁寺的传说在胶河流经区域胶州、高密等地流传，与当地的胶河白菜（国家地理标志产品）一起，是胶河文化重要的组成部分。五凤楼与荆梁寺的传说和祝兹侯文化遥相呼应，对于新时期人们实现文化认同、留住乡愁，促进乡村振兴具有重要意义。

2023 年，五凤楼与荆梁寺的传说被列入青岛市黄岛区区级非物质文化遗产名录。

# 二 传统音乐

# 泊里锣鼓

泊里锣鼓非遗传承人正在表演锣鼓技艺

泊里锣鼓是青岛市黄岛区泊里民间艺人组织成立的一种大型锣鼓表演，通常由百面大鼓组成。表演时，在领鼓者的指挥下，百面大鼓一字排开，头裹红巾、身穿统一服装的鼓手们手握鼓槌，随着号令，双槌上下飞舞，大鼓发出“咚——隆咚隆咚”的声音，震耳欲聋、响声震天。

泊里镇历史悠久，文化底蕴深厚，千百年来，人们在生产劳动和各种礼仪中喜欢用乐器来表达情感。港口促使人员交流密切，由此也导致多元文化的发展与壮大。在许多新的锣鼓经传来后，将本地的锣鼓技艺与外地相融合，产生了与众不同的新式锣鼓演奏方式。因此，不但原有的泊里锣鼓长久不衰，而且新的表演队伍发展得越来越壮大。

泊里锣鼓的表演者主要分布在泊里镇域内十几个村庄内，它们分别是：西封家村、蟠龙村、河北村、东辛庄村、大庄村、朱家河村、丁莪家村、营里村、邱家庄村、贡口村和草桥村等。这些村庄常年有自发的锣鼓团队参加迎亲仪式，闲暇时，他们自娱自乐，以鼓会友，重大节日时，他们组成团队，参加拥军优属、欢庆节日等活动。据统计，目前全镇锣鼓队伍中，能参加演出的人员过百人。经济的繁荣和交通的便利为泊里锣鼓的创立和发展奠定了基础，市场的需求和经济的推动，使泊里锣鼓愈加繁荣。

明中期时，随着泊里作为沿海港口小镇的崛起，部分大户人家以及商贾开始自己组建锣鼓乐团。清乾隆版《诸城县志·乡土志》有“信阳……闲鼓用牛皮蒙之，乡民齐奏”的记载，至今，在领鼓人封福启的家中还保存着一面清代衙门里画有阴阳八卦的“惊堂鼓”。

清末至民国年间，泊里锣鼓开始发展壮大，民间艺人封金悦常常在

泊里锣鼓传承人在泊里横河公园进行锣鼓展演

演出开场时用锣鼓吸引观众，泊里锣鼓的用途逐渐扩大。1949 年后，在相关部门组织下，第四代传人封宏宇带领泊里锣鼓走向更大的发展。每逢前线捷报传来，他们用最热烈的锣鼓声庆祝胜利；每年国庆，封宏宇带领团队敲打着欢快的乐曲载歌载舞。在 1954 年的“物资交流大会”上，封宏宇表演的泊里锣鼓震撼了每一个人。此后，农业合作社成立，“公私合营”企业、农业获得了大丰收、劳模获得表彰、优秀青年参军入伍等，泊里锣鼓都会发出振奋人心的乐声。

近几年来，泊里镇进一步加大了扶持力度，成立了“泊里锣鼓表演协会”，并推选锣鼓第五代传人封福启作为全镇锣鼓队的教练，利用晚上和节假日时间免费传授技艺，让更多的人掌握了锣鼓的技艺。自 2018 年以来，泊里镇通过举办系列比赛和对外演出，聚集了越来越多

的文艺人才加入队伍中，让这历史悠久的艺术重放光彩。

泊里锣鼓由鼓、锣、大镲、小镲、钹等组成。其中，鼓有大圆鼓和高脚花瓶鼓两种。通常，演员们大多表演用大圆鼓，负责花样表演的演员使用高脚花瓶鼓。

泊里锣鼓与其他地区锣鼓表演不同的是：泊里锣鼓团体庞大，多以表现喜庆内容为主，由众多热爱生活、热爱家乡的老百姓聚集在一起，按照秩序排成半圆或是梯形阵势，由领鼓者用小堂鼓指挥，全体表演者在领鼓者的指挥下统一展演，用排山倒海的气势给人以震撼。

泊里锣鼓自成一派，乐曲丰富、多变，庞大的演出团体和震撼的演出阵势，给人留下了很深的印象，是民间艺人多年来的艺术结晶。祭祀时，人们用它来驱妖逐魔；庆典时，人们用它戏乐助兴，敲锣打鼓早已成为人们日常生活的一部分。近代，人民用它欢庆节日和喜报，载歌载舞的表演和震耳欲聋的曲调震撼了每一个人的心弦。泊里锣鼓特有的高亢、激昂的声音敲出了人们对美好生活的向往。如今的泊里锣鼓，已经成为泊里镇对外展示的一张亮丽名片。

2019 年，泊里锣鼓入选青岛市市级非物质文化遗产名录。

# 龙马锣鼓

青岛市黄岛区大村镇是龙马文化发祥地。龙马文化辉煌灿烂，完整而长盛不衰，而其中龙马大鼓便是以龙马文化为基础而产生的一种文化形式。

龙马锣鼓起源于藏马山地区，流传于藏马山系、白马河水的农村，遍布周边几个西部乡镇。大村镇是青岛西海岸面积最大，山水资源、砂石资源、土地资源、木材资源、人文资源最丰富的乡镇。

龙马锣鼓

龙马锣鼓形成于清朝末年，至今已有100多年历史。伴奏乐器初只有鼓和锣，后加上钹伴奏，演变形成了龙马锣鼓，在大村镇、泊里镇、龙南大场一带流传开来。1949年前夕，藏马的张宝聚又跟丁少平学习大鼓，并把大鼓特点借用到锣鼓中去，增加了锣鼓的旋律，对龙马大鼓的发展起到了重要的作用。20世纪二三十年代，龙马锣鼓在藏马县的农村集市非常活跃，20世纪40年代末，藏马一带土匪猖獗，老百姓背井离乡逃荒要饭，集市萧条，锣鼓的队伍逐渐减少。1949年后，人民政府提倡支持民间艺人演唱活动，公社成立宣传队，一些锣鼓艺人重整鼓板，多次参加宣传会演，受到了群众热烈欢迎。20世纪80年代，原胶南文化部门开展了全面的艺术普查活动，文化馆工作人员深入基层挖掘调研。2000 年后王永军、封锡奎根据丁少平、张宝聚等艺人口述，整理了《龙马锣鼓经》，较完整地把这一民间宝贵文化遗产记录保存了下来。

龙马锣鼓是民间击打音乐的一种，以“叫头接过接通”“接锣语”“接捂锣尾”“接嘟噜”“接单边敲”“接快慢三锣”等一些鼓点，结合高跷秧歌、大秧歌的形式，形成了具有鲜明的地方特点和浓厚的乡土气息龙马大鼓。根据曲目情节的发展随着感情的变化，由基本曲调变化出多种调，借以表现丰富的故事内容和复杂有趣的事件，以及众多的人物，极富感染力。

2015 年，龙马锣鼓被列入青岛市黄岛区区级非物质文化遗产名录。

# 尺八演奏

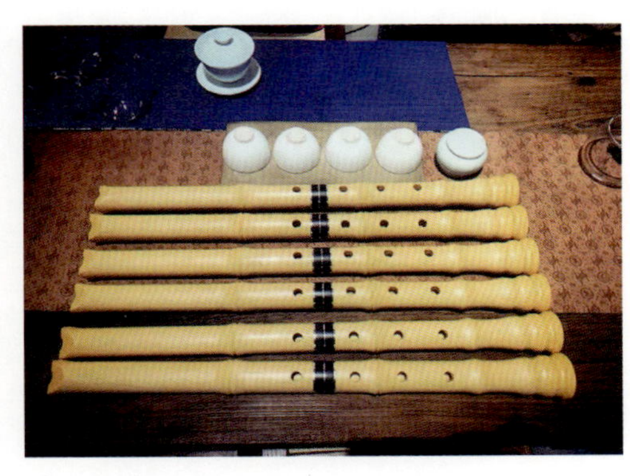
李泳研发的聆风尺八

尺八是中国最古老的吹奏乐器之一，以管长一尺八寸得名。尺八源于中国，最早可远溯至距今约9000年前新石器时期的竖吹管乐器骨笛。隋唐时期，尺八已成为宫廷中的主要乐器。《新唐书·吕才传》：“贞观时，祖孝孙增损乐律，与音家王长通、白明达更质难，不能决。太宗诏侍臣举善音者……侍中王珪、魏微盛称才制尺八，凡十二枚，长短不同，与律谐契。”

尺八，最早仅用于宫廷雅乐，六孔，被称为“古代尺八”，也常作为达官贵人的玩物，故也叫“雅乐尺八”。

尺八属于古代吹管笛箫类乐器的一种。类似于箫，与箫、笛的最大区别是吹口不同、用气不同、音色不同，尺八的音色圆润柔美、深沉含蓄、空灵飘逸、苍凉辽阔，表现力极强，表现空灵、恬静的意境。

尺八，最典型的特征是外切口，必须用吹尺八的口风才能吹得流利。尺八技巧和其他民族管乐技巧相同，基本功需气、指、舌，技巧方面有叠音、打音、花舌、吐音、气冲音、滑音等技巧。

尺八传承人李泳，自幼专业学习竹笛，父亲喜欢演奏二胡。李泳初中毕业考入潍坊艺校，后在湖北民族大学学习竹笛，并演奏箫、陶笛、葫芦丝、埙等乐器，恰巧台湾尺八制作师蔡鸿文到访工作室，介绍他与尺八结缘。经过多年对尺八的演奏维修，他慢慢摸索出现代尺八的一些

学员在学习尺八演奏

制作原理，并跟随台湾庄育桢老师学习尺八。在不断的学习和演奏中，李泳崭露头角，他生产出来的尺八已经销往全国各个城市，并得到了业内专业人士的认可和爱好者的青睐，当下还在不断设计研发创新型尺八。目前尺八已成为国际化乐器。

尺八的出现对于传统音乐的保护和传承具有重要的意义。它不仅是一种乐器，更是传统文化的载体，代表了中国传统音乐的独特风格。尺八的音乐表现形式多样，既可以独奏，也可以合奏，还可以伴奏歌曲。它所表达的中国传统音乐文化的多样性和独特性，可以让人们更好地理解和感受中国传统音乐文化的精髓。

2023 年，尺八演奏被列入青岛市黄岛区区级非物质文化遗产名录。

# 马头琴演奏技艺传习法

青岛小学生学习马头琴

青岛中学生学习马头琴

马头琴是蒙古族音乐文化的典型代表。马头琴历史悠久，承载了丰富的历史文化信息。

马头琴的传统曲目多从民歌中演化而来，可分为五类：1. 原生民歌，如《朱色莱》《八雅铃》；2. 英雄史诗曲牌，如《奔马调》《打仗调》；3. 马步调，即表现马形象的曲调；4. 从民歌发展而来的琴曲，如《荷银花》《莫德烈》；5. 汉族古老曲调，如《柳青娘》等。

马头琴主要传承人齐·宝力高，是世界马头琴大师，国家级非物质文化遗产马头琴音乐代表性传承人。长子齐·布日古德，是内蒙古自治区区级马头琴非遗传承人。杨立朋，2018 年拜师齐·宝力高大师学习马头琴，成立“中国马头琴学会山东分会”，在青岛传承发展马头琴非遗事业，并跟随内蒙古自治区区级非遗传承人齐·布日古德教授学习马头琴。

青岛市黄岛区凤凰岛小学自2018年成立“中国马头琴学会山东分会”非遗传承基地以来，已经有5届学生，接受马头琴文化艺术教育的学生达到近千名。在普通教育和职业教育阶段共建立“非遗马头琴传承基地”4个，分别是西海岸新区凤凰岛小学、市南区天山小学、青岛艺术学校和青岛市中学综合实践教育中心。其中在青岛艺术学校设立马头琴专用教室2个、马头琴制作工坊2个、大师工作室1个。与青岛艺术学校共同编写“校本课程教材”1部，绘制中小学“马头琴的传说”图册2部。

青岛守拙马头琴制作中心自2018年成立以来共制作研发小学专业马头琴380把、成人马头琴97把。2020年联合“青岛青少年人工智能众创研究院”，成立“青岛马头琴人工智能众创研究中心”，已投入大量资金，自主研发“智能化马头琴”。首款智能化马头琴已进入测试阶段，后续将组织专业团队，预研开发适合不同专业和不同类型人群需求的智能化马头琴。

2023年，马头琴演奏技艺传习法被列入青岛市黄岛区区级非物质文化遗产名录。

三

# 传统舞蹈

# 宝山地秧歌

宝山地秧歌，亦称宝山秧歌，俗称“耍耍儿”“三道弯”，系胶州秧歌的南路秧歌。它诞生于山东省青岛市黄岛区宝山镇黄山后村，流传于老胶州西南乡和灵山卫扒山村，是一株沾满泥土芬芳、深受当地群众喜爱的民间表演艺术奇葩。

据《山东省舞蹈集成》《胶南县志》《璀璨的宝山文化》等对宝山地秧歌的记载和地方学者调查，宝山地秧歌是将陕北安塞腰鼓秧歌、河北秧歌和古胶州南乡的秧歌、民歌、小调及武术、杂技等融于一体，嬗变而形成的表演艺术。在周围村庄流传着祖辈的一段顺口溜：“黄山后的龙灯不叫耍，二番扮起了跑竹马。竹马跑得不算济，三番办起了秧歌戏。”

20 世纪 80 年代挖掘整理宝山地秧歌人员合影

宝山地秧歌形成于明天启末年，完善于清康熙元年（1662），距今已有 370 余年的历史。据《冷氏家谱》和《倪氏世纪》载，明洪武年间，倪、冷两姓由云南迁此立村，因坐落于黄山后，故名。倪、冷两姓系黔宁王沐英的军士，民间艺人出身，各有耍龙和跑竹马的绝活，多年的征战生涯使他俩练就了一身好武艺。落户后，二人农忙时耕播收获，闲暇时习武和“耍耍儿”娱乐。后来，武术和民间表演艺术成为家传技艺。明嘉靖年间以降，权臣当道，灾害连年，民不聊生。为糊口，倪、冷后人农闲时以耍龙和跑竹马乞食，但时间一久，无人观看，后来只得靠插班扭秧歌、“打把式”、“唱门子”、“摽门框”（在门口唱小曲或说吉利话）度日。

明天启年间，黄山后（村）来了打着腰鼓乞讨的闫佬和闫三父子。爷俩系陕北安塞腰鼓艺人。明万历末年，陕北连年大旱，盗贼蜂起。官府调兵镇压，陕北人陷入水深火热之中。闫佬的妻子和长子、次子死于兵燹，他携三子逃离家乡。父子边卖艺边逃难，从陕北到关中，从关中到河南，又从河南辗转到了胶州南乡黄山后（村）。天下艺人怜艺人，倪、冷两家族的艺人安排其在村中落户。

年节来临，倪、冷两姓艺人邀请闫氏父子合伙“耍耍儿”，爷俩欣然同意。闫佬按腰鼓秧歌行规当“伞”，举伞领头“串场”和插科打诨；闫三当“鼓子”随“伞”打腰鼓；倪、冷艺人顺手拿起院里洗衣服的槐木棒敲击舞动，自称“棒槌”。“串场”完，倪、冷艺人增加滑稽、武术和说唱表演，年节演出一炮走红，远近争相邀请演出。

黄山后（村）有位乡绅隋孝先，喜爱“百戏”。他膝下无子，遂招赘闫三进门，腰鼓秧歌班改为隋氏秧歌班。隋孝先见多识广，他让秧歌班增加伴奏乐器，并出资到苏州、扬州为秧歌班购置服装和新的道具，并请当地文人为秧歌戏写戏，请柳子戏班来指导演员演戏，提高演员们的艺术水平，使秧歌班旧貌换新颜。

秧歌班声名鹊起，周围的村庄纷纷成立秧歌班。每逢年节，秧歌班从正月初三在本村耍秧歌，演出到二月初二结束，称“刹箱”。其间，秧歌班北上胶州、高密，东去灵山卫，西到诸城，西南下日照，所到之处观者潮涌，人人叫好。有人编顺口溜赞道：“唢呐一响，皇帝张榜，秧歌扭一扭，活到九十九。”“听见锣鼓点儿，放下筷子碗儿；头晌听听秧歌戏，过晌多锄二亩地。”最热闹的是正月十五上元节，俗称“神过十五，人过十六”，按习俗一年一度的秧歌会开始。十四日举办方送帖，十六日各村秧歌队会集举办方指定地点交流演出，获胜者由举办方赠送礼品。清乾隆版《胶州志》载：“上元，张灯火，陈杂剧，喧阗竟夜。”宝山地秧歌在数百年的传承中，不断汲取其他表演艺术的精华，形成既有舞蹈、戏曲因素，又有体育因素的独特表演艺术，并日臻完善，渐趋规范性。

“黄山后的戏班，连演带打二十三。”宝山地秧歌的演员队伍固定为23人，据传为清代安徽布政使法若真所定。角色有药先生、鼓子、棒槌、大翠花、二翠花、小嫚等。表演由两部分组成：一部分是开场和“串场”，一部分是秧歌戏和艺术表演。秧歌因为“撂地摊儿”，演出前必须“开场子”。宝山地秧歌开场时在唢呐和锣鼓的伴奏下，药先生举伞前导，鼓子、棒槌、大翠花、二翠花、小嫚成双“跑圆场”出场，将表演场地扩大后，转为“串场”。锣鼓和唢呐音乐由激昂变为欢快，演员们扭起秧歌。秧歌演毕开始进入“大戏”，演员们围成圆圈，圈内演出秧歌戏和表演武术、杂技等节目。秧歌戏的声腔音乐属曲牌体系，用北曲曲牌、民歌、民间小调子作曲调，伴奏音乐用二胡、月琴、三弦、笛子等民乐，主要是演二小（小旦、小丑）、三小（小旦、小丑、小生）戏。角色不化装，演员本色演出，其他演员或扭秧歌伴舞、或用道具击节、或用乐器伴奏。演出剧目有50余个，内容多为流传和发生于乡间的故事改编而成，语言多为方言俚语，通俗易懂、诙谐逗趣，引人发笑，寓教于乐，很受人们欢迎。主要剧目有《唐二卖线》《王三捎书》《打枣》《拉磨》《推磨》《老分家》《送闺女》《箍炉杀妻》《摔孩子》《寻工夫》等。武术和杂技是真功夫，也有观赏性。

宝山地秧歌按队伍组织形式分为演员队、乐队和后勤组。演员队由11名秧歌演员组成，分为6个行当：“伞”属“杂”、“鼓子”属“丑”、“棒槌”属“末”、“大翠花”属“青衣”、“二翠花”属“花旦”、“小姑”属“小旦”。乐队分为“文场”和“武场”。“文场”由唢呐、二胡、月琴、三弦、笛子等民乐组成；“武场”由鼓（堂鼓、板鼓）、大锣、大钹、小钹、手锣5件打击乐器组成。后勤组由“跟包”等组成。

按演出形式分为“串场”和“演戏”两大部分：“串场”即秧歌表演，俗称“耍耍儿”；“演戏”为正规演出，因此亦称“本戏”。由演唱秧歌戏、滑稽戏、武术表演、杂技表演和说唱民间小调等“杂耍儿”组成。

宝山地秧歌受邀参加青岛西海岸·宝山苹果暨“明月”主题文创济南推介会活动

按表演形式划分为宝山地秧歌由舞蹈、说唱和表演三种形式。舞蹈即开场“串场”走队形，有“龙摆尾”“十字花”“凤凰单展翅”“窜五花”“绳子头”“十字大穿心”“二龙出水”“高山流水”“四门斗”“单排”“双排”“大交叉”等。演员以各自不同的角色风格在“串场”中做着各自的动作，“鼓子”有“击鼓”“甩鞭击鼓”“鞭头击鼓”“小晃头”“龟头乐”“蹦打鼓”等；“棒槌”的动作有“击棒”“敲棒”“蹦敲棒”“探海击棒”等；“翠花”和“小嫚”的动作有“里挽扇”“里挽绢”“扇绢对花”“羞扇”等，动作夸张，肢体扭动较大，俗称“三道弯”。

秧歌戏的角色不需另换装，直接进入角色。演出内容多属民俗风情、乡野传说。唱词朗朗上口，通俗易懂。道白用方言俚语，诙谐风趣，逗人发笑。演出时演员进入角色，其他演员敲击道具伴奏，每段曲终集体唱“吭腔”。

2021年，宝山地秧歌被列入山东省省级非物质文化遗产名录。

 **非物质文化遗产代表性传承人** 

# 刘瑞华

刘瑞华，男，1959年7月生，汉族，山东青岛人，中共党员，高中学历。省级非物质文化遗产宝山地秧歌市级传承人。

1980年至2000年跟随父亲学习宝山地秧歌，四十多年来一直坚守岗位，致力于宝山地秧歌的挖掘、传承、创新工作。1983年，开始跟随父辈老艺人学习宝山地秧歌的基本技术要领，并在春节期间参与秧歌演出，同时开始对宝山地秧歌的挖掘、搜集、整理工作。1986年，实际参与中国民族民间文艺十套集成之民间舞蹈集成的基础调研与协调服务工作，编纂宝山地秧歌基础资料，入选《山东民间舞蹈集成》。2007年，力推宝山地秧歌列入青岛市市级非物质文化遗产名录，2013年，刘瑞华入选青岛市第二批非物质文化遗产代表性传承人。2015年，建

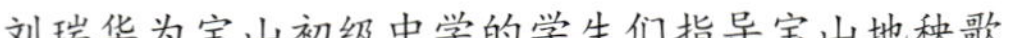
刘瑞华为宝山初级中学的学生们指导宝山地秧歌

立宝山地秧歌传承中心，系统全面地开展对该项目的持续挖掘、研究与传承、传播工作。连续多年开展非遗研学传习培训、非遗进校园活动、文艺巡演活动，将宝山地秧歌带到群众舞台，极大地丰富了当地人民的精神文化生活。带徒授艺，授徒 20 余名，传艺学员达 3000 余人。2020 年，力推宝山地秧歌入选山东省省级非物质文化遗产名录。

他于 2022 年 6 月被评为“2021 年度青岛市非遗保护模范传承人”；2020 年 10 月被评为“全国和旅游乡村文化和旅游能人”；2016 年 11 月在中华颂第七届全国小戏小品曲艺大赛中被中国民间文艺家协会授予优秀编剧、优秀导演；2011 年 3 月被山东省文化厅评为“山东省农村优秀文化人才”。

## 曾华

曾华，女，1986 年 3 月生，汉族，中共党员，本科学历，舞蹈专业。现为青岛西海岸新区文化馆馆员、辅导培训部负责人，中国社会艺术协会会员、青岛市舞蹈家协会理事，青岛西海岸新区舞蹈家协会副主席，作为土生土长的新区人，从小热爱舞蹈，并对宝山地秧歌有浓厚的兴趣。2012 年，进入青岛西海岸新区文化馆工作后，得到机会进一步系统地了解了宝山地秧歌，并跟随宝山地秧歌市级非物质文化遗产传承人刘瑞华老师学习、传承宝山地秧歌，成为宝山地秧歌第七代传人。

她依托文化馆与中国石油大学、青岛理工大学、区舞协对宝山地秧歌进行挖掘，深度参与《宝山地秧歌的起源、发展及活态传承机制研究》《山东民间舞“活化”视域下的青岛城市广场文化发展研究》等课题的调研工作；协助刘瑞华编写《青岛市非物质文化遗产——宝山地秧歌》教材，从 2013 年开始以宝山地秧歌基本动作为基础，创新编排了《灵山岛上晒虾忙》《西海岸年画画新篇》《春之歌》等十余部反映乡村振兴、

曾华（左二）正在传承宝山地秧歌

老百姓幸福生活的宝山地秧歌作品；参与演出活动 200 余场，并在区、市级舞蹈、广场舞比赛中获奖。在小品《抢地盘》中担任秧歌编导，参加中央广播电视总台《我要上春晚》栏目。创编了《赶大集》参加山东省第三届优秀广场舞蹈作品展演、永远跟党走“515 一起舞”山东省群众舞蹈展演（青岛站）活动、青岛市首届农民艺术节开幕式。2018 年担任“2017–2018 克利伯环球帆船赛青岛站”欢迎、欢送仪式节目编导；2022 年担任山花奖参评作品《宝山地秧歌》艺术指导。通过区文化馆全区文艺骨干广场舞培训班、春节民间艺术展演、区广场舞大赛等品牌活动，深入基层培训、辅导宝山地秧歌，培训文艺人才 5000 人次，进一步发挥传、帮、带的作用，让宝山地秧歌得到了传承和发展。开展青少年舞蹈公益培训班，让非遗“活”起来，“传”下去。培养传承人杜金霖、王子怡。

## 刘伟

刘伟，男，1994 年 7 月生，汉族，中共党员，本科学历，山东青岛人。于 2023 年 2 月被评为宝山地秧歌区级非物质文化遗产传承人。

刘伟自2006年以来，长期从事宝山地秧歌传承传习相关工作。开展传承传习活动：非遗走进研学基地，在宝山沃泉农场开展非遗研学培训7次，培训学员3000人次；持续开展非遗进校园活动：在宝山镇中心中学开展宝山地秧歌培训班10期，培训人数700人次；持续开展非遗进社区活动，到宝山镇各社区新村开展宝山地秧歌讲学9次，培训人数600人次。创新创编新作品，开展宣传巡演展示活动。依据宝山地秧歌的特点，结合现代化元素，找专业戏曲乐队多次打磨修改，创新制作宝山地秧歌演出音乐并录制伴奏音乐。进一步挖掘、保护、传承、创新宝山地秧歌。将地秧歌非遗元素与广场舞相结合，让更多的人扭起宝山地秧歌，2020年5月，积极参与宝山地秧歌申报省级非遗工作，并拍录视频。

2021年3月，在沃泉山庄研学基地，为前来研学的易通路小学老师们示范宝山地秧歌中的角色动作要领。2018年7月，在金沙滩参加国际啤酒节，为观众展示宝山地秧歌角色。2020年4月，带领宝山地秧歌团队申报省级非物质文化遗产，拍摄资料，提报材料。

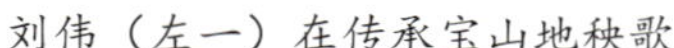

刘伟（左一）在传承宝山地秧歌

四

# 传统戏剧

# 茂腔

历史上的黄岛区海运发达，是江浙及鲁南一带北上胶东半岛的必经之处，董家口、琅琊港是东方海上丝绸之路的重要港口，人流较大，人文资源丰厚。独特的地理位置和开放相融的文化传统，使之成为当地的“本肘鼓”与苏北的“海冒调”相互融合而形成冒肘鼓（茂腔）的发源地。

据《胶南县志·文化》等史志记载：茂腔源于明中叶的“姑娘腔”“肘鼓子”。原胶南本地艺人演唱的肘鼓子为“本肘鼓”。清同治年间，有六代清晰传承谱系的第一代传承人“老满洲”率全家从苏北来到胶南泊里、董家口一带，靠演唱苏北“海冒调”为生。海冒调中女声唱腔下句尾声突然翻高八度（打冒），新鲜好听；伴奏用柳琴，音色悠扬；有女角登台演出，以上这些海冒调特色与本肘鼓进行有机融合，最终形成了“冒肘鼓”，即茂腔。

茂腔在梨园迎春节目演出

老满洲的三子三女皆登台演出，其中二女儿丁宝红饰演生、旦俱佳，民间有“二嫚的唱值千金，一两银子买一分”的说法，她是茂腔第二代传承人。这一时期茂腔以“二小戏”（小生、小旦）、“三小戏”（小生、小旦、小丑）为主，爱情纠葛、家庭伦理是其主要内容。

丁宝红的三女一子演唱冒肘鼓各有所成，她的二女儿王彩虹把京剧、梆子中的一些板式和唱法巧妙融入冒肘鼓中，为传统唱腔增添了新鲜特色，赢得众多“粉丝”。王彩虹成为茂腔第三代传承人。

1940 年，王仙梅开始跟姑姑王彩虹学戏，曾担任胶南、诸城茂腔剧团团长，是茂腔第四代传承人。王仙梅工青衣、花旦，凭借扎实的茂腔功底唱红了胶东半岛，民间有“三天不喝水，也得看看王仙梅”之誉。

1953 年，15 岁的陈艳琴开始登台演出。由于她身段好、扮相俊美，会巧用嗓子，创新唱法，深得广大观众的喜爱，成为茂腔第五代传承人。

黄岛区茂腔行当齐全，生、旦、净、丑有着严格的表演程式，能塑造不同人物形象。茂腔的声腔音乐结构为板腔体结构，分为 B 徵调式和 B 宫调式，一般作正调、反调，男女同调不同腔。板式有导板、原板、二板、散板、摇板、垛板、清板、三瞪眼、幺二三等，曲牌有《二黄小开门》《朝天子》《水龙吟》等。

茂腔伴奏乐器为中国民族乐器，茂腔经常与京剧、河北梆子等剧种同台演出，称为“二合水”或“三合水”，受其影响，采用了京剧的“三大件”主弦乐器：京胡、京二胡、月琴。打击乐器则有板鼓、锣、钹、小锣等，反调时加堂鼓和碰铃。

黄岛区茂腔声腔讲究“依字行腔”，表演程式上融南北艺术特色，满足民众审美需求。独有的胶南方言，使其形成了独特的地域声腔流派。经过几代茂腔艺人的不断探索，把其他剧种的板式唱法巧妙地融入茂腔唱腔当中：女声慢板、大悠板唱腔翻高八度（打冒），在中快速唱腔中翻高七度，形成黄岛区茂腔特有的声腔音乐风格和表演程式。当地民间顺口溜“王淑娴的唱，陈艳琴的浪，王本宏的嗓子，丁森聚的相”。特别是青衣、花脸、老生、小生的唱腔行当特征鲜明，富有京剧荀派表演特点的茂腔花旦表演更是与众不同，与其他地方的茂腔有明显区别，深受当地民众的喜爱，有着浓厚的群众基础。

黄岛区茂腔具有鲜明的地方特色，声腔婉转悠扬，女腔尤为突出，极富感情色彩；唱词多方言俚语，浅显易懂，诙谐有趣；剧情多取自日常生活，深受民众喜爱，民谣“冒肘鼓一唱，饼子贴在锅沿上，锄头锄到庄稼上，绣花针扎在指头上”道出了茂腔的艺术魅力。

黄岛区对茂腔进行了持续保护：1987—1988 年齐鲁音像出版社出版了胶南县茂腔剧团演唱的《裴秀英寻夫》《火焰驹》《王汉喜借年》《于兰英讨饭》《张郎休妻》《小姑贤》《赵美蓉观灯》等盒式录音磁带；先后录制了《王淑娴舞台艺术》《胶南茂腔》《张郎休妻》《裴秀英寻夫》等录像带；刻录了《生日》《支书张玉刚》《徐福东渡》等新创作的茂

茂腔演出剧照

腔戏剧光盘。除了传统茂腔“四大京”“八大记”外，还创作编排《巧连珠》《打枣》等120余部。胶南茂腔剧团移植和创作的茂腔有《卫国保家》《江姐》《杨立贝》等86部。书籍和论文也较多，如王培信等《从肘鼓子到茂腔》，载《戏曲研究》第十辑；游祥书《齐鲁第壹腔》，中国石油大学出版社2017年版；王本宏《魅力茂腔》，中国石油大学出版社2019年版。

自20世纪60年代以来，原胶南县茂腔剧团坚持在基层演出。1980年，重新组建的胶南县（市）茂腔剧团（后黄岛区茂腔艺术传承中心）坚持演出中传承，每年演出近300场。在演出传统茂腔戏的同时，创作了许多现代茂腔戏，使黄岛区茂腔呈现出不断传承创新的存续特点。近年来黄岛区先后举办了首届茂腔论坛，山东省茂腔名家名段演唱会，山东省首届、第二届茂腔艺术节和山东省首届肘鼓系列艺术节等。2014年，黄岛区茂腔艺术传承中心创作的《支书张玉刚》应邀进京演出，荣获第九届全国戏剧文化奖的14个奖项。茂腔在黄岛区存续状况良好，但也遇到一些困难：一是茂腔的受众面缩小，观众群以中老年为主，许多青少年对茂腔不太感兴趣；二是因茂腔成角较难，一些年轻演员刻苦学戏意愿不强。茂腔在传承中出现了一些青黄不接的苗头。

《支书张玉刚》宣传海报

黄岛区制定了茂腔传承中长期规划，有针对性地采取措施进行传承保护：加大财政投入，用于茂腔传承发展；采取传承人工作室、茂腔名家带徒等措施加强人才梯队建设；定期举办茂腔周、茂腔艺术节，组织送戏下乡，利用暑假举办茂腔研学活动，对业余茂腔团队进行辅导；每年复排数部经典茂腔剧目，组织创作富有地域特色的现代茂腔戏等。

2021 年，黄岛区茂腔艺术传承中心申报的茂腔被列入第五批国家级非物质文化遗产名录。

## 非物质文化遗产代表性传承人

### 王淑娴

王淑娴，女，1943 年 8 月生，中共党员。国家二级演员，中国戏剧家协会会员、山东省尖子演员，青岛戏剧家协会理事。茂腔省级代表性传承人。退休后担任关工委文体团团长，2008 年 12 月被中共原胶南市委、原胶南市人民政府授予了“胶南市关心下一代工作先进个人”称号。

王淑娴演出剧照

2014 年王淑娴被认定为茂腔项目山东省省级非物质文化遗产代表性传承人；2009 年 12 月被认定为茂腔项目青岛市市级非物质文化遗产代表性传承人。从事专业文艺团体事业近 60 年以来，曾担任主要演员、导演、茂腔设计、业务团长、团长等职务，演出《张郎休妻》《生日》《徐福东渡》等 70 多出传统和现代剧目，塑造了刘胡兰、江姐、徐福之母等众多不同的艺术形象，对发展地方文艺做出了突出贡献。其塑造的艺术形象，在 1988 年被青岛和山东电视台、山东音像出版社等新闻出版部门，先后拍摄成舞台电视艺术片，在省、市以至中央级新闻媒体播放，受到了社会的普遍赞扬，畅销华东、华北和海外地区。

多年来在茂腔戏曲改革和创新中，受到了上级多次嘉奖：1996年导演兼主演的茂腔表演唱《天女下凡赞胶南》获青岛市文化局“青岛之夏”艺术节金奖；自编自创剧目《徐福东渡》被青岛市电视台搬上荧屏，在省、市级电视台播放，荣获青岛市委、市政府文学艺术奖，山东省第七届文化节优秀剧目奖和三个表演奖，中共山东省委宣传部精神文明工程奖；《西部情结》获文化部全国农村题材小戏进京参演荣誉证书；在山东省金旋律大赛中，她参赛的《生日》《张郎休妻》两个唱段，双获金奖；在全国戏曲名段大赛中，她的《张郎休妻》唱段，获中央电视台和中国戏剧家协会颁发的银奖。

## 王本宏

王本宏演出剧照

王本宏，男，1959年4月生，汉族，中共党员，山东青岛人，1982年7月考入原胶南县茂腔剧团，师承王淑娴，现为茂腔省级非物质文化遗产传承人。

经过老师口传心授，自身刻苦练功，业务水平日渐提高，先后在传统戏《王汉喜借年》《寻儿记》《恩仇记》等剧目中担任主角。1990年，在青岛市专业剧团青年演员基本功考核中获“二等奖”；以后在传统戏《西京》《姊妹易嫁》《寇准背靴》等40余部剧目中担任主要角色。1986年，在现代戏《俩老头》中饰瘦老头，次年被青岛电视台摄制成戏曲电视剧并作为交流节目播放于华东、华北32家电视台。主演的《裴秀英寻夫》《火焰驹》《张郎休妻》《于兰英讨饭》于1988年被齐鲁音像出版社出版发行。

1990年10月—2002年5月任副团长，其间参与创作了现代戏《生日》、新编历史戏《徐福东渡》分获青岛市、山东省“五个一精品工程奖”。2012年10月主演的戏剧小品《讨债》在十一届“华东六省一市大赛”获大奖；同年12月主演的戏剧小品《将心比心》获全国第三届“新农村、新文化、新风尚”大赛一等奖并获优秀演员奖；该作品在2013年第十届中国艺术节展演中获“群星奖”；2014年在现代茂腔戏《支书张玉刚》中（饰张父）获得“第九届中国戏剧文化奖·个人表演金奖”。

2015年被评选为黄岛区区级非物质文化遗产代表性传承人；2017年参演的微电影《娘的梦》获2019年度泰山文艺奖。2017年、2019年分获西海岸新区“最美非遗传承人”称号；2021年获青岛市非遗模范传承人称号。

## 丁森聚

丁森聚，男，1957年4月生，汉族，山东青岛人，茂腔区级非物质文化遗产代表性传承人。任青岛市黄岛区戏剧家协会副主席、青岛市黄岛区茂腔研究会副会长。

1976年从事茂腔艺术，师承丁加贞、颜贯武，随陈艳琴、王淑娴学戏，工小生兼老生。在40年的专业茂腔艺术生涯中，在继承茂腔声腔的基础上，认真研究总结茂腔发声方法，不断探索创新设计唱腔，并积累了丰富的舞台经验，形成了自己嗓音高亢圆润、吐字清晰流畅、表演潇洒大方之艺术风格。曾在40余部传统和现代戏中担任主要角色，塑造了一批时代不同、性格各异的舞台人物形象，在专家和观众中口碑俱佳。1982年主演的茂腔《绣襦记》《寻儿记》被山东省电视台搬上荧屏；1987年主演的现代茂腔小戏《林中缘》；2001年主演的新编历史戏《徐福东渡》被青岛电视台搬上荧屏，是年《林中缘》录音被山东、中央电台播放；1988 年主演的茂腔《借年》《小姑贤》《张郎休妻》《于兰英讨饭》《火焰驹》被山东齐鲁音像出版社录制发行；1984 年负责单位业务工作后，注重茂腔声腔艺术的改革和创新，同时加强了青年演员的培养。

丁森聚演出剧照

为传承和发展茂腔艺术，他和王本宏一起撰写了胶南茂腔《申遗》材料；举办了首届“茂腔论坛”；拍摄了《胶南·茂腔》专题片；举办了首届山东茂腔“名家名段演唱会”；主编《山东茂腔基础知识》，为茂腔事业的发展做出了积极的贡献。

## 张成冰

张成冰，男，1968 年 12 月生，汉族，中共党员，本科学历，山东省青岛市黄岛区人。于 2022 年 11 月被评为茂腔项目市级非物质文化遗产传承人。

1984 年 11 月考入黄岛区茂腔艺术传承中心（原胶南县茂腔剧团），成为一名跟班学艺的茂腔学员，跟随陈相国等老师苦练戏曲基本功，工武生、小生。师承王淑娴、陈艳琴老师学习茂腔唱腔、身段和表演。1988 年被评聘为四级演员；1998 年被评聘为三级演员；2023 年被评聘为二级演员，现黄岛区茂腔艺术传承中心戏曲（茂腔）演员、编导、基功训练老师。

张成冰自获评黄岛茂腔代表性传承人以来，以弘扬传统文化、传承

张成冰演出剧照

黄岛茂腔为己任。先后在茂腔经典剧目《绣鞋记》饰演王定保、《罗衫记》饰演徐继祖，在《西京》《徐福东渡》等50余出茂腔戏中担纲主要角色；1987年参加录制了《于兰英要饭》《火焰驹》等录音磁带并出版发行；历任演员队长、戏曲部主任。经过王淑娴、陈艳琴老师多年的精心培养，成为茂腔传承中心当家小生、老生。

## 安丰霞

安丰霞，女，1977年5月生，汉族，中共党员，本科学历，山东青岛人，国家二级演员。2022年11月被评选为茂腔项目青岛市级非物质文化遗产传承人。

自1996年9月，在青岛市黄岛区茂腔艺术传承中心工作。2009年拜王淑娴老师工青衣，学习了《东京》《西京》《罗衫记》《张郎休妻》等经典传统剧目，并担任重要角色，唱腔、身段、表演得到了很大提升。从艺26年来，多次登上国家、省、市各级舞台演出并获奖。2014年参演《支书张玉刚》获中国戏剧文化奖个人铜奖；2016年获“山东省第六届戏曲红梅大赛”表演类一等奖；2018年获山东省第七届戏剧红梅大赛表演类一等奖；2019年获中国戏曲（黄河流域）第四届红梅大赛一等奖；2019年“两会”期间，受邀赴梅兰芳大剧院参加“大运河文化带省市戏曲”非遗传承人进京展演，受到戏曲教育家赵景勃和张君秋入室弟子蔡英莲的高度评价和认可。

积极开展传承传习活动，2018 年收黄岛区茂腔艺术传承中心张资悦为徒，认真传授表演和演唱细节，现张资悦已经学习继承了多部传统戏的角色，并在茂腔舞台上独当一面。走进社区和业余剧团，口传心授，把自己研习多年的演唱技巧和心得倾囊相授给广大茂腔爱好者，指导他们提高声腔技巧和表演技能，在黄岛区每年举办的“小戏小品进社区”活动中，多个作品获奖。

安丰霞演出剧照

积极参与茂腔惠民演出和文化交流。参与策划组织山东茂腔名家名段演唱会、首届山东茂腔艺术节、首届肘鼓子系列艺术节、茂腔艺术研究会成立大会等重大活动，并在活动中参演。代表黄岛区参加第十三届、十四届山东国际大众艺术节开幕式和闭幕式演出；代表青岛市赴绍兴参加了“东亚文化之都”城市戏曲经典荟萃演出；受邀参加山东省 2021 年新年晚会戏曲专场和青岛市剧协举办的跨年戏曲晚会的演出。

## 张艺杰

张艺杰，男，1977 年 6 月生，汉族，中共党员，本科学历，山东青岛人。黄岛区茂腔艺术传承中心国家二级演员。1996 年考入茂腔艺术传承中心工作至今，师从茂腔著名表演艺术家丁森聚，主攻生行兼丑，山东省戏剧家协会会员，青岛市戏剧家协会副秘书长，黄岛区茂腔艺术研究会副会长。于 2023 年 2 月被评为茂腔项目区级非物质文化遗产传承人。

从艺27年来，始终坚守在茂腔戏曲演出的一线舞台上，在《三子争父》《恩仇记》《寻儿记》《张郎休妻》《拾玉镯》《武松杀嫂》《支书张玉刚》《赵氏孤儿》《父亲》等剧目中演出，参与组织复排并演出的《罗衫记》参加了山东第三届茂腔艺术节；《寻儿记》参加了省首届肘鼓子系列艺术节；复排的《桂花亭》《裴秀英寻夫》《火焰驹》，在2020年梨园迎春惠民演出中获得了广大戏迷的认可；参与策划参演山东茂腔名家名段演唱会、首届茂腔艺术节、第二届茂腔艺术节、山东省首届肘鼓子系列艺术节、山东省十四届国际大众艺术节等活动；参与"黄岛区弘承茂腔艺术馆"的筹办工作。

张艺杰演出剧照

在加强自身业务学习的同时不忘传帮带，指导教授年轻演员陈猛帽翅功的运用技巧，参加青岛专业院团基本功大赛获三等奖；到珠海路小学、香江路小学、青岛盲校、青岛滨海学院、山东科技大学辅导传艺，普及茂腔知识，把学到的技艺毫无保留地传授给学员，为茂腔事业的传承和发展注入了生机和活力 。在茂腔道路上不断追求探索，孜孜不倦，在全国、省、市各级比赛中均获大奖，为团队赢得了荣誉。

## 王旭

王旭，男，1986年5月生，汉族，中共党员，中级职称，中国戏曲学院戏曲作曲专业，区工委组织部认定第三批优秀青年人才，茂腔区级非物质文化遗产传承人。

王旭自幼喜爱文艺，10岁拜第二代茂腔戏曲音乐传承人刘建春为师，于2003年12月考入西海岸新区茂腔艺术传承中心（原胶南市茂腔剧团）担任主弦，现为西海岸新区茂腔艺术传承中心国家三级演奏员，山东省青年戏曲作曲后备人才培训班学员，中国戏曲学院青年戏曲作曲高研班学员，入选山东戏曲名家高鼎铸工作室学员。2003年至今先后在30余部古装现代茂腔戏中任主弦及音乐设计。2016年到中国戏曲学院音乐系“戏曲作曲”专业深造7个月，成绩优秀准予结业。2016年入选山东省青年作曲后备人才，赴山东艺术学院深造。2017年参加山东省青年戏曲作曲高研班，赴中国戏曲学院为期2个月深造。

王旭演出剧照

作为茂腔音乐传承人，王旭始终不忘茂腔戏曲创编与排练工作，声腔音乐作为剧种的灵魂，起到了剧种发展的重要作用。将推动戏曲音乐的发展作为茂腔传承人的首要任务，日常工作中侧重茂腔戏继承传统，在创新创作两个方面上，特别在挖掘西海岸茂腔音乐特点上，从伴奏、音乐规律上总结归纳。

## 游录梅

游录梅，女，1981年10月生，汉族，中共党员，本科学历，山东安丘人。于2023年2月被评为茂腔区级非物质文化遗产传承人。现为青岛市黄岛区茂腔艺术传承中心二级演员。

1996 年入潍坊艺校学习中国舞表演 4 年；2002 年考入茂腔艺术传承中心任歌舞演员、戏曲场记。2010 年 4 月，师承茂腔表演艺术家丁森聚，工小生、老旦。在继承师傅所传授的技艺外，严格要求自己，刻苦研究茂腔唱腔发声，注重创新，曾先后在《罗衫记》《寻儿记》《火焰驹》等 20 余部大型古装及现代茂腔戏中担任主要角色，塑造了众多个性鲜明，深受群众喜爱的艺术形象。近年来积极深入校园，传承茂腔；培训青年演员，从声腔到身段，以身作则，严格要求，使年轻演员能担当重要角色，成为传承中心的一支新生力量。大力推广传播茂腔，走进基层、社区、学校辅导传艺，每年对茂腔爱好者进行业务指导 100 余人次 ；2019 年在新区第六中学组建美育课程，举办茂腔推广教学活动 20 余次。定期为青岛军民融合学院、滨海新村和瑞翰诗华幼儿园、隐珠小学进行讲授传统茂腔课，得到了校领导和学生的一致好评。在提高自身技艺的同时，以教人不厌、诲人不倦的精神，指导带领王艺睿等多名茂腔演员，有力地推动了茂腔的传承和发展。参与组织策划戏曲进乡村、非遗展演等公益活动。策划举办了 2014 年至 2020 年梨园迎春活动、2019 年非遗展演活动；每年参与策划区剧协组织的茂腔艺术节、肘鼓子系列艺术节等活动。

游录梅演出剧照

# 刘玲

刘玲演出剧照

刘玲，女，1972年12月生，汉族，山东青岛人，本科学历，民建会员。青岛西海岸新区茂腔艺术传承中心国家二级演员，山东省戏剧家协会会员、青岛市剧协理事，新区戏剧家协会副主席兼秘书长，新区第二批“优秀青年人才”，于2023年2月被评为茂腔区级非物质文化遗产传承人。

师从茂腔表演艺术家张梅香、王淑娴，工青衣。从事茂腔艺术以来，逐渐形成了自己独特的演唱和表演风格，在继承传统戏曲的基础上，多次参与新创剧目的创作和演出。在《张郎休妻》等20余部茂腔传统及现代戏中担任主要和重要角色，塑造了众多性格各异不同年龄的优秀舞台形象。先后参演大型茂腔《支书张玉刚》、茂腔小戏《冠军回家》、茂腔微电影《错水河畔》等现代戏，荣获多项国家级、省级奖项；参演茂腔小戏《父亲》入选省文旅厅主题情景小剧优秀作品等。

为了茂腔艺术传承发展，历年来，先后参与组织策划了山东茂腔名家名段演唱会、山东茂腔艺术节、山东省肘鼓子（系列）艺术节、山东省农民戏剧展演月十几项省市级重要展演和比赛活动，为黄岛茂腔申报国家级非遗提供了大量资料；积极开展戏曲进校园工作，陆续在新区多所大中小幼学校开展茂腔传承教习活动；多次应邀参加省戏剧艺术节、青岛电视台、青岛科技大学等戏剧展演交流活动；积极参加戏曲走基层、进社区等各类公益演出，不遗余力地宣传推介茂腔艺术，连续多年被评为优秀文艺工作者和先进个人。

# 皮影戏

皮影人

黄岛区独特的自然地理环境孕育了丰富多彩的民间艺术，龙灯、舞狮、旱船、高跷、跑驴、腰鼓、秧歌、大头娃娃等历史悠久，流传至今。茂腔、柳腔、京剧仍盛行。唢呐、二胡、笛子、锣鼓、笙器乐演奏至今不衰。评书、鼓词、快板、民歌还时有演唱。此外，黄岛区境内的民间剪纸活动已有300多年的历史，黄岛剪纸是北方剪纸艺术的典型代表，具有豪放粗犷、简洁优美、构图匀称的特色。

黄岛皮影戏正是在这种自然和文化环境中成长起来的一朵文艺奇葩。它在影人雕刻上借鉴了黄岛剪纸的特点，在唱腔、表演上借鉴了柳腔、茂腔的特点，具有鲜明的地域特色。

皮影戏在山东省主要分布地区有济南、青岛、泰安、枣庄等地。黄岛皮影戏，人物造型独特表情丰富生动。过去为了生计，皮影艺人要奔走各地去演出皮影戏。皮影戏传承人吴云凤的曾祖父就是从山东一路北上到北京、唐山卖艺演出，后来又闯关东到东北黑龙江。他汲取了皮影百家之长，弥补了自己皮影之短，创作了具有独特魅力的皮影作品，后由重孙女继承。1992 年，吴云凤回到青岛发展，参加了首届青岛民间鉴宝大会，被评为青岛市十大民间藏宝人。2014 年至 2015 年在青岛糖球会上展演皮影深受市民的喜爱。

皮影戏这门古老的艺术被一代一代地传承下来，至今依然被很多人喜爱。简单的戏台、变幻莫测的操纵、缭绕的灯光，无不镌刻着历史的印记，只不过笑闹的人群已相隔千年。

2016 年，皮影戏被列入青岛市黄岛区区级非物质文化遗产名录。

## 非物质文化遗产代表性传承人

## 吴云凤

吴云凤，女，1965 年 3 月生，汉族，黑龙江双城人，现居山东省青岛市黄岛区，黄岛区皮影戏区级代表传承人。

吴云凤（右）在传承皮影戏

她自幼喜欢剪纸等民俗艺术，1992 年开始学习皮影雕刻。祖辈是山东土生土长的皮影艺人，世代传承下来一箱老皮影。2014 年，一次偶然的机遇，她认识了师傅周永良，经师傅的引荐又认识了皮影大师张奎。有了两位老师的指导，其皮影技艺得到了很快的提升，从雕刻、上色、装订，到皮影的表演，都能独立完成。

在 2009 年首届青岛民间艺术鉴宝大会上，她被评为青岛市十大民间鉴宝人并获得第三届民间手工创意大赛银奖，青岛市北区民间文艺家协会会员。2016 年被评为黄岛区第三批非物质文化遗产项目皮影戏区级代表性传承人。2017 年和 2018 年连续两年被评为青岛市黄岛区“最美非遗传承人”。

# 五 曲艺

# 藏马大鼓

藏马大鼓以青岛市黄岛区藏马镇为主要发源地，流传于藏马山系、横河流域的农村，遍布黄岛几个西部乡镇。

藏马大鼓的分布是以黄岛区藏马镇为中心，分布于藏马山山系附近一带。藏马大鼓是一种以唱为主、以说为辅的鼓曲形式，通过唱和说来交代故事情节、描绘人物、介绍环境、渲染气氛，唱腔优美，活泼幽默，叙事曲折，表演声情并茂。藏马大鼓又叫胶南大鼓。

据《青岛市曲艺遗产及曲艺史料、资料（藏马大鼓）专辑》（1982年）所记，藏马大鼓起源于藏马山区，形成于清末民初，至今已有120余年历史。初为盲人所创，也有人称它为“瞎子调”。伴奏乐器初时只有鼓和板，后胶南胜水艺人王春加上三弦伴奏，演变形成了藏马大鼓，在泊里、大场一带流传开来。新中国成立前夕，藏马的丁加贞又把其擅长的茂腔戏的板式特点借用到大鼓中去，增加了说唱的旋律，对藏马大鼓的发展起到了重要的促进作用。

藏马大鼓汲取了原胶南群众喜闻乐见的茂腔的独特音乐节奏及某些音调特征，借鉴了民间小调的演唱风格和演唱方法，巧妙地运用了方言和衬词的集合，具有鲜明的地方特点和浓厚的乡土气息，是一种板腔结构体的大鼓。表演形式多为一人表演，表演者自唱自奏，鼓声浑厚铿锵，板声清脆响亮，唱腔音域宽阔、拖腔优美。不受字数限制，不要求文字有严格的格式，按字引腔，发挥自由。音乐发展层次鲜明，段落清晰，节奏安排巧妙，力度变化自然，加之前后统一的自然风格，使唱腔具有比较内在的激情深度，生动感人，旋律具有山东民间音乐的一般特点，是比较典型的徵调式。

藏马大鼓是一种集说、唱、演于一体的曲艺形式，表演形式为一人弹一人唱。演唱者左手执两片月牙板，右手持鼓槌，站立说唱时随故事情节兼有生动的动作表演，另一人持三弦或二胡伴奏。演唱的特点为又说又唱。词曲结合为七分白话三分唱。唱为吟唱，即说着唱，说白是使用胶南当地方言的韵诵。在演唱前，表演者通常会念一段韵白作为开场，俗称“帽儿”，以起到安定观众的作用，内容通常为交代背景。

藏马大鼓演出剧照

藏马大鼓鼓词通俗易懂，叙事委婉曲折，情文并茂。曲书分为小段和中、长篇大书。传统曲书目有130余篇，小段60余个，主要作品有《佘太君金陵被困》《黄文下书》《黄老打狗》《杨家将》《彭公案》《岳飞传》《呼延庆打擂》等。中华人民共和国成立后，藏马大鼓这个乡音土调又重新焕发了青春，结合新中国的时代特点，创作出了《铁姑娘抢险》《海防卫士》《月夜造飞车》等一批反映新社会新生活建设的作品。不断在群众中传唱，曾多次参加过省、市会演，深受群众欢迎，继续在胶南民间民俗文化中占有重要地位，被列入黄岛区区级非物质文化遗产名录。

藏马大鼓属山东大鼓东路的一个分支，清咸丰年间，山东省烟台市掖县文人孙双宾在传统老剧目中融入了民间小调、莱阳弹词等元素，并定名为“东路大鼓”。在后来流传的过程中，因地域和方言的不同形成“安丘大鼓”“平度小北口”等多个流派，其中流入胶南地区的流派就为如今的藏马大鼓。据藏马大鼓老艺人丁加贞口述，最开始来胶南地区唱大鼓的是山东地区“八大奎”之一的邢进奎，刚传入胶南地区的时候叫“胶南大鼓”，邢进奎之后收留了郑明江和刘明山两名弟子，后来郑明江去了东北，其师弟刘明山继续留在胶南撂地唱大鼓。20 世纪 50 年代前后，刘明山又收留丁加贞为徒，使大鼓艺术在胶南地界得到了进一步发展。

20 世纪 80 年代，原胶南文化部门开展全面的民间文艺普查活动，文化馆工作人员根据王春、丁加贞等艺人口述，整理出版了《藏马大鼓专辑》，较完整地把这一民间宝贵文化遗产记录保存了下来。

2008 年，藏马大鼓被列入青岛市黄岛区区级非物质文化遗产名录。

## 非物质文化遗产代表性传承人

### 丁加贞

丁加贞在藏马山演出

丁加贞，男，1935 年 2 月生，汉族，小学学历，山东省青岛市人。藏马大鼓第五代传人。中华人民共和国成立后，丁加贞加入藏南公社宣传队，只有小学文化的他编写了符合时代特色的《铁姑娘抢险》《月夜造飞车》等讴歌劳动人民、好人好事的作品。20 世纪 70 年代末，公社宣传队解散，丁加贞依然没有放弃自己热爱的藏马大鼓。他独自一人背着大鼓“转战”乡里。丁加贞的藏马大鼓深受当地老百姓喜爱。对丁加贞来说，藏马大鼓在他经济困难的时候成为赖以糊口的一门技艺。2016 年，丁加贞参加黄岛区第十一届“台东杯”小戏小品调演，参加第 26 届青岛国际啤酒节黄岛会场活动，在藏马山分会场演出四周。

# 赵委员

赵委员（右）演出剧照

赵委员，男，1954 年 12 月生，山东青岛人，藏马大鼓区级非物质文化遗产传承人。

2011 年，作品藏马大鼓《奖婆婆》被青岛市委宣传部、市文广新局评为曲艺类最佳辅导奖。同年，《卖花的·买花的》《鸡蛋换盐》被评为戏曲类最佳辅导奖；《希望》被评为优秀辅导奖。2017 年，作品《还是两个好》获山东省群众文化学会戏曲类二等奖；《纸条·项链·红鲤鱼》获戏曲类三等奖；《天价萝卜》获三等奖；作品《闹寿宴》获曲艺类三等奖。2018 年获青岛市百姓宣讲大赛曲艺类三等奖。2019 年获青岛市百姓宣讲大赛二等奖。2021 年，作品《幸福杏花村》获山东省群众文化学会戏曲类一等奖。2022 年，作品《免费游戏不能玩》被青岛市委宣传部评为三等奖。

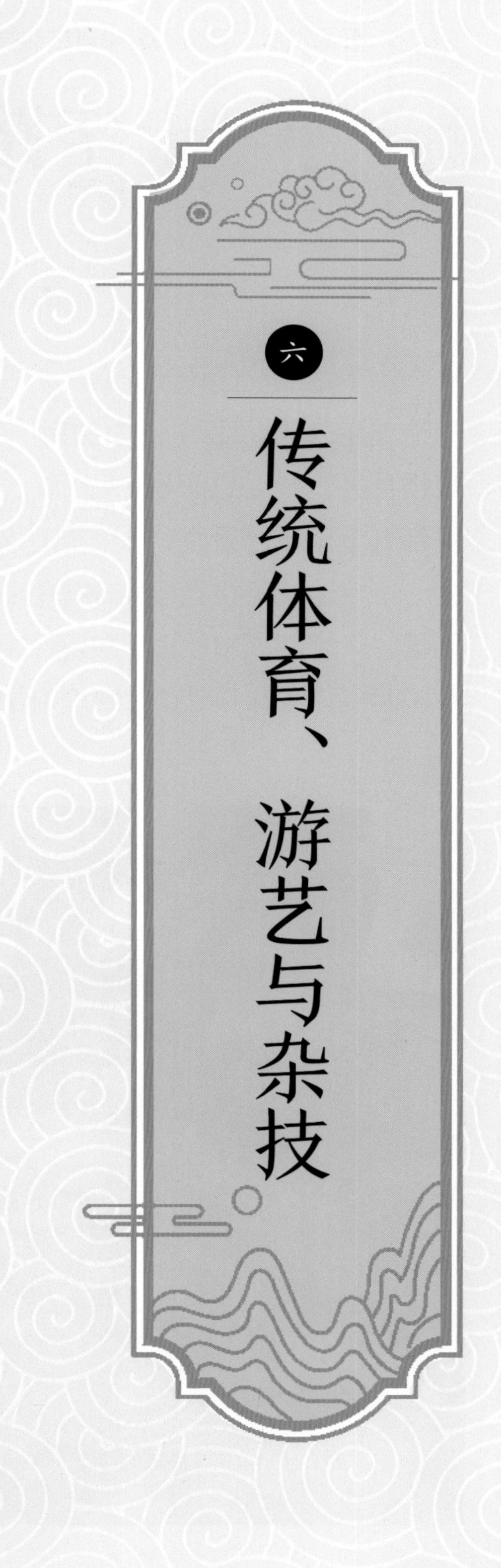

六

# 传统体育、游艺与杂技

# 十字路园象棋

十字路园社区位于青岛市黄岛区黄岛街道西部，胶州湾西海岸，东与徐戈庄为邻，北与张戈庄接壤，西侧是可洛石社区，南邻辛安街道管家楼社区，社区总面积 15 公顷，有居民 1780 人左右。全村约一半的村民都有下象棋的爱好，十字路园象棋的影响力辐射黄岛全区。

十字路园象棋在十字路园社区拥有深厚的传统和历史底蕴。据村民回忆，十字路园村于明朝初年立村，以农业和海上捕捞为主，每年冬季农闲时间以下象棋为主要的休闲活动。早在清朝时期，村里就开设私塾

对弈

学校，崇尚礼仪反对赌博。生于1886年的李金凯是十字路园村里较早开始学象棋的人，后经村中私塾先生推广，象棋在村庄流传开。村庄中有人精通篆刻，以石头雕刻象棋。到清代中期已形成了下中国象棋的习俗，成为远近闻名的“象棋村”。

自1990年开始，十字路园村每年年初举办村内象棋赛，起名为“迎春杯”。这不仅为村民提供了休闲娱乐的平台，更加强了村民与村民之间的交流互动，同时，这样的活动也吸引了附近村庄村民的参与，实现了超越村庄界限的文化交流与情感互动。

象棋活动的主要参与者为中老年人，尤其以男性居多，这与社区的经济发展状况密切相关。自2003年开始，社区周边均被工厂占用，社区居民以做工、经商为主，由于老年人都有了养老保险，闲暇时间较多，象棋活动成为村里的主要娱乐活动。社区积极利用象棋作为文化交流的平台，通过举办各种象棋邀请赛、友谊赛，使村民与周边企业、附近村庄的交流得到了加强，帮助村民获得了更好的就业渠道，促进了社区的经济发展，也推动了社区整体的和谐稳定。

十字路园社区自建村开始，村庄以李姓为主，象棋由村民集体传承。目前，象棋在十字路园社区已经传承了五代。社区居民热心参与象棋比赛，以赛会友，切磋技艺。1985年，黄岛镇举办中国象棋比赛，李振明荣获个人第一名，李风江获得第三名。1991年，李宝聚荣获开发区中国象棋比赛（农民）第二名。1998年，在全区举办中国象棋甲乙组联赛，李全忠荣获个人第一名，李宝明获得第三名。2001年以来，十字路园社区荣获开发区“伟业杯”“计生卫生杯”“十字路园杯”象棋比赛团体前三名的好成绩。2009年和2011年，十字路园社区在青岛开发区文化体育中心举办的青岛开发区第一届、第二届“四园杯”中国象棋对抗赛中均斩获冠军。2019年，李宝明参加青岛市黄岛区老年人体育协会举办的“新区老人象棋交流活动”并荣获第一名。

十字路园社区的象棋文化也获得了社会层面的肯定。2006年11月

30 日《青岛日报》报道《象棋村弈出和谐新天地》中，指出社区“走出了一条依托象棋文化平台，促进社区发展的新路子”，而“马走日、象走田”的象棋棋子走动规则，也影响到了社区的管理与居民的日常生活。

2014 年，十字路园象棋被列入青岛市黄岛区区级非物质文化遗产名录。

# 大泊子高跷

大泊子高跷属于传统的民间杂技，大泊子村是大泊子高跷的发源地，隶属山东省青岛市黄岛区辛安街道。据村民宋连国回忆，他自幼就在村里看高跷表演，随后加入了村里的文艺宣传队，学习了京胡和锣鼓，并成为高跷队的打鼓手。大泊子高跷队于 1948 年冬天成立，至今已有 5 代人参加，在社区之中实现了老中青三代人的传承和延续，但村民踩高跷的历史远早于 1948 年。

大泊子村村民多数姓宋，在过去也被称作“宋家泊子”。大泊子高跷历史悠久，有着极其稳定的群众基础，从高跷队成立至今，高跷表演一直延续了下来。宋成山作为大泊子高跷的第三代传人，于 1999 年着手恢复大泊子高跷的演出，并培养了第四代和第五代传承人。从发展历程来看，从 1948 年开始成立高跷队，大泊子高跷的发展经历了两个重要时间节点，即 1999 年的恢复和 2012 年的拆村改造。

在 1999 年恢复之前，大泊子高跷是村庄文艺宣传队的一部分，尤其是打鼓手等乐器演奏，为当时流传的样板戏进行伴奏。在此过程中，高跷队的第二代传人，如宋连国，不断地学习样板戏的表演方式和道具制作等。高跷队也承担起当地拥军优属的相关表演，包括去部队进行文艺演出与欢送入伍士兵，以及春节等节庆时期的演出。1983 年，大泊子正式开始大包干，由于当地可耕种的土地面积少，当地人纷纷外出打工，使得当地高跷队暂时中断了表演。

到 1999 年左右，高跷第三代传人宋成山当选大泊子村村主任。在此之前，他自行学习电气焊技术，并在附近开店经营，由于为人热心、乐于助人，在当地富有威望。当选村主任后，和时任村支书的刘爱秋商议决定共同恢复高跷队和文艺演出。在 2012 年开始拆村改造之前，这一时期的高跷队进入了鼎盛期。从技艺上看，宋成山在考察了其他地方的高跷技术后，决定将高跷的长度从 30 厘米改长到 70 厘米。宋成山解释说，弄了个步步高，跷上加跷；从形式上看，高跷表演中融入了旱船表演，使得表演形式更加有层次化，也更加热闹，加上现场的乐器演奏，表演人数固定在 50 人左右；从演出效果来看，高跷上整齐的步伐和高昂的精气神，配合鼓乐表演，深受群众欢迎。街道工作人员宋成敬回忆道：“那几年区政府组织表演，下村进行演出，把俺们放到最后一个。当年，大家都没想到俺们演得太好了，演出结束以后，人家一看接下来的（节目）不好看，都撤了。”宋成山补充道，“在俺后头的都没耍起来。从那以后，俺们都是在最后演。”

高跷队的发展在 2012 年遇到了阻力。随着大泊子社区开始整村拆迁改造，村民陆续搬离。高跷队既失去了固定的训练场所和队员参与，也不再有公共表演的机会，高跷队的表演停顿了。直到 2020 年居民开

参加民间艺术节展演

始回搬，高跷队才迎来新的转机。目前的高跷队已经固定为 70 人左右的表演团队，包括 30 多副跷、扭秧歌、旱船、乐器。除偶尔承接商业演出外，高跷队依然是群众的自发性演出团队，演出服装等一部分由社区补贴、一部分由高跷队出资购买。

高跷表演的主题多是民间的古装表演，包括十二生肖、猪八戒背媳妇、穆桂英挂帅、唐僧取经、济公、武松等经典戏曲内容与唱词，服装色彩绚丽，以趣味性表演吸引观众。高跷列队一般采用一字长蛇阵的单列，在表演时有小旋风、花膀子、鹞子翻身、大劈叉等杂技动作，在配合腰鼓、小铴锣、大小镲的打击乐中穿街而过。近年来，高跷队也会在表演中结合时事与政策导向进行宣传，弘扬社会正能量。

大泊子高跷传承与发展的根本原因在于其集体性与社区性。“锣鼓家什一响，爷们儿一听就提起这个精神头来了。提起神儿来了。”宋成山解释道。这是大泊子高跷最受欢迎的原因，高跷表演传递出了社区居民昂扬向上的精神，这与春节期间火热的民俗气氛相吻合。通过锣鼓鼓

大泊子高跷参加元宵节民间艺术展演

点和秧歌配合，高跷表演展示出了一片红火，贴合了“欢欢喜喜过大年”的氛围。大泊子高跷队扎根社区，在社区居民中生根发芽，源源不断地吸引居民参与，特别是每年春节前后的高跷彩排，更是可以吸引青少年与大学生群体的参与。

从师承来看，大泊子高跷实行的是基于兴趣爱好的代际传承，缺乏专业性与创新性，除经典戏曲、影视内容的改编之外，很难创作出符合时代特色的新表演形式。

此外，场地的变化也给高跷带来了不小的挑战。高跷起源于农业生产，作为农耕文化的缩影，柳木的高跷也更适宜在土地上进行。如今都是大理石、水泥路面，意味着高跷表演不仅难度增加，更有可能遇到安全问题。“没改造之前是土地，它不滑。现在天气不好，地又滑，容易摔倒。之前我们在土地上安全。”宋成山解释道。这也是城市化进程对传统农耕文化的影响，农耕文明必须寻找在城市社区中的生存空间。

2014 年，大泊子高跷被列入青岛市黄岛区区级非物质文化遗产名录。

# 龙马旱船

丁氏文化艺术团龙马旱船演出

龙马旱船以青岛市黄岛区藏马山一带为主要发源地，流传于藏马山系、白马河水的农村，遍布周边几个西部乡镇，主要流传于大村镇。

龙马旱船依照船的外观与形状，制成木架子，并在船形木架周围点缀绘有水纹的棉布裙或是海蓝色的棉布裙。在船顶装饰以红绸、纸花，或彩灯、明镜和其他装饰物。经过装饰的旱船外表华丽、色彩鲜艳，一般由单人乘船表演，也可以有 2 人、4 人甚至 7 人共同乘坐一只船。

大村镇双墩村村民丁佰来是龙马旱船的传人，他从 2000 年开始从事龙马旱船的表演与传承工作。丁佰来师承父亲，为做好传承工作，他成立了黄岛区大村龙马丁氏文化艺术团，购置道具服装、伴奏乐器，并组织一帮村民操练。过去，在大村一带龙马旱船的表演深受百姓喜欢，大年初一和初二在村庄上观看旱船表演，从大年初三开始，演出队伍沿海巡演，南下日照等地。这一时期正好是春节的喜庆时期，同时也是农闲与休渔时期。

在表演中，一般由一个艄公在前领路，引导多只旱船前进。龙马旱船表演形式灵活多变，有的地方选择用双公划一只船前进，或者没有艄公，改用一只船在前引导。在前进中，各只旱船要跑出各种平时训练好的套路，起伏波动、生动活泼，配合着乐器伴奏，吸引看热闹的人群，渲染着节日的喜庆氛围。

成立艺术团以后，丁佰来购置了大量装备，重新排演了一些旱船表演曲目，并组织了一批 40 多人的表演队伍。每到出演的时候，租用 2 辆货车拉着旱船，4 辆客车拉着演员，一行人浩浩荡荡。对他来说，虽然参演的都是当地百姓，而不是专业演员，但因为大家都是发自内心地喜爱旱船，表演出来的节目非常振奋人心。这也正是龙马旱船所要传达出来的龙马精神。

“龙马”与大村镇历史颇深。唐朝张读在《宣室志》里记载：“齐鲁之间出龙马。”从地理位置看，齐长城就经过现今大村镇镇域北端，丁家大村正好处在齐鲁之间。《明史·五行志》记载：“永乐十八年九

丁氏文化艺术团龙马旱船演出

月，诸城进龙马。民有牝马牧于滨海，一日云雾晦冥，有物蜿蜒与马接，产驹，具龙文，其色青苍，谓之龙马云。”《明实录》对此也有相关记载：“诸城县民尝有牝马牧于海滨者，一日，云雾晦冥，有物蜿蜒与马接，至是生驹，鳞臆肉鬃，体具龙文，其色青苍，盖龙马云。”

龙马精神即是从龙马的象征意义引申而来。“四朝忧国鬓如丝，龙马精神海鹤姿”，龙马精神是一种蓬勃的生命力和一往无前的豪迈气概。丁家大村文化研究会丁绍华认为龙马精神浓缩了中国的传统文化与理想人格，君子三省修身，君子自强不息，描绘了一种实现自我完善的激励意象。

大村镇将“齐鲁之间出龙马”作为其独特的文化精神与价值内涵，弘扬龙马精神的创新、勇毅、实干、担当等精髓。同时，大村镇努力挖掘丁氏文化，连续举办三届“丁家里民俗文化节”，吸引来自全国各地的丁氏后人前来参加，实现民族文化与民俗文化的深入结合。这都给了龙马旱船更大的表演舞台和生存空间。

2019 年，龙马旱船被列入青岛市黄岛区区级非物质文化遗产名录。

# 啻善拳

啻善拳传习

啻善拳是啻善门派立门之拳。啻善门之“啻善”，即至善，彰显尚武崇善之义。创始人迟善帝，清末人士，祖籍胶南，自幼喜爱武术，早年跟随泊里、六汪等地民间练武人士学习武术，十几岁时离开家乡，遍访各地武术名家拜师学艺，中年安身崂山山洞之中精修武术，自创啻善门派。

啻善拳，融合了全真龙门派内家拳精华，柔中带刚、刚柔并济、攻防同步、变化无常。搏击之时将以点打圈和以圈打点相结合，辅佐蛇形步法，步步为攻，步步为守，拳打五面，近身靠打，武术功法其势无穷。啻善拳，得到了各级政府和社会各界高度认可，由啻善拳第五代传人丁大伟示范教授的《旭日东升》武术教学课件（共 10 集），被学习强国列为全国中小学生系列武术健身操示范教学课件，全国推广。

啻善拳自创立以来，已传历五代。自迟善帝创立后，在青岛市崂山区传承了两代。第四代传人陈世富，胶南人，幼年跟随第三代传人张真崂习武，1994 年从崂山返回胶南教授拳法，得到了原胶南市政府有关部门大力支持，在大珠山路市民健身馆拿出专门场所供他教授拳法，并由他接任青岛西海岸新区武术协会（原胶南市武术协会）主席。陈世富返回胶南后，又传承了两代，在大珠山路市民健身馆、凰墩山路昌潍武术中心两处武馆教授拳法。近年来，积极推进武术进校园活动，先后在青岛西海岸新区第二实验小学、兰亭小学、易通路小学等学校进行拳法教学。

2023 年，啻善拳被列入青岛市黄岛区区级非物质文化遗产名录。

啻善拳拳法

七

# 传统美术

# 胶州剪纸

胶州剪纸之窗花

2007年，由青岛市原黄岛区、胶州市、胶南市联合申报的胶州剪纸项目被列入山东省第一批省级非物质文化遗产名录。胶州剪纸是对当时流传于原黄岛区的黄岛民间剪纸、胶州市的胶州剪纸和原胶南市的胶南民间剪纸的统称。

胶南民间剪纸在原胶南市全境流传，以琅琊、隐珠、宝山等镇街为代表。黄岛剪纸亦在原黄岛区全境流传，以辛安、红石崖、薛家岛等街道为代表。

胶州剪纸始于何时，难以考证。明初，朝廷出于军事防务和恢复地方经济的需要，从云南、山西、陕西等地迁来大量的军户和居民，各地文化汇聚在一起，剪纸艺术经多年的交融、发展，形成了以窗花和饽饽花为主的系列，线条粗犷、朴实。明嘉靖十四年（1535）胶莱运河开通，促进了南北文化交流。历史的积淀使得胶州剪纸既具有北方剪纸粗犷豪放的风格，与黄河流域其他省份的剪纸一脉相承，又具有江南一带剪纸的纤秀细腻，以其花样密集的装饰手段，使剪纸作品外形更加饱满丰富。

胶州剪纸被使用在多种民俗场合，无论是逢年过节还是男婚女嫁，墙上有喜花，窗上有窗花、窗裙花，顶棚上有顶棚花，炕边镶炕围花，镜子上贴镜花，连送喜和祭祀用的饽饽上也贴有饽饽花等。

胶州剪纸的题材十分广泛，大量的花鸟鱼蝶等吉祥图案是剪纸的主要题材，如“四季花草”“双喜鸳鸯”“狮子献瑞”“龙凤呈祥”“斗

2022年虎年生肖春节剪纸精品展，参展剪纸艺人和专家

鸡”等；还有历史人物和民间传说人物题材，如“龙生虎奶雕搭棚”“八仙过海”等；还有随时反映现实生活的题材，如“回娘家”“地方风光”“剪纸颂党恩”等。这些剪纸作品，充分表现了劳动人民的勤劳、善良、爱憎分明和对生活的美好向往。

胶州剪纸传统题材

胶州剪纸的艺术风格淳朴简练、自然朴实、工秀优美、刚中带柔，在表现手法上阴阳结合、粗细兼用、明朗轻快，具有强烈的装饰图案效果，给人以视觉上的美感享受。还具有题材多样，形状大小不一；阴阳搭配，意趣清新；讲究对称，简洁明快；造型夸张，感情纯真等特征。

在胶州剪纸中，窗花最为丰富，佳品也最多。过去，农家窗户都是木棂窗户，夏天可以透风，一到秋季，天气转凉，就用很薄的白纸糊住，可以挡风御寒，到了春节，家家户户都装扮自己的家庭，窗户便成为装饰的主体，雪白的窗户纸，配上红色的剪纸，使人感到格外清新。窗的4个角贴上大红的窗角花，中间窗门下贴上窗楣花，在这长方形的图案中，剪上花、鸟、鱼等；在窗的上沿贴上窗裙，剪上花鸟、胖娃娃及元宝、铜钱之类，下垂穗头，是一种独具地方特色的装饰。窗花剪纸的形式一般都是八幅，均是竖长条，剪纸的题材一般是四季花或民间故事，有的图案上配以文字充实内容，如花鸟图案配以“四季平安”“幸福家庭”“美满生活”等。过去，青岛市黄岛区传统民居内的顶棚大都是花纸裱糊，中心的团花剪纸为“五福捧寿”等，四周配上寓意吉祥的动物、植物组成“全”花图案，搭配得阴阳有度、虚实得当，堪称一绝。

胶州剪纸工具主要是剪刀与纸张两种，此外，还包括刻刀、蜡盘、锥子、尺子、糨糊、熏样等其他一些辅助工具。剪纸艺人一般都拥有自己“摸得顺”的工具，一把剪刀可以用一辈子，也可以传给后代们继续使用。

2022 年虎年生肖春节剪纸精品展

## （一）胶州剪纸（原胶南民间剪纸）

原胶南民间剪纸艺术主要分布在以胶南老城区为中心的周围乡镇，琅琊镇、隐珠镇、宝山镇、藏南镇、胶河经济区、泊里镇、大场镇、海青镇、理务关镇、大村镇、六汪镇、铁山镇、王台镇、灵山卫镇等地。

胶南剪纸艺术有着久远的历史渊源、深厚的文化积淀和广泛的群众基础。胶南剪纸艺术以琅琊、隐珠、宝山镇为代表。他们在继承传统的基础上，巧妙联想，大胆夸张，以简洁明快的手法，独具匠心的构思，剪出具有淳朴清新艺术风格的作品。

当地民间剪纸队伍近千人，几乎村村都有剪纸能手，年龄最大的 80 多岁，最小的七八岁，他们的作品多次在国家、省、市报刊发表。1989 年 1 月 11 日至 22 日，《山东胶南民间美术作品展览》在北京中国美术馆开幕，展出的 100 余名作者的 250 幅民间绘画、剪纸作品，引起了美术界的轰动。中央电视台、中央人民广播电台在当天的《新闻联播》节目中分别做了报道。隐珠镇剪纸艺人刘振芳的《八仙过海》等多幅作品被中国美术馆收藏。1992 年，隐珠镇的 700 多幅民间剪纸被国家有关部门作为礼品赠送给阿根廷、乌拉圭等国家文化界知名人士。同年 10 月，隐珠镇剪纸艺人邵德花代表青岛地区参加 1992 年“山东民间文化艺术展”，为来自 50 多个国家和地区的文化名人现场剪纸表演，博得喝彩。山东电视台、香港电视台、青岛电视台等都曾对隐珠剪纸进行过专题报道。1996 年，山东美术出版社出版发行了《中国琅琊剪纸集》，这次结集是对多年来胶南剪纸成就的全面回顾与整理，展现了原汁原味的胶南剪纸。2000 年，隐珠镇被青岛市委宣传部授予“特色艺术之乡”的称号，确定为剪纸基地。2002 年 2 月 11 日，由青岛电视台，原胶南市文化局，隐珠镇党委、政府联合摄制的《胶南隐珠剪纸》节目于除夕在中央电视台《新闻联播》播出。2005 年 9 月，为了弘扬中华优秀传统文化，繁荣和宣传琅琊文化及中国民间剪纸艺术，迎接 2008 年奥帆赛在青岛市举行，原胶南市人民政府于 2005 年 9 月 30 日至 10 月 6 日成功举办了“相约琅琊——山东省剪纸大赛暨优秀作品展”，来自全省 20 余个市、区、县的 230 幅作品令人流连忘返。胶南民间艺人王运昌的一幅 17 米长剪纸作品《清明上河图》引起了全场轰动，受到了专家好评并荣获一等奖。

胶南剪纸艺术在全市特别是在农村十分流行，多用于婚喜节庆日，内容也很丰富，花鸟虫鱼、瓜果飞禽、民间故事、历史人物、戏剧脸谱

薛玉兰（左）、薛善美（右）在剪纸

等。人们以此表达对美好生活的向往。胶南剪纸艺术品种繁多，从用途看，主要有窗花、顶棚花、饽饽花诸类。

2007 年，胶州剪纸（原胶南民间剪纸）被列入山东省省级非物质文化遗产保护名录。

## （二）胶州剪纸（原黄岛民间剪纸）

黄岛民间剪纸始于何时，难以考证。人们为了装饰自家的天棚，将天棚用报纸或彩纸糊上，上面贴上大的剪纸，天棚花也应运而生。

20 世纪 80 年代之后，随着当地经济不断发展，木棂窗换上了玻璃窗，天棚也用白灰抹面，剪纸的主要载体不复存在。各种绘画和艺术装饰品进入了百姓家，剪纸的用途大为减少，仅有一些年龄较大的老年人割舍不了对剪纸的情结，到了春节仍然在玻璃上贴上自己喜爱的剪纸，除了追求一种年味，更重要的是通过剪纸的寓意，祈求幸福安康。而一些结婚用的剪纸却继续保持传统的模式。

胶州剪纸之团花

黄岛剪纸的题材十分广泛，大量的花鸟鱼蝶是剪纸的主要题材，如“鸟语花香”“百鸟朝凤”“百花争艳”“凤凰串牡丹”“双蝶采花”等；寓意吉祥的题材，如“狮子滚绣球”“喜鹊登梅”“双龙戏珠”“龙凤双喜”“五谷丰登”等；历史人物和民间传说的人物题材，如“梁山伯与祝英台”“八仙过海”“白娘子与许仙”“刘海戏金蟾”“老寿星”等；反映现实生活的题材，如“肥猪满圈”“鸡鸭成群”“放牧”“招财进宝”等。

黄岛民间剪纸的工具仅是一把小型的尖头的剪子，纸张要求柔和、细腻、不皱、不脆。其代表作品窗花有“四季花开”“八仙过海”，顶棚花有“五福捧寿”“金玉满堂”“百花齐放”，镜子花有“龙凤呈祥”“鸳鸯戏荷”，饽饽花有“花开如意”“大吉大利”“双喜临门”，进入家庭作为装饰的作品拓展到各个领域，除了传统的题材，古典名著、民间传说、民间故事甚至于外国名著，都已进入剪纸的范畴。

黄岛民间剪纸形成如下特征：

第一，根据需要，形状不一。窗花分两大类，一是木棂窗户，其作品形式为竖长条，6—8 幅为一组，窗户的下方有一处可伸卷的透气孔，与之相对应的是窗楣，窗户的四角贴上三角形的窗花，其作品的题材一般要成组画，如“八仙过海”为最多或八种有吉祥如意的花或动物等；二是玻璃窗花，这种窗花于 20 世纪 70 年代之后开始兴起，因玻璃较大，一般是两幅对称，其题材趋向简单，一般都是相同的图案，多以“福”字居多。天棚花，则根据天棚的大小而定，一般直径在 30—40 厘米。饽饽花也根据馒头的大小而定，一般直径在 6—8 厘米。

第二，阴阳搭配，意趣清新。黄岛民间剪纸在用途上利用阴阳特点进行合理搭配，形成对比，不落俗套，如窗花必用阳刻，窗榜则用阴刻，窗楣是阴阳并用。

第三，讲究对称，简洁明快。一些较大的图案，一般用上、下、左、右对称。如天棚花，中小图案是左右对称，符合中国传统文化，取其好事成双的含义，既可省时、省工，构图又匀称。

第四，造型夸张，感情纯真。剪纸艺人大都没有绘画基础，只是凭感觉，其图案的造型与实物的比例有很大的差异，在绘制图案时，他们没有任何约束，随意性很大，如在绘制动物时，其表现的部位，往往夸大处理，表现植物时只有植物的花朵造型，叶子形状有所区分。

2007 年，胶州剪纸（原黄岛民间剪纸）被列入山东省省级非物质文化遗产名录。

 非物质文化遗产代表性传承人

# 王明香

王明香，女，1948 年 1 月生，山东黄岛区人，于 2023 年被评为胶州剪纸项目省级非物质文化遗产传承人。2022 年，加入中国民间文艺家协会。

从事剪纸技艺 60 余年，从 8 岁开始学剪纸，擅长花鸟动物人物风景。全面掌握剪纸技艺的相关知识、历史文化及手工技艺。熟练掌握剪纸技艺特点，剪纸作品题材丰富，擅长剪花、鸟、小动物，历史人物与写实风景，以精细、逼真、栩栩如生为最大特色。历史人物系列完成的有水浒一百零八将、十二金钗、古代四大美女、五虎上将、八仙过海。剪纸图案强调原创与巧妙的寓意。如“花开富贵”“松鹤长春”“桃李满天

王明香（中间红衣者）在传承剪纸技艺

下”“三羊开泰”“双龙戏珠”等作品，体现了劳动人民的聪明智慧和艺术才能。探索剪纸图案的审美创新。在剪纸图案搭配上进行创新，追求整体图案的丰满与花鸟风景的搭配，呈现图案精美、动静结合，和谐统一的视觉效果。

2003 年开始活跃于各剪纸比赛和剪纸展览活动中，获 40 余项大赛金奖、银奖以及工艺美术作品展览奖项。许多作品已走出国门到欧美及东南亚多个国家。现为中国民间艺术家协会会员、山东民间艺术家协会会员、青岛市民间文艺家协会会员；原黄岛区民间文艺家协会副主席、原黄岛区巾帼文明促进会副会长。2008 年入选中国剪纸名人录；2009 年入选青岛首批市级非物质文化遗产项目代表性传承人。

多次获青岛市级黄岛区“十佳传承人”“青岛民间十大匠人”“最美非遗传承人”等称号。

## 张淑珍

张淑珍，女，1947 年 5 月生，山东黄岛区人，于 2016 年 8 月被评为胶州剪纸区级非物质文化遗产传承人。

张淑珍正在剪纸

1980 年在黄岛区文化馆工作，后因家庭原因辞职。虽不在文化馆工作，但没有停止对艺术的追求，凭着对传统文化的痴迷和热爱，对剪纸文化进行挖掘、传承与创新，将剪纸艺术融入新时代中国特色，融入现代审美理念。

退休后继续传承剪纸文化，宣传推进“民族文化进校园”活动，先后被辛安小学、富春江路小学和青岛滨海学院聘为剪纸指导教师，将剪纸这门传统文化带进课堂，用自己手中的剪刀讲述文化故事，让文化的力量惠及更多人。自教学以来，一丝不苟，耐心授艺，德艺双馨，得到了学校和家长的高度评价。

1980 年开始代表区文化馆参加青岛市艺术展，多次荣获一等奖；1985 年 11 月，以“民间艺人”的身份跟随青岛市政府代表团访问墨西哥，并在墨西哥表演中国传统文化剪纸艺术，激起了国外友人的浓厚兴趣。剪纸作品作为礼物由时任青岛市市长亲自赠送给墨西哥市市长和夫人。

## 王德蕊

王德蕊，女，1948 年 11 月生，汉族，中共党员，大专学历，山东青岛人。于 2023 年被评为胶州剪纸省级非物质文化遗产传承人。

王德蕊传承剪纸

1952年春节第一次跟母亲学剪纸，有古铜币和毛毛刺，从此爱上了剪纸。在胶州师范学习时，作为师范附小校外辅导员，利用周末和课外活动辅导学生学习，教剪纸。2016年开始担任老年大学剪纸班教师，累计教授学员240名。2016年成立隐珠街道台兴路社区剪纸协会，担任会长兼剪纸老师，同时建立“德蕊剪纸艺术培训室”，经常进行公益性培训。2020年，被认定为省级非物质文化遗产项目胶州剪纸市级代表性传承人，被评为“全国百姓学习之星”。

获得国际级奖项2次、国家级奖项7次、山东省奖项4次、青岛市奖项15次。其中，2017年德蕊剪纸艺术培训室获青岛市市级集体组织奖。2019年德蕊剪纸被评为山东省“十佳社区”品牌。2019年德蕊剪纸艺术培训室被评为青岛市市级终身学习品牌。2020年被评为青岛市级“最美传承人”；青岛非遗保护中心文化馆组织的“青岛非遗人在行动”获特别奖。2021年被评为青岛市级“十大匠人”。

## 王炳香

王炳香，女，1965年6月生，汉族，小学学历，山东青岛人，胶州剪纸区级非物质文化遗产传承人。

从小跟随祖母王氏学习剪纸技艺。源于老一辈的期望和对剪纸的喜爱，扎根在剪纸的传承与创作上，致力传承和发展这一民间艺术。

8岁开始学习剪纸，剪纸技艺主要传承祖母王氏。在剪纸传承上，全是各种大小剪刀制作完成，图样是传承或自行设计，纯手工制作完成。

## 程秀云

程秀云（右一）在传承剪纸

程秀云，女，1963 年 6 月生，汉族，中共党员，高中学历，山东胶州人，于 2009 年被评为胶州剪纸项目区级非物质文化遗产传承人。

自 2009 年以来，为了让更多的人认识剪纸的社会价值和艺术价值，让剪纸艺术走进校园，开始进校园传授剪纸技艺。在薛家岛小学、区机关幼儿园创建了两处剪纸传承基地。2015 年、2016 年连续两年在为暑假青少年担任剪纸老师，培训学员 50 多名。2018 年以来，多次参与社区非遗传承活动。

剪纸作品《宝马送福》剪纸团花于 2000 年获山东省剪纸比赛一等奖；剪纸作品《顶棚全花》获 2002 年青岛市剪纸比赛一等奖。

## 管茹

管茹正在剪纸

管茹，女，1970 年 9 月生，汉族，中专学历，山东青岛人，于 2009 年 3 月被评为胶州剪纸市级非物质文化遗产传承人。山东省民间文艺家协会会员，青岛市民间文艺家协会理事。

6 岁开始学习剪纸，剪纸技艺主要师承母亲夏占芳。母亲一生剪教不断，管茹学习母亲衣襟绣花、鞋面绣花、小孩肚兜绣花的手艺，在原有的剪纸图样基础上添加一些吉祥寓意的纹样。在传承母亲所有技艺的基础上，有更多的创新设计。在母亲的基础上学会用刻刀去做，使剪纸作品线条更细腻、精致。

在剪纸传承上，全是各种大小剪刀制作完成，图样是传承或自行设计，纯手工制作。

## 薛娜

薛娜正在剪纸

薛娜，女，1972年10月生，汉族，高中学历，山东青岛人。于2019年12月被评为胶州剪纸区级非物质文化遗产传承人。青岛西海岸新区民间传统技艺人才，青岛手工艺大师。现为中国民间文艺家协会会员，中华文化促进会剪纸艺术专业委员会会员，青岛市手工艺协会会员，青岛市手工艺协会剪纸艺委会副主任，青岛市手工艺协会西海岸新区分会副秘书长，青岛西海岸新区辛安文联剪纸家协会理事。

薛娜自幼喜欢剪纸绘画，从小跟随姑奶奶学习剪纸技术，并根据时代需要进行改进用途及图样内容，如窗花、饽饽花、喜花等都很拿手。在继承前辈剪纸技巧的基础上大胆探索，经常参加一些培训班提高理论知识和剪纸技艺。学以致用，勇于创新，把传统纹样与现代审美完美结合，创作了许多优秀的剪纸作品，在当地及全国的一些剪纸大赛中取得了优异成绩。特别是在2018年的青岛上合峰会期间，与其他6位剪纸艺术家合作为上合峰会创作了《福寿门》大型剪纸，受到了国内外各界人士的赞誉，为青岛市乃至国家增光添彩。她积极参与非遗传承方面的活动，进社区、进学校、进企业及爱心公益团体组织的各种剪纸公益推广宣传活动。2020 年在社区开设了“社区银龄剪纸班”每周四授课；2022 年创办了剪纸工作室，广收学生。

## 薛玉红

薛玉红正在剪纸

薛玉红，女，1969 年 8 月生，山东青岛人，于 2016 年被评为青岛市黄岛区区级非物质文化遗产代表性传承人，连续两届被青岛西海岸新区文化馆评为最美剪纸传承人、模范剪纸传承人，荣获青岛市文化和旅游局及青岛市教体局“优秀剪纸辅导教师”称号。

薛玉红是中国民间文艺家协会会员、山东省民间文艺家协会会员、青岛西海岸新区民间文艺家协会会员、中华促进会剪纸委员会会员、青岛市手工艺协会会员、北京翰墨艺术院研究员。

薛玉红自幼就跟随姥姥赵李氏和母亲赵增兰学习剪纸。为了将剪纸这门艺术传承下去，做到后继有人，薛玉红积极参加非遗活动，先后到 30 多个社区村镇传授剪纸技艺。在青岛理工大学、青岛黄海学院、珠江路小学 20 多个中小学设立传承基地，被区内多所学校聘为剪纸老师，每年开展节日义务教学 30 多次。近几年来曾在 2018 年参加非遗进旅游景点、青岛大学路美术博物馆、中国院子、国际啤酒城、青岛糖球会、东亚世界博览城、融创茂剪纸活动、青岛万象城、青岛市海上皇宫、青岛丽达广场凤凰之声大剧院、中德生态园等地参加剪纸传承活动，每年重大节日活动到高校、小学等培训上万人次。

## 张艳华

张艳华正在剪纸

张艳华，女，1976 年 9 月生，汉族，本科学历，山东青岛人。于 2019 年 12 月被评为胶州剪纸区级非物质文化遗产传承人。中国民间文艺家协会会员。曾获新区教书育人楷模；新区优秀青年志愿者；新区模范非遗传承人；新区文艺创作先进个人等称号。作品曾获国家级、省级、市级的各级各类大奖并被收藏。

受胶州剪纸剪纸艺人姥姥启蒙，基于对剪纸的痴爱，研究剪纸。每年都会有几十幅大大小小的原创作品问世。每学年都会在四五年级综合实践活动和美术课中进行剪纸授课，每年授课人数约 500 人。开设了每周一节的剪纸社团，所教学生每年都参加青岛市级、区级的各级各类剪纸比赛。除此之外，还积极参加非遗保护单位、区文联、区文化馆等号召的各级各项公益助教活动、文化下乡活动。

主持研发的“剪纸艺术”课程被青岛市教育局评选为“青岛市精品

课程”。《虎娃竞技冬奥会》入选由中国民间文艺家协会、北京2022年冬奥会和冬残奥会组委会文化活动部主办的“激情冬奥 剪彩冰雪”剪纸艺术展并被收藏。《奋斗百年路》入选由中共山东省委宣传部、山东省文联和山东省文化旅游局主办的“庆祝中国共产党成立100周年山东省美术书法摄影剪纸作品展”。《福禄万代》在“百年辉煌 纸艺华章”庆祝中国共产党成立100周年全国剪纸精品邀请展中，荣获金奖。《武汉，我把爸爸妈妈借给你》荣获“大爱无疆”北京·渭南全国抗疫剪纸精品展银奖并被收藏。《刘宽让牛》荣获由中华文化促进会剪纸艺委会联合中国美术学院美术教育研究所开展的“百牛开春”2021年全国剪纸精品展入围奖。多次荣获青岛市“金剪刀奖”“一等奖”“速剪奖”“巧手奖”等。其中，2018年受邀参加上合峰会巨幅《福寿门》剪纸创作，做出突出成绩，青岛市文旅局颁发了“感谢状”。

## 刘运金

刘运金，女，1972年11月生，山东青岛人，于2016年8月被评为胶州剪纸区级非物质文化遗产传承人。青岛市民间文艺家协会会员、第二批青岛市手工艺首席技师、青岛市手工艺协会理事、青岛市手工艺协会西海岸新区分会副秘书长。

自幼爱好剪纸，创作的剪纸作品多次在省、市、区剪纸大赛中获奖；创作之余致力于传承民间剪纸艺术，几年带徒弟数人，去各大中小学的社团活动中授课。1985年跟本村（大村镇东龙古）老人王刘氏学习剪纸艺术，之后的七八年里常给乡里乡亲们剪些饽饽花及窗花，也因此练就了剪纸技艺的基本功。2008年在辛安参展中结识辛安剪纸艺术家管茹，在管老师的指导影响下，剪纸技艺逐渐成熟起来；2012年随管一起去河北省张家口市蔚县调研学习剪纸技艺，剪纸手法在运用上也有了

刘运金（左一）正在传承剪纸

从剪到刻的跨越，参赛作品在省、市、区举办的大展中多次获奖。2019年度参加“善行天下·击鼓传花”（宿迁站）全国剪纸人才培养培训班，更加深入地学习了全国各地的剪纸艺术，并在结业学习中取得了优异成绩，还初步学习了装裱技艺。

## 赵丽华

赵丽华，女，1963 年 5 月生，山东淄博人，于 2016 年 8 月被评为胶州剪纸项目区级非物质文化遗产传承人。

中华文化促进会剪纸艺术委员会会员，中国现代剪纸艺术研究院会员，青岛民间文艺家协会会员，山东省摄影家协会会员，中石化摄影家协会会员，青岛市文化艺术交流学会会员，青岛市手工艺协会理事、剪纸艺委会会员，青岛市手工艺协会西海岸分会副会长，国家级非遗曹州

赵丽华正在进行剪纸传承活动

面塑代表性传承人穆绪建大师入门弟子，中国民俗文化概说（山东联盟）网络课堂民俗文化教师，青岛市侨办、金门路街道海外华文教育云课堂剪纸教师。

自幼受母亲影响，喜欢各样手工，特别是剪纸、面塑和布艺等中国民间传统艺术，利用自己的专长在企业文化建设、社区街道传统文化传播方面做出了贡献。成立手工小组，传授剪纸、丝网花、丝带绣、毛线编织、布艺装饰画、捏面人等，极大地丰富了退休职工的文化生活，提高了职工的艺术修养。多年来一直坚持潜心学习民间艺术，师从于国家级非遗高密剪纸代表性传承人李金波学习剪纸技艺，师从于国家级非遗曹州面塑代表性传承人穆绪建大师学习面塑技艺。多幅作品被国内外友人作为礼物收藏，其中有美国、英国、法国、挪威、俄罗斯等。

# 程丕昉

程丕昉，女，1953年5月生，汉族，中共党员，中专学历，山东青岛人。于2023年2月被评为胶州剪纸区级非物质文化遗产传承人。

程丕昉自幼跟姥姥、母亲、婶母学习剪纸，退休后开始系统地学习剪纸技艺。一直跟随胶州剪纸项目非物质文化遗产传承人王德蕊学习剪纸，在西海岸双珠路老年大学剪纸班任班长，9年来刻苦学习剪纸技艺，剪纸技艺和创作能力有了很大提高，得到了学校、老师和同学们的认可和好评。现为中国民间文艺家协会会员、中华文化促进会剪纸艺委会会员、青岛市手工艺协会会员。担任多个幼儿园的社团老师，在青岛西海岸新区文化馆担任剪纸老师。2016年1月，结识高密剪纸传承人李金波，从此经常到其家中学艺求教，使剪纸技艺有了突破性提高。2019年6月、11月两次参加由中华文化促进会剪纸艺委会组织的全国优秀人才培训班，均获优秀学员证书和结业证书，两次创作的作品均获全国优秀人才培训结业三等奖。2019年7月，去瓷都景德镇参加全国剪纸大师陶正组织的全剪纸优秀人才培训班，学到了剪纸服饰创作和文创产品创作的技艺。2020年3月，参加北京建筑学院组织的现代剪纸艺术线上国际授课培训班，创作作品获国际金奖，并在线上向国际上展览。2022年11月跟全国神剪称号的张玮参加吉祥花鸟剪纸创作研修班。

程丕昉在剪纸

# 杨忠娟

杨忠娟正在进行剪纸传承

杨忠娟，女，汉族，1982 年 12 月生，山东青岛人，于 2023 年 2 月被评为胶州剪纸区级非物质文化遗产传承人。

2005 年结婚后，参加了宝山镇政府文化站举办的首期剪纸艺术培训班，主动跟胶州剪纸项目传承人王明香学习剪纸技艺，从构图到剪制再到整幅作品的完成，展示宝山剪纸自画自剪、构图饱满、贴近生活、质朴生动、色彩璀璨的特点。另外，积极参加社区剪纸艺术现场展演和非遗进校园等活动，在学习中实践，在实践中传承，让更多人认识和学习传承剪纸艺术。在宝山沃泉农场开展非遗研学培训多次，培训学员 3500 人次；持续开展非遗进校园活动；在王台街道办事处黄山小学开展剪纸特色选修课，每课培训人数 60 人次；持续开展非遗进社区活动，到青岛市城阳区和宝山镇各社区开展剪纸讲学培训多次，受益人数 600 人次；创办“杨嫚剪纸工作室”，培训人数 200 人次，现有万雅茹和万佳曦两名徒弟跟随她学习剪纸技艺。

# 邵德花

邵德花，女，1946 年 3 月生，山东青岛人，胶州剪纸区级非物质文化遗产传承人。

她 12 岁那年从长辈手中接过挽花小剪，从成长嫁人到生儿育女再到儿孙满堂，剪纸再也没有离开过她。

邵德花自幼就喜欢剪纸和绘画，无偿帮助乡亲们绘画剪贴了无数节日和婚庆窗花、棚花，以及各类人、物、风景剪纸，婚前婚后都闻名乡里。

“凡是她看到的，都能剪出来”，包括栩栩如生的《十二生肖》《八仙过海》《西游记》《福禄寿喜》等剪纸作品已近万幅。邵德花到原胶南聋哑学校、隐珠文化宫、隐珠中学、小学和幼儿园等免费示范并指导老师和学生们学习剪纸艺术，根据课程需要“随叫随到”，赴澳大利亚、英国等国家参访时，为国际残疾儿童组织提供了大量剪纸作品。

邵德花（左）正在进行剪纸传承

在当地，她除了每天给乡亲们剪纸、画制鞋垫和裁缝衣服等，多年获得“五好家庭”“模范老人”“好婆婆”等荣誉称号。

# 胶南年画

胶南年画是对中国四大年画之一的山东省潍坊市寒亭区杨家埠年画的创新性继承。相较于四川绵竹年画、江苏桃花坞年画、天津杨柳青年画，胶南年画历史相对较短，但区域特征明显。

胶南年画的起源与胶南的地理位置息息相关。在中华人民共和国成立前，从行政区划来看，胶南分属于诸城和胶州。早在清代，潍坊杨家埠的北公义、永和、增城画店就开始在胶州设庄，主销大贡笺、横披、美人条和灶王等；恒足、大顺画店等在诸城设庄，主销美人条、大金增、月光、大鹰、三灶王等。胶州庄的永和画店是常年生产年画的画店，“春货”已经半印半画。到了清末民初，大顺画店的诸城庄按照人们欣赏习惯的变更，印卖“八仙”“四季山水”等用单一墨色印制的“黑货”，用户买去可以自己着色画成自己喜欢的年画作品。“春货”和“黑货”为胶南年画培养了一批最早的创作者。受潍坊木版年画的影响，胶州当地产生了一批会刻版、手绘的民间艺人，他们或创作或临摹，绘制了许多丰富多彩的年画，形成了当地绘制年画的传统。

20世纪20年代，石印和胶印年画开始在青岛地区流行起来，新的年画形式“上海月份牌”传播到胶南地区。胶南当地的绘图、绘版画师为了顺应新的审美和时代的需求，不断学习这些最流行的年画形式。为迎接新中国第一个春节，1949年11月26日中央人民政府文化部颁布了《关于开展新年画工作的指示》，并于11月27日刊发在《人民日报》。顺应政府的号召，胶南地区开始兴起新年画运动，1951年组织美术干部和民间艺人绘制新年画宣传党的方针政策，1952年山东省年画改革工作队决定改画小横披，胶南年画也顺势而变。为挖掘民间艺人，弘扬

胶南年画《春华秋实》纪伟伟 绘

年画文化，原胶南文化馆于1972年成立年画创作小组，举办年画培训班，形成有组织的创作活动。经过几年的大力发展，于1979年正式定名为“胶南年画”，成为原胶南地区最有代表性的民间艺术形式之一。

从发展历程来看，胶南年画发源于清朝，形成于中华人民共和国成立初，兴盛于20世纪70年代之后，是原胶南区域的农民美术爱好者及专业美术工作者绘制的适应新时代需要的年画。胶南年画借鉴吸收潍坊杨家埠木版年画的创作特点和题材内容，结合时代特色发展创新，融民

《春风》 徐明斋 绘

间剪纸、水粉画、水彩画等多种艺术形式于一体，进而形成了独特的胶南年画这一绘画体裁和形式。

作为农民画的一种，胶南年画的题材扎根于农耕文明与农业生活，主要有吉祥如意、神仙佛像、节庆习俗、农事耕作、故事戏曲、风景花卉、智力游戏等，堪称农耕社会生活的缩影和民俗生活的大观园。而从体裁来看，包括了门神画、中堂、条屏、窗画、灶画、斗方、扇面、博戏图、年历、台历、挂历等，应有尽有，满足不同的家居需求。胶南年

《二十四节气——阳春六节》 田胜 绘

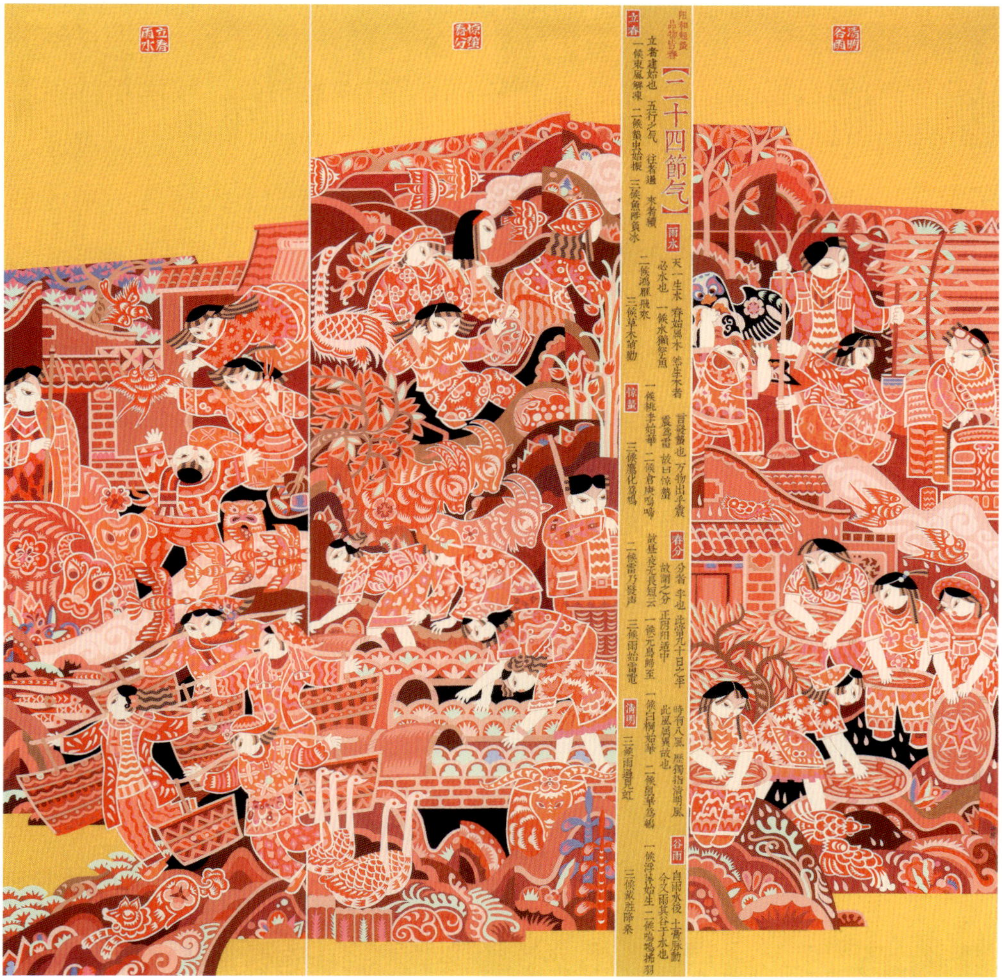

画所描绘的内容多为表达吉祥如意、福禄寿喜、喜获丰收等，寄托了劳动人民的美好生活理想。

胶南年画的创作群体比较庞大，主要通过两种方式传承，即师徒传承和集体传承。自 1985 年原胶南县成立山东省第一家年画学会以来，文化馆每年都会举办年画创作培训班、研讨会、展览会等活动，以实现胶南年画的集体传承。与传统农民画不同的是，胶南年画中积极融入了水彩画、水粉画等的创作手法，通过专业美术工作者的参与和介入，丰富了胶南年画的创作技法。

胶南年画地域特点浓厚，绘画中也吸收与借鉴了当地的剪纸、泥塑等民间艺术形式，将创作元素和符号融入年画的绘画之中，实现了多种文化形式的互通。同时，除了传统的丰收等农业题材外，胶南年画也展现出了青岛地区的海洋文化，实现了海洋文化与农耕文明的融会贯通，将农业生产融入民风民俗与节日庆典之中，以绘画的形式表现了当地老百姓的生活片段和精神面貌。

胶南年画扎根于农村生活，但并不墨守成规，反而在时代的发展中不断创新，既丰富创作题材，又更新创作形式。虽然近几年由于人们生活方式的改变，年画作为节日用品的功能在下降，但是随着绘画题材和技艺的提升，反而使得年画以艺术品的形式参与到人们的日常生活中，这也给年画带来了新的生命力。

2018 年，胶南年画被列入青岛市市级非物质文化遗产名录。

## 非物质文化遗产代表性传承人

### 陈明

陈明，男，1950 年生，汉族，中共党员，山东黄岛人。中国美术

家协会会员，山东画院高级画师，青岛油画学会艺术顾问，山东胶南书画院院长、研究员，新加坡南洋画院海洋画研究院副院长，胶南年画区级非物质文化遗产传承人。

曾经画过连环画、宣传画、年画、版画，后来改学油画和国画。在这些领域都曾有过十分骄人的成就，在他的油画、年画、国画作品中，那种对艺术造型、构图、色彩的拿捏之准确或许也说明了他深入生活，投身艺术的孜孜不倦，数十年如一日的勤敏好学的精神。

陈明（中）做好年画传承工作

## 田胜

田胜，男，1980 年 9 月生，大学本科学历，副高级职称，山东青岛人，胶南年画市级非物质文化遗产传承人。

2016 年结业于浙江秀洲——全国现代民间绘画辅导员培训班，现就职于青岛西海岸新区美术馆，主要从事胶南年画创作研究、保护传承和群众辅导、策展等工作。中国美术家协会会员，中国工笔画学会会员，山东省民间文艺家协会会员，齐鲁文化之星，青岛市文化之星，青岛市高层次人才，青岛西海岸新区拔尖人才，山东省十佳农民画家。

自1996年师从于年画专家刘献珍老师；1999年从事美术教育工作；2013年从事群众文化工作，专注于胶南年画保护、传承、研究、创作工作。2015年被评选为胶南年画代表性传承人。培养下一代传承人10人，培训骨干学员70余人，连续4年举办“胶南年画创作培训班”并担任导师。

在传承实践中注重项目研究拓展总结，开展了胶南年画史料考证，口述史扩充，梳理传承谱系，研究风格流派与时代影响等一系列工作。2021年12月，他历时三年主编的《青岛西海岸新区现代民间绘画（胶南年画）精品集》由山东美术出版社出版发行，行文释义20余万字，收录近50年年画作品362幅；2022年2月受邀参加“首届中国非物质文化遗产保护年会”并做展演展示活动。

在艺术实践中注重精研传统技艺，挖掘年画传统精髓。2019年12月，在5年一届的第十三届全国美展中，个人创作年画《二十四节气——阳春六节》被评为“第十三届全国美术作品展览”第三届中国美术奖获奖提名作品；创作作品《时年八节》获“希望的田野全国农民画作品展”

田胜（左二）在开展胶南年画传承活动

最高奖；作品《一块花布》《渔歌》《红高粱》分别在全国展览中入选。在创作中重构年画当代语言，融合了民间美术精髓，开拓了年画艺术新语境、新高度。

在宣传推广工作中整合多方平台，拓宽传播渠道。主导组织了“遇见前门 年味集市——胶南年画走进北京前门大街展览”，每年一期“胶南年画创作汇报展”，胶南年画基层巡展、回乡展，“胶南年画青岛区市巡展”等几十期年画展览。推动胶南年画走进校园、社区、公共文化服务场所等。共建年画课堂、年画博览馆、年画校本课程，传承胶南年画技艺，推进胶南年画传承发展。

## 李增梅

李增梅，女，1969 年 11 月生，汉族，中专学历，于 2019 年 12 月被评为胶南年画项目区级非物质文化遗产代表性传承人。中国美术家协会会员、中国女画家协会会员、中国工笔画学会会员、山东工笔画学会理事、青岛美协理事、区民间文艺家协会副主席。获原胶南市优秀青年科技人才、西海岸新区拔尖人才、区民间传统技艺人才、最美隐珠人、区女性“时尚大使”等称号。

自 1988 年 7 月参加原胶南县文化馆举办的年画培训班以来（辅导老师陈明，杨文德老师），连续多次参加文化馆举办的胶南年画培训班，积极参加山东管理学院举办的“临朐勾线年画培训班”，通过学习，结合自己的创作理念，大胆探索，借鉴姊妹艺术。作为胶南年画代表性传承人，不断研究各地年画画风，总结经验，深入生活，提升绘画水平，为传承做好扎实的基础。授徒陈知保、史蕾、张莉、孙伟华、葛薛娇等。

年画作品《金秋》参加由中国文学艺术界联合会，中国美术家协会举办的“农民画时代·时代画农民”展览中获优秀奖；年画作品《采菜女》《童趣》获“辽源东风·中国农民画艺术节暨全国农民画展”入选作品奖；年画作品《召必应 应必战 战必胜》参加“携手抗疫 共克时艰——青岛非遗人在行动”获一等奖；年画作品《众志成城 同心战疫》参加“携手抗疫 共克时艰——青岛非遗人在行动”获特别奖；年画作品《众志成城 同心战疫》荣获“大家创·众志成城 抗击疫情山东非遗人在行动”优秀作品评选活动二等奖；年画作品《新时代》入选由中央宣传部文艺局、中央文明办二局、文化和旅游部公共服务司中国美术家协会、中国民间文艺家协会联合主办的“新生活·新风尚·新年画”2023我们的小康生活美术作品创作展；年画作品《高爽闻秋知忙音》入选由中国民间文艺家协会主办的“大美民间——2022年中国（南京）全国农民画优秀作品双年展”。

李增梅（中间坐者）正在进行胶南年画传承

## 高桂桂

高桂桂，女，1986年11月生，汉族，于2023年2月被评为胶南年画区级非物质文化遗产传承人。2016年师从于胶南年画代表性传承人田胜，系统学习胶南年画历史传承、传统表现技艺、当代创作探索等知识，汲取老师的技艺经验和传承方法，长期致力于胶南年画传承谱系梳理与史料整理工作，潜心于胶南年画的传承、保护与发展工作以及胶南年画文化产业发展促进工作。2022年结业于中国艺术研究院张宜工作室。主要从事民间美术研究、胶南年画、国画艺术创作、黄河流域民间艺术研究、探索等工作。

中国美术家协会会员，中国工笔画学会会员，中国女画家协会会员，山东省美术家协会“文艺两新”工作委员会委员，青岛市美术家协会农民画工作办公室秘书长，青岛西海岸新区女书画家协会副主席，多幅作品被国家级协会、省级美术机构收藏。

2017 年年画作品《谷雨祭海祈福》获中国美协主办的“二十四节气——柯城全国农民画作品展”入会资格奖；2019 年年画作品《闹社火，迎立春》获中民协主办的“追梦”中国农民画邀请展典藏奖；2020 年年画作品《千年黄河门前过，幸福史诗源流长》获中美协主办的“决胜全面小康”第二届全国农民画入会资格奖；2022 年年画作品《周村芯子》获中民协主办的“大美民间——2022 中国（南京）农民画优秀作品双年展”收藏奖。

高桂桂正在进行胶南年画创作

## 陈知保

陈知保，男，1979 年 9 月生，汉族，山东菏泽人，于 2023 年 2 月被评为胶南年画项目区级非物质文化遗产传承人。2005 年毕业于中央民族大学美术学院，现为青岛西海岸新区文化馆副研究馆员，中国民间文艺家协会会员，中国民盟盟员，山东省美术家协会会员，青岛市美术家协会主席团委员，青岛美术家协会农民画工作艺术委员会主任，青岛西海岸新区第二届、第三届政协委员，青岛西海岸新区（西区）美协副主席兼秘书长，青岛西海岸新区政协书画院副院长。

自 2005 年在区文化馆工作以来，扎实传承发展胶南年画，坚持立足本土、沿袭传统、探索创新，形成了构图饱满而丰富、色调跳跃而统一、造型质朴而夸张、地域色彩浓厚的胶南年画作品特色。其作品获全国省市奖项，获文旅部、中国文联、中国美协、中国民协主办的国家级奖项 8 次，省级 15 次。

近三年辅导学员 100 多人次在中宣部、中国文联、中国美协、中国民协主办的全国大展中入选、获奖；其中多幅作品荣获中美协主办展览入会资格奖；2 幅学员作品荣获中民协主办的全国展览“典藏奖”。

2019 年年画作品《海港新曲》入展十三届全国美展综合画种作品展并获十三届全国美展山东美术作品展优秀创作奖，被山东省美术馆收藏；2019 年 9 月《琅琊渔港》入展中国民间文艺家协会、江西省文学艺术界联合会主办的 2019 年“壮丽 70 年 · 阔步新时代”全国农民画创作展；2021 年年画作品《海港新曲》获山东省泰山文艺奖（美术类）二等奖。

陈知保（左）在传承胶南年画

# 古都刻纸

染色多层刻纸作品《万里中华魂》

刻纸，中国民间传统装饰艺术的一种镂空艺术。其在视觉上给人以透空的感觉和艺术享受。刻纸的载体可以是纸张、金银箔、树皮、树叶、布、皮革，过去常在喜庆的场合出现，比如嫁娶、春节……以其表现的内容形象生动、趣味性强、制作方法简单而被大众接受。

我国民间自唐宋起就已有专门从事刻纸创作的手工艺人，他们现场制作，即时出售，以刻纸谋生。明清以后剪纸发展很快，遍及全国，以往用于年节门窗上的装饰及服饰等刺绣用的剪纸花样，光靠妇女用剪刀剪已不能满足社会需求。于是，为了降低成本，提高效率，各地原本专门经营剪纸花样的艺人和作坊，纷纷弃剪改刻。刻纸和剪纸不一样，刻纸在手法上比较细腻，而剪纸则粗犷些，很多细节剪刀很难做到，而刻纸却可以完成。再者，剪纸大多数一次只能完成九幅作品，而刻纸可以同时刻很多张。虽然刻纸相对剪纸效率要高点，但刻纸更需要一定的手劲技巧，才能让刻纸线条流畅。

王涛刻纸所用工具

刻纸艺术吸收借鉴了古代的文化符号，从内容到装饰都有很强的艺术传承。古都刻纸的题材内容可谓丰富多彩、变化多样，艺术技巧精湛，传达了劳动人民对艺术和生活的情感与追求。其表现内容涉及植物、动物、用具、装饰图案等方面，既具有浓郁的时代气息，同时也是对传统文化的继承和延续。

古都刻纸技艺的分布，大体分为两个阶段，其刻纸的类型及其作品流布范围也随着社会经济的发展和水平的提高不断扩大。主要是：

第一阶段：古都刻纸技艺由传承人王涛掌握，其基地一直在他们世代生活的山东省淄博市临淄区凤凰镇南王村。王涛不断地钻研和创新，并吸收借鉴了古代临淄的文化符号，从内容到装饰都有很强的艺术传承，使传统的刻纸技艺发生了本质的变化，从乡野村落走进了艺术的殿堂。

第二阶段：近几年来，随着收藏的升温和传承人王涛刻纸技艺水平的提高，古都刻纸的范围不断扩大，尤其在青岛市黄岛区张家楼镇达尼画家村建立起自己的文化产业基地。这里既有丰厚的自然资源优势，又是面向全世界的文化窗口，为古都刻纸的创新与发展提供了得天独厚的便利条件。

无论是传统还是现代，与用剪刀剪出来的剪纸不同，刻纸艺术要求丰富的想象力和宏伟的创作激情。刻纸用薄纸甚至宣纸雕刻，最担心的就是刀刻造成的线条断掉。

2016 年，古都刻纸被列入青岛市黄岛区区级非物质文化遗产名录。

## 非物质文化遗产代表性传承人

# 王涛

王涛，男，1963 年 2 月生，山东淄博人，于 2016 年 8 月被评为古都刻纸区级非物质文化遗产传承人。精于刻纸、工笔画、摄影、摄像等专业文化创作。任古都刻纸艺术研究院院长、铁槎山书画院名誉院长，区中小学传统教育（刻纸项目）外聘授课教师及实习指导，设立古都刻纸艺术培训基地，举办传统文化交流会，参与企业文化宣传和建设，参加政府举办的民间工艺展览会等。

祖辈都以刻门笺（过门钱）、扎纸草等技艺糊口，自幼受家庭氛围熏陶，从小喜欢刻纸。在校期间学习美术专业，并将绘画与刻纸结合加以创新，成立古都刻纸艺术研究院，专门从事刻纸产品策划、创意研发、设计、生产、销售和收藏，将刻纸技艺更好地加以传承和发展。

王涛正在进行刻纸创作

# 西海岸核雕

核雕精雕

西海岸核雕在黄岛区具有较为广泛的受众和爱好者。青岛市黄岛区在历史上多分属于胶州、诸城，与潍坊核雕具有一脉相承的关系。西海岸核雕工艺分布较为零散，由于手艺的稀缺性与个人雕刻的特点，规模并未集中成片分布。西海岸核雕原料多采用青州蜜、永莲蜜、寒露蜜等蜜桃品种的桃核，寒露蜜多产于青岛，青州蜜产于潍坊青州，青岛市黄岛区距离以上几种蜜桃产地均较近，原料供给便利。

核雕最初是源于人们对桃木的崇尚。在我国民间，自古以来就有以桃为吉祥物，用其辟邪的传统。中国古代传说桃木可以驱鬼，桃梗可以禳恶，桃核可以辟邪。民间多以桃核雕刻，穿孔系挂在身上作为辟邪、保平安之用。在青岛西海岸新区大部分地区，都有把桃核雕刻成篓子的形状，给满月的小孩佩戴以辟邪的传统。

西海岸核雕制作由来已久。原胶南南乡有小孩满月佩戴用桃核雕刻的桃篓辟邪的风俗，核雕艺人管洪刚的曾祖父、祖父、父亲都曾经在农闲时用桃核雕刻桃篓售卖以补贴家用。到了管洪刚这一代，创新核雕的内容和形式，借鉴了潍坊核雕的题材和创作手法，核雕工艺品种多样，花色丰富多彩，并在传统题材的基础上探求多形式、多题材的核雕作品，随着时代的进步赋予核雕作品新的时代精神与美学意义。

西海岸核雕的制作过程主要包括选料、设计构图、打坯、精雕、打

核雕作品——《荷塘月色》

磨抛光和过浆保养。主要选用青州蜜、永莲蜜、寒露蜜等蜜桃品种的质地坚硬、纹理清晰的桃核。作品的设计与构图根据桃核的形状和纹理进行，然后对材料进行打坯整形、精雕。在雕刻的过程中需交替使用不同刀具，在大致轮廓及主要部分雕刻完成后，用粗砂纸将刀痕磨掉，用圆口刀及斜口刀完善作品的细部。打磨抛光后，用橄榄油、毛刷等进行盘玩，不断进行过浆保养。

核雕制作中采用雕、镂、镌、铧、凿、钻等技法在桃核上雕刻，往往周身施刻，布局系统、周密而严谨，刀法畅快利落，形象刻画入微，生动而无雕琢之迹，可谓体微艺精，出神入化，赢得“鬼工神技”之誉。

西海岸核雕的主要作品一类是生活、礼仪用品，比如桃篓，用作小孩满月手串，以祈求辟邪求吉；小鞋，用于老者旱烟口袋的绳坠，有和谐寓意；十二生肖、十八罗汉等。第二类是满足人们审美需求的美术工艺品，比如与传统文化相结合有着美好寓意的工艺品瓜瓞绵绵、松鹤延年、鲤跃龙门等，还有创新的作品如《荷塘月色》《凤穿牡丹》等。

核雕作品一是用来辟邪、驱灾、求吉的民俗物品，如桃篓、神像、十二生肖等；二是各色美术作品，如各色人物、花鸟、兽虫、山水、舟船、楼阁等形象和文字。核雕有佩挂、扇坠、念珠、耳环、手串、纽扣、印章等诸多品种。创作时多因材施艺，充分利用桃核的自然形态和纹理来构造物象，形象刻画栩栩如生，有着极高的艺术价值。

2019年，西海岸核雕被列入青岛市黄岛区区级非物质文化遗产名录。

## 非物质文化遗产代表性传承人

### 管洪刚

管洪刚（右）在传承核雕

管洪刚，号山久，男，1979年12月生，汉族，初中学历，山东青岛市人，于2019年12月被评为西海岸核雕项目区级非物质文化遗产传承人。中国工艺美术协会会员、中国工艺美术学会会员、山东省工艺美术协会会员、青岛市工艺美术大师、青岛市工艺美术协会会员、青岛市手工艺协会理事、青岛市手工艺协会西海岸新区分会副会长。

自幼喜欢艺术，受曾祖父、祖父、父亲的影响，多年潜心钻研核雕等雕刻工艺，借鉴了潍坊核雕的题材和创作手法，相互融合，创作出多种题材和新颖的核雕作品。现有徒弟吴刚、管昶涵、赵恒晨。

2021年5月，在济南市舜耕国际会展中心，作品《逝去的童年》在2021第十三届中国（山东）工艺美术博览会“荷花杯”山东省工艺美术设计创新大赛中获金奖。

# 孙氏金银箔镂胜技艺

孙氏金银箔镂胜技艺是选取金箔、银箔等适宜镂雕的贵金属箔片，以特制的刀具技法精细镂雕的加工技艺。

孙氏金银箔镂胜技艺于20世纪初孙福山创立于青岛市区，后孙氏金银箔镂胜技艺第三代传承人孙健大学毕业后，也在青岛市（西海岸新区、城阳区）传承发展家传技艺，故青岛市是孙氏金银箔镂胜技艺分布的核心区域。

孙氏金银箔镂胜技艺创立者孙福山在20世纪曾两度受聘于沈阳萃华金店，故而沈阳市历史上曾经是孙氏金银箔镂胜技艺的辐射区域。

2017年以来，随着孙氏金银箔镂胜作品被中共中央对外联络部确定为“一带一路”文化国礼，以及国内社会各阶层通过参观各种工艺美

镂雕作品《征程》

术博览会和参观镂胜艺术作品展厅等渠道，对镂胜技艺逐渐了解认知，近年来孙氏金银箔镂胜技艺在国内外有了一定的影响。

孙氏金银箔镂胜技艺是在传统镂胜技艺基础上，于 20 世纪初创立的贵金属镂雕技艺。生于清同治九年（1870）的孙贵发是一名银匠，以做首饰精美而称誉即墨县，他开始用银箔镂雕女性首饰“人胜”，孙氏金银箔镂胜技艺已成雏形。孙贵发儿子孙福山（1902—1971）从小耳濡目染，15 岁到胶澳商埠（青岛）万宝银楼学徒，后把银箔镂雕技艺融入金银首饰加工中，受到了买家的欢迎，孙氏金银箔镂胜技艺至此创立。1927 年，他被沈阳萃华金店聘为金银箔镂胜师直到 1931 年九一八事变。日本占领东三省后，孙福山重回青岛万宝银楼。孙福山用娴熟的平刀、圆刀镂雕技艺镂雕出的金银箔首饰享誉岛城。1946 年，沈阳萃华金店复业后重金聘请孙福山，至此孙家迁居东北。后来孙福山将该技艺传给了儿子孙忠友（1949— ）。第二代传承人孙忠友在镂雕实践中加入了玉婉刀，丰富发展了孙氏金银箔镂胜技艺。

孙氏金银箔镂胜技艺第三代传承人孙健（1975— ）自幼对家传镂胜技艺很感兴趣，9 岁起随父学艺，1994 年考入东北师范大学美术系，系统学习美术知识。2006 年定居青岛，开设青岛镂胜艺术工作室，创新金银箔镂胜技艺，独创了多种镂胜刀法，使孙氏金银箔镂胜技艺刀法达 49 种之多。另外，金银箔镂胜技艺已经能镂雕大尺幅作品，使孙氏金银箔镂胜技艺进入了大发展时期。自 2014 年起孙健创作的金箔镂胜作品两次获泰山文艺奖；2017 年金箔镂胜作品被中共中央对外联络部确定为“一带一路”文化国礼；2018 年金箔镂胜作品获联合国教科文组织世界手工艺理事会徽章认证；2019 年一组（37 幅）金银箔镂胜作品《繁花一路中国梦 · 甲子纳福时代兴》获中国民间文艺“山花奖”入围奖，同年 12 月孙健被破格评为正高级工艺美术师。

近些年来，孙健已培养出 42 名金银箔镂胜技艺学员（其中 3 人为青岛市工艺美术大师，2 人为山东省工艺美术大师，1 人被评为副高级工艺美术师职称），目前第四代孙氏金银箔镂胜技艺传承群体正在形成中，其中以金鋮林、王姝惠、孙若宁三位学员为代表。

孙氏金银箔镂胜技艺所用的工具种类繁杂，有绘制稿子需要的毛笔、宣纸、简易透明操作台、多种刀具以及镂刻时所用的平面雕刻面板、照明紫光灯等。其中镂雕刀具有平刀、圆刀、玉婉刀等。

镂胜刀具分三大类 30 余种：第一类是平刀，刃口呈三角形，因其锋面在左右两侧，锋利集点就在中角上。第二类是圆刀，刃口呈圆弧形，多用于圆形和圆凹痕处，在雕刻传统花卉上也有很大用处，如花叶、花瓣及花枝干的圆面都需用圆刀适形处理。圆刀横向运刀比较省力，对大的起伏、小的变化都能适应。第三类是玉婉刀，刃口介于平刀与圆刀之间，主要用于镂刻载体的凹凸处，使其平滑无痕。型号大的也能用于雕刻大形，有块面感，运用得法，如绘画的笔触效果，显得刚劲有力，生动自然。

2022 年，孙氏金银箔镂胜技艺被列入青岛市黄岛区区级非物质文化遗产名录。

镂雕作品参加展览

## 非物质文化遗产代表性传承人

# 孙健

孙健（左）与澳达利亚友人合影

孙健，男，1975年8月生，汉族，山东青岛人，于2023年2月被评为孙氏金银箔镂胜技艺项目区级非物质文化遗产传承人。正高级工艺美术师、教授，山东省工艺美术高评委专家、联合国教科文组织世界手工艺理事会亚太地区会员、中国民主建国会会员、中国民俗学会会员、中国轻工业联合会企业管理协会常务理事、中国工艺美术协会中青年专业人才委员会委员、中国民间文艺家协会会员、山东省民间手工艺制作大师、山东省工艺美术大师、山东省泰山文艺奖专家库评委、山东省工艺美术协会常务理事、青岛市民间文艺家协会副主席。

孙氏金银箔镂胜技艺在第三代传承人孙健身上得到了大发展，独创金银箔镂胜技艺刀法达49种。2018年11月，金箔镂胜作品《牡丹》获得联合国教科文组织世界手工艺理事会亚太地区杰出手工艺品徽章认证。2019年3月，金箔镂胜作品《花开盛世》被中共中央对外联络部礼宾局选为外事文化国礼荣誉证书。2019年4月30日，丝帛镂胜作品《四季如意 富贵满堂》荣获由山东省工艺美术协会、学会主办的2019第十一届中国（山东）工艺美术博览会精品奖金奖。2019年8月，金箔雕刻镂胜作品《一山一水一圣人、新颜新貌新时代》荣获第十一届山东省政府文艺最高奖泰山文艺奖二等奖。2019 年 11 月，丝帛镂空雕刻作品《四季如意》荣获中国轻工业联合会主办的首届“百鹤杯”工艺美术设计创新大赛“百鹤新锐奖”。2020 年 7 月 12 日，金箔镂胜作品《青铜时代十二樽系列》在中国工艺美术协会主办的第五十五届全国工艺品交易会“金凤凰”创新产品设计大赛中荣获最高奖金奖。2021 年 4 月 28 日，荣获上海星锐工艺美术大师“伯乐奖”。2021 年 5 月，金箔镂胜系列作品《征程》在第十三届中国（山东）工艺美术博览会荣获“荷花杯”山东省工艺美术设计创新大赛金奖。2021 年 5 月 31 日，原创金箔镂胜系列作品《繁荣昌盛》被山东省工艺美术协会、山东省工艺美术学会共同认定为“2020 山东工美年度精品”。2022 年 8 月 1 日，金箔镂胜作品《瓜瓞绵绵　尔昌尔炽》在第十四届中国（山东）工艺美术博览会暨首届“山东手造”精品展荣获“荷花杯”山东省工艺美术设计创新大赛中荣获金奖。

# 胶东花饽饽

胶东花饽饽在黄岛区、城阳棘洪滩街道前海西村及周边村落、市南区区域内流传。黄岛区地处北温带季风区域内，暖温带半湿润大陆性气候，空气湿润，雨量充沛，温度适中，四季分明，有明显的海洋气候特点,具有春寒、夏凉、秋爽、冬暖的气候特征，是花饽饽所需主要原料小麦和各类青菜的主产区。

胶东花饽饽作品

胶东花饽饽主要分布在黄岛区、城阳区、市南区一带，外围辐射到北京、韩国等地。胶东花饽饽的传承主要以家族女性传承为主，它分布的核心区域是黄岛区薛家岛街道、城阳区棘洪滩街道。在历史上，胶东花饽饽的制作主要集中在棘洪滩街道各村落。20 世纪 90 年代以来，传播到黄岛区和市南区等地。保留当地花饽饽制作手艺，吸收威海市文登区花饽饽造型特点，具有鲜明区域特色的胶东花饽饽除了在薛家岛、棘洪滩等街道流传之外，还向西传播到潍坊、淄博，向东传播到青岛市区、烟台、威海，向南传播到江苏，向北传播到北京、东北等地。进入 21 世纪，随着青岛对外交流的日益扩大，胶东花饽饽走出青岛、走出国门，受到了国内外的认可。多次赴国内外重要展会展出，将胶东花饽饽的影响扩展到世界。

制作花饽饽及相关风俗作为中国古老的习俗，至今在中国北方农村仍有广泛表现。据《青岛民俗》记载，“饽饽是逢年过节、祭祖供神和亲友之间礼尚往来的主要食品，花样繁多”。胶东花饽饽是一种古老的民俗用品，是用传统的手工制作技艺，配以各种五彩的面料、造型和装饰品，制作出形式多样、用途广泛、寓意吉祥的饽饽作品。花饽饽被广泛应用于中国不同的历史时期和不同的民俗生活场景，在人生礼仪、岁时节庆、日常生活的多种场合都会有花饽饽的出现，如春节、祭海使用的“圣虫”“枣饽饽”；婚庆寿诞使用的各种喜饽饽、寿桃；新宅用于辟邪求吉的刺猬、发糕等，具有很强的民俗功能。

胶东花饽饽作品

在黄岛区和城阳区，每逢传统节日或人生的重要节点，蒸制花饽饽是少不了的节目。如在春节时制作枣饽饽用以赠送亲友和节日期间食用；在办喜事时多做喜饽饽；在重要节庆日，如祭海等，制作饽饽并在饽饽顶部塑有花、枝、喜鹊、鸳鸯、鱼、虾、蟹、贝等动植物造型，形象逼真，造型美观，富有美好寓意。胶东花饽饽主要作品有“圣虫”、“枣饽饽”、各种小饽饽、春燕饽饽、对虎、寿桃、龙凤呈祥等。

胶东花饽饽已有 100 多年的发展历程。20 世纪以来，王淑元、毕可贵、刘克英、徐爱芹、蔡秉芬等世代传承，将胶东花饽饽制作专门化、种类多样化、商品化，为西海岸新区及周边的百姓提供多样化的民俗生活用品。

胶东花饽饽的历史可追溯到蔡秉芬婆家的太奶奶。蔡秉芬太奶奶为城阳棘洪滩街道人，她跟随自己的母亲学会了花饽饽制作技艺并将之带到自己的婆家前海西村，在前海西村将制作技艺传承给自己的儿媳王淑元（1927— ）；王淑元又将这一技艺传给自己的儿媳刘克英（1950— ）；刘克英将这一技艺传给自己的儿媳蔡秉芬（1974— ）。蔡秉芬出生于威海文登市，她从小习得了威海花饽饽的制作技艺及美好寓意。2000年，嫁到青岛后将文登的花饽饽与青岛的花饽饽制作技艺进行结合，拜高炳义为师，与林荣涛等沟通交流，形成了兼具青岛面塑和威海花饽饽特点的胶东花饽饽，造型艺术更加精美，民俗意蕴更加丰富，使用场景更加多样，被青岛人广泛使用于节日庆典、人生仪礼、各类庆祝等各种生活场合，成为生活中不可或缺的民俗生活用品。

胶东花饽饽的主要种类包括节庆类、婚宴类、寿宴类、祝贺类等，通过使用不同的面粉和辅料颜色、造型等，形成不同类型、不同寓意的花饽饽品种。胶东花饽饽主要用在人们民俗生活的多种场景，人生礼仪、岁时节物和各地习俗，具有很强的民俗实用价值。

胶东花饽饽是青岛市传统民间艺术的当代留存和新生。它反映了人民大众的风俗、信仰、生活、情感，蕴含了中华民族的历史积累和沉淀，是传承历史文化的重要载体和媒介，具有重要的历史价值。它也是民间美术在近现代社会发展变化的一个生动案例，研究其历史及其发展过程，对民俗学、社会学、教育学、宗教学、史学等学科的研究都有重要价值。

2022年，胶东花饽饽被列入青岛市黄岛区区级非物质文化遗产名录。

## 非物质文化遗产代表性传承人

### 蔡秉芬

蔡秉芬，女，1974年3月生，汉族，中共党员，山东威海人，于

蔡秉芬正在制作花饽饽

2022 年 8 月被评为胶东花饽饽项目区级非物质文化遗产传承人。为“秉艺坊”胶东花饽饽创始人、青岛市威海商会监事长。所制作产品曾获亚洲博鳌论坛国宴产品、世界中餐推广大使世界中餐大赛最具特色奖。

传统的地域生活使蔡秉芬从小耳濡目染，习得了威海花饽饽的制作技艺。她参拜名师，个人风格凸显。2000 年，蔡秉芬来到青岛，拜在高炳义门下，并与林荣涛大师、工艺美术大师王军好等沟通交流，形成了兼具青岛面塑和威海花饽饽特点的蔡氏胶东花饽饽风格。创作了《花开富贵中国龙》《富贵吉祥》等一系列的代表作品。2019 年，第二届世界中餐烹饪大赛，作品《花开富贵中国龙》获得最具特色奖；2020 年，荣获同盛源杯第五届国际餐饮文化名厨大师赛“金钻奖”。2022 年，作品《胶东花馍文化》获“能者为师”课程一等奖。

# 孙氏堆绣

孙氏堆绣作品

孙氏堆绣属于鲁绣，由胶州刺绣传承而来。绣线主要为棉线，绣制过程包括设计或选稿、落稿、上绷、染线或配线、手工绣制等环节。孙氏堆绣针法多样，基本针法包括：齐针、套针、打籽、滚针、接针、轮廓绣、锁链绣、菊叶绣、绕针绣等；提高针法有起针绣、立体编织绣、立体刺绣等。针法灵活，综合运用是孙氏堆绣的特色。孙氏堆绣的图案题材主要包括：植物、动物、文字图案、几何图纹等。

根据功能用途，孙氏堆绣分为日用品和欣赏品两类。日用品主要指日常生活中实用的刺绣品，以满足生活消费为目的，以流传在民间的吉祥图案和吉祥文字为刺绣题材，主要刺绣作品如枕套、玩具、包、马甲、肚兜、鞋垫、抱枕、坐垫、衣服等。欣赏品用来陈设和赏玩，以消遣怡情为主要目的，多以立体刺绣花草、半立体刺绣花草、山水、花鸟等题材为主，主要作品如装饰画、仿真画、摆件等。

孙氏堆绣主要分布在山东省青岛市各区市。孙氏堆绣由胶州刺绣传承而来，源头主要是民间刺绣。它流传的核心区域曾经是青岛全境，包括胶南、即墨、黄岛、高密等地。1897 年德国租借青岛后，民间刺绣与外来文化融合，在保持原有的立体刺绣基础上，又产生了独特的堆绣方式，其主要分布在胶州、即墨、青岛主城区等地。进入 21 世纪，孙

孙氏堆绣作品

氏堆绣在青岛西海岸新区得到了较好的传承和传播。

晚清时期陈氏家族从事官油事业，凡族中女子均要刺绣，并传承给后代。后陈氏（生卒年不详）传给侄媳殷氏，殷氏（生年不详—1963）又将技艺传给其女陈氏（1925—2008）。陈氏于 1950 年嫁入胶州市洋河镇石沟村孙家，将技艺传给其儿媳妇单提秀（1956— ），陈氏与单提秀同时将技艺传给单提秀之女孙展平（1981— ）。孙展平依旧坚持传承技艺，并在原有技艺基础上不断与粤、蜀、苏、湘等传统刺绣及西方欧式刺绣、法式刺绣融合创新，使刺绣在完成绣制过程之后可以完全脱离绣布的限制而独立成形，将刺绣最美丽独特的一面展现在大众面前。

从继承延续山东民间刺绣传统到清朝后期与西方审美中西合璧，再到 21 世纪初博采众家之长，根据当地百姓的审美需求绣制具有当地特色的绣品，孙氏堆绣已经经过了 100 多年的发展历程。

2023 年，孙氏堆绣被列入青岛市黄岛区区级非物质文化遗产名录。

# 八 传统技艺

# 胶南泊里红席编织技艺

青岛市黄岛区泊里镇地处山东半岛西南隅，胶州湾畔。南临黄海，北靠藏马山，西邻诸城市、五莲县和日照市，总面积 153.2 平方千米，交通四通八达，1949 年前为藏马县城。属北温带季风气候，四季分明、春迟秋爽、夏无酷暑、冬少严寒，地处滨海低山丘陵区，非常适宜红席编织原材料高粱秆的生长和保存。

泊里红席制作

泊里红席编织技艺遍及黄岛区泊里镇、理务关镇、大场镇等 10 多个乡镇的 200 多个村庄，以泊里镇最为集中。

据史料记载，编织红席始于春秋战国时期，距今已有 2000 多年历史。传说，战国时期孙膑遭庞涓陷害，流浪并寓居于泊里一带，生活穷困、身无长物，便用当地老百姓广泛种植的农作物高粱的秸秆，亦称秫秸，劈成篾子，编成席子做炕当被。秫秸原本为白色，因为孙膑膝伤未愈，编席时鲜血滴在席子上顺着席子的纹理流淌，便形成了席子红白相间的颜色。当地百姓为了纪念孙膑这位战国时期最伟大的军事家、思想家，便按孙膑的方法编席铺在炕上，并给这个席子取了一个好听的名字“红席”。编织红席的手艺和在炕上铺席的风俗从那时起便在泊里一带流传开来，世代相袭，一直传承到今天，孙膑也就成为当地席匠心目中尊崇的祖师爷。

由于红席的颜色红白相间、色泽鲜艳喜庆，在炕上铺上一领红席驱凶避邪，逐渐演变为当地百姓婚庆嫁娶、欢度年节的一种风俗习惯。19 世纪中叶起，泊里镇的泊里大集成为方圆百里最大的集贸市场，附近百姓多在泊里大集上购买红席，泊里大集也逐渐成为著名的红席集散中心。

赶集卖红席的老人

中华人民共和国成立初期，泊里红席曾作为本地土特产品，进京参加过展览。20 世纪 80 年代，原胶南县在泊里镇建立了红席专业批发市场。泊里红席也成为青岛民间工艺品的代表。

红席的销售旺季集中在春节前几个月。在泊里，几乎家家户户都有在炕上铺红席的习俗，“炕上没有席，脸上没有皮”。无论娶媳妇，还是过春节，泊里红席在当地常常是亲戚朋友间互相赠送的高档礼品。

泊里红席是用高粱秸秆去根、剔梢、捆坯子、破刮篾子、编隔子等 20 多道工序交叉编织而成。红席编织技术流程为：泡坯子，将打好捆的高粱秆放入水中浸泡 8 小时左右；破坯子，将高粱秆均匀地破成 0.5cm 左右宽的篾子；刮篾子，将篾子里面的瓤刮净、刮平，直至平滑、光亮；挑篾子，挑选细长且粗细一致的好篾子；熏白篾子，将白篾子蜷缩放入泥罐中，点上硫黄熏 6 小时左右；起席头，用比席子宽度长 40cm 左右的篾子起头；编席里，席里的编织大多采用平纹编织的手法，以经纬为基础，按照一定规律挑上压下，构成花纹；编席格，送席边，用剪子把长出的篾子剪去，将茬口修齐，然后将席子翻转，用力将长出的篾片翻过来，依次插入席面；贮存，用塑料薄膜包好，以防褪色、变暗。

2009年，胶南泊里红席编织技艺被列入山东省省级非物质文化遗产名录。

## 非物质文化遗产代表性传承人

### 毛增昌

毛增昌，男，1948年8月生，汉族，山东青岛人，胶南泊里红席编制技艺区级非物质文化遗产传承人。

毛增昌正在编织红席

他自6岁开始跟随父亲毛进祈学习编席技艺，小学毕业回家务农后，便利用业余时间专心研习编席技术，自己摸索出了一套独特的编席技巧。2008年，积极响应成为泊里镇红席专业合作社一员。

其红席编制技艺师承父亲毛进祈，属于家族传承。编制的红席席面色泽鲜艳、明亮，纹理平直、均匀。席面手感光滑，没有断秸、断筋、断边的毛病，也无白梢、结疤等缺陷，编织紧密，整个席面没有松紧不匀的现象。

2008年10月，参加泊里镇举办的红席编制大赛活动，获得二等奖。2015年3月被评为胶南泊里红席编制技艺项目区级非物质文化遗产传承人。

# 耿方德

耿方德，男，1957 年 1 月生，汉族，山东青岛人，胶南泊里红席编制技艺区级非物质文化遗产传承人。

耿方德的泊里红席编制技艺是传承于其父亲耿郁贞，属于家族传承。自 7 岁开始跟随父亲耿郁贞学习编席技艺，小学毕业回家务农后，便利用业余时间专心研习编席技术，自己摸索出了一套独特的编席技巧。2008 年，积极响应成为泊里镇红席专业合作社一员，为泊里红席的传承和推广尽自己的一份力。

2008 年 10 月，参加泊里镇举办的红席编制大赛活动，获得二等奖。2015 年 3 月被评为胶南泊里红席编制技艺区级非物质文化遗产传承人。

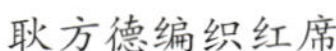
耿方德编织红席

# 琅琊酿酒工艺

青岛市黄岛区依山傍海，风景优美，自然资源丰富，北温带季风气候区，气候常年宜人。适合农作物的种植生长，盛产小麦、玉米、花生、大豆、薯类等农作物；本地还盛产苹果、桃子、蓝莓、草莓等优质果品，以及各种蔬菜。为生物产业的发展提供了得天独厚的条件，也为酿酒业提供了优良的条件。

工人装甑

传统的琅琊酿酒工艺，开始分布于黄岛区内的琅琊、泊里等南半部乡镇及黄岛城区，以后逐步扩大至黄岛区各地。古代的琅琊地区分布着众多的酒坊，1949 年后酒坊逐步整合。现在的主产区位于黄岛城区的青岛琅琊台集团有限公司。

琅琊酿酒工艺的历史可以追溯到 2000 年前，其发展始于春秋战国，兴盛于秦汉，鼎盛于唐宋。当地传说，越王勾践历尽千辛万苦，终于打败了吴国。为了称霸中原，他于公元前 472 年迁都琅琊，并将吴越酿酒的方法引入琅琊。琅琊地理环境优越，粮丰果茂，取琅琊山泉之水酿制成酒，酿造品质特别好，因此他将该酒命名为“琅琊春”。也有传说，秦始皇统一六国后，三次登上琅琊台，方士徐福上书秦始皇，寻求长生不老的仙药，同时献上自己用祖传技艺酿造的美酒，秦始皇大加赞赏，并为酒取名为“琅琊御酒”。此后，酿酒师们不断改进酿酒技艺，使琅琊台酒逐渐形成了自己独特的风格。唐宋时期，琅琊台酒完成了由米酒、水酒向蒸馏酒的转变，带来了琅琊台酒的一次革命，促进了古代琅琊酿酒业的繁荣。

2000多年来，传统的琅琊酿造技术一直在当地流传。1949年后，琅琊酿酒技艺得到了飞速发展。1958年，党和政府重点发展当地传统产业，挖掘古老的琅琊酿造技术。

琅琊台酿酒工艺的核心是传统“老五甑”工艺，以高粱、小麦、大米、糯米、玉米等粮食为原料，采用泥池发酵、混蒸混烧的技术。这是中国独特固态发酵蒸馏酒的实用传承，是千年酒文化与劳动人民智慧的完美结合。

传统的老五甑生产工艺是续渣配料的典型操作方法，以班组为单位，每个班组将所投入的糁、辅料按比例分成3份，再与酒醅配料，配料方式是窖池酒醅自上而下，先起面糟（蒸酒后作为扔糟）再起回渣、三渣、大渣、二渣，分别蒸酒后自窖池底部依次入大渣、二渣、三渣、回渣，然后封窖，整个操作用五甑蒸馏，称为老五甑操作法。

辨别发酵后的酒醅质量

琅琊酿酒工艺的主要特征如下：完全继承传统“老五甑”工艺，全部采用手工操作，力求精工细作、精益求精；酿造过程追求天然，酒曲自然作用，酒醅自然发酵，酒液自然老熟；酿酒工艺独特，分层蒸馏、分段接酒、分级贮存；工艺讲求稳、准、细、净，具有窖香浓郁、绵甜甘洌、落口爽净、回味悠长的独特个性。

琅琊酿酒工艺历史悠久，是2000年来劳动人民智慧的结晶，是中国独特固态发酵法蒸馏酒的现实传承。琅琊酿酒工艺的演变反映了中国酿酒工艺的发展历程，对研究中国春秋战国及秦代的社会历史及经济发展具有重要的价值。

琅琊台酒厂建厂以后，合并了原有的作坊，对传统生产工艺进行了整理和发掘，促进了琅琊酿酒技术的传承，品种产量都发生了巨大变化。琅琊台酒先后被评为青岛名牌、山东名牌，2006年，琅琊台酒被认定为中国驰名商标。琅琊酿酒工艺有了很好的保存和发展。

2015年，琅琊酿酒工艺被列入山东省省级非物质文化遗产名录。

## 非物质文化遗产代表性传承人

### 晁进福

晁进福，男，1972年1月生，汉族，中共党员，大专学历，山东青岛人。1993年毕业于青岛第一轻工业学校工业发酵专业，为青岛琅琊台集团总工程师、国家级白酒评委、一级品酒师、一级酿酒师、琅琊酿酒工艺市级非物质文化遗产传承人。

于1993年7月进入青岛琅琊台集团工作，师承卢清泽从事白酒酿造工作多年。凭借自身的专业理论知识在实践中不断丰富经验，传承和发展琅琊酿造工艺，创新研发出琅琊香型白酒，还主持起草编制、备案了超高度琅琊台酒、超低度琅琊台酒、琅琊香型白酒等一系列企业技术

晁进福查看大曲质量

标准。在近 30 年的工作中，充分发挥自己的专业特长，结合生产实际，创造了一系列先进的工艺操作法，取得了多项技术成果和专利，培养出了大批技术人才，推动了公司产品质量的不断提高，为公司创造了非常可观的经济效益。公司专门成立“晁进福白酒大师工作室”，工作室积极发挥传帮带作用，悉心指导，通过言传身教，先后培养出国家一级品酒师 3 名，省级白酒评委 5 名，国家一、二级酿酒师共 20 余名，公司内部评酒员 20 余名，累计系统培训白酒酿造工 300 余名。

## 卢清泽

卢清泽参加重要活动留影

卢清泽，男，1941 年 12 月生，汉族，中共党员，山东青岛人。琅琊酿酒工艺区级非物质文化遗产传承人。

1958 年进入酒厂工作、1963 年拜仉玉亭为师，1968 年担任酒厂副厂长、分管酿酒车间等工作、2001 年退休。2002 年，被琅琊台集团聘为文化顾问，主要从事文化传播活动，传授酿酒技艺。

# 麦草画手工技艺

青岛市黄岛区泊里地区麦草画历史悠久，据传来源于老百姓对麦草（小麦）的崇拜心理。传说在东汉时期，汉光武帝刘秀被王莽追杀，无奈藏于麦田中，叛军踩平麦田穷搜无果而去，刘秀逃过一劫，从此人们视麦草为神圣之物，逐渐开始制作麦草画进贡朝廷，被朝廷视为艺术珍品。小麦也是我国农耕文明的重要组成部分，象征着和平与丰收，承载了劳动人民勤劳的精神品质。

麦草画也被称为麦秸画、麦贴画、麦秆画，是指利用小麦麦秆进行艺术创作的工艺形式。常见的麦草画多是平面造型，也有浮雕等工艺的创新形式。画面颜色主要以自然色（原色）为主，或根据画面布局，添加少量人工染色材料。麦草画汲取了国画、油画、版画、烙画、水彩、剪纸、雕刻、书法等技巧，题材广泛丰富，画面生动立体、富有层次感。

麦草画的制作工艺非常复杂，首先选料、剖展，把原材料加工成作画的平面状材料，再依据作画材料尺寸长短、纹理（横竖）等进行构图处理。其中烙烫环节最为关键，根据图案要求熨烙各部分小件，处理画面的明暗关系，以表现画面颜色深浅浓淡的变化及自然过渡。这一工序非常重要，如果其中一小件处理不好，将导致全图不协调，甚至整幅画作废。麦草画的整个制作流程包括雕刻、手绘、分解、叠加、贴件等 40 多道工艺，既考验创作者的设计构图，又考验创作者的制作水准，从构思到成品，每一步骤环环相扣。

麦草画手工技艺在创作题材上也寻求突破，山水画率先突破传统难题，推出了麦草画《长城图》。画面烙烫技术国内领先，其优秀代表作品为《八骏图》。创作的《五牛图》于 2011 年进入北京中华民族艺术

麦草画作品《清明上河图》

珍品馆，入围国礼。

从创作形式来看，麦草画不同于国画油画等传统绘画工艺，以麦草为原料，使用烙铁、火炉、剪刀、裁刀、镊子、装裱器具等工具辅助完成。成品突出了麦草本身的颜色与质感，具有古色古香的氛围，这也是其他绘画作品所不能取代的。受制于麦草本身的硬度，麦草画在创作线条、云、山峰等形态时，具有更高的难度。这也意味着麦草画的创作，必须结合麦草的特性，做到扬长避短。

泊里麦草画注重传承发展，举办走进校园活动

泊里麦草画手工技艺于2020年被列入山东省省级非物质文化遗产名录。

## 非物质文化遗产代表性传承人

# 许加梓

非物质文化遗产户，许加梓，男，1968 年 10 月生，汉族，中专学历，山东青岛人。2018 年，入选区级传承人，2019 年 5 月被黄岛区人民政府授予“民间传统技艺人才”称号。2022 年被评选为青岛市级非物质文化遗产传承人。

许加梓自幼跟父亲学习麦草画技艺。1992 年 7 月，许加梓毕业于泰安农学院，被分配到泊里镇政府工作；2008 年，因工作需要，许加梓专门从事麦草画传承经营工作。在多年的学习和工作中，他掌握了娴熟的制作技艺。专业从事麦草画的传承和保护工作后，在继承传统技艺的基础上，大胆吸收了外地先进工艺，借鉴了剪纸、版画、油画和烙画等技艺的成功经验，将切丝工艺运用于麦草画的制作工艺中，使作品图案更加细腻、逼真。近些年来，许加梓的麦草画工坊创作了不计其数的

许加梓创作麦草画

作品。其经典代表作品有《清明上河图》《水浒 108 将》《五牛图》《牡丹》《雄鸡》等。多年来经常为社会待业妇女及校园大中小学生开展麦草画技艺传习活动。

荣获 2019 年度“乡村振兴工作先进个人”称号。获得 2020 年“最美泊里人”等多项荣誉称号。2022 年麦草画入选“山东手造·优选 100”；2022 年受邀参加央视 CCTV 节目并入选大国创新栏目。

## 丁锡森

丁锡森，男，1954 年 3 月生，汉族，山东青岛人，2016 年 8 月被评为区级非物质文化遗产麦草画手工技艺项目代表性传承人。现于青岛秦汉文化发展有限公司从事麦草画的制作和研发工作。

丁锡森创作麦草画

丁锡森于 1967 年开始跟随许世言学习麦草画手工技艺，在继承先人制作技艺的基础上，大胆吸收了国画、版画、烙画、剪纸等诸多艺术表现手法，巧妙利用切丝工艺，赋予画面典雅、立体感强、不褪色、质感厚重的特点。采取拜师带徒的方式培养丁德卿，使之成为麦草画制作的骨干匠人。

# 泊里烧肉

青岛市黄岛区的泊里烧肉因口味独特、香气浓郁、肥而不腻，深受群众欢迎。最初遍及黄岛区泊里镇驻地 4 个村庄（河东、河西、河南、河北），泊里烧肉制品已由初期的乡镇发展到黄岛区城区。

售卖中的泊里烧肉

泊里烧肉在清光绪年间是一道名吃，它在五代人中传承了近 120 年。第一代传承人叫张德福，他年轻时是高密一带烧肉铺学徒，结识了密州府的大厨王清远，绰号磨棍（1943 年故于泊里），张德福自幼学习厨艺，配得秘制配方，烧得一手好东坡肉。两人因生意上接触成为至交，后结拜金兰。张德福在泊里创立了第一家以经营熟食制品为主的商号——“昌德斋”。

经历了第二代传人张文田的传承后，泊里烧肉远近闻名。中华人民共和国成立前，第三代传人张金宝的“流动盒子烧肉铺”，只能沿街叫卖。1945 年 12 月，泊里解放，在党的保护私营工商业政策的扶持下，他的“流动盒子烧肉铺”铺号改为“泊里张家烧肉铺”。1995 年，昌德斋第四代传人张华君子承父业。张华君曾就职泊里食品站从事屠宰和熟食品加工。1978 年，把张记“昌德斋”熟食制品泊里烧肉重新推向市场——泊里大集，后来在胶南商城开设了一家店铺，生意由乡镇发展到城市。2009 年，作为泊里饮食特色之一参加了“胶南市首届美食节”，深受广大群众好评。2012 年，张华君创建了胶南昌德斋熟食店，第五

泊里烧肉售卖

代传承人张乐平在张华君的带领下注册了泊里烧肉商标，把烧肉以礼盒等各种形式远销国内外，泊里烧肉的规模越来越大。

泊里烧肉是一种传统美食，其主要特征是经过洗、煮、熏、烤等多道工序加工而成的纯手工制品。经对椿肉除毛、拔毛、漂洗、劈半、除杂、配料、水煮、剔骨、料煮、烧烤上色等环节，才能正式出锅。烧制过程中，入料是最为关键的环节，秘方里含有藏马山菇等料味达几十种之多，不乏 20 多种中草药物，以达到补虚、滋阴、养血、润燥营养均衡的目的。色泽红润、香糯浓醇、咸甜适度、肉质细腻，泊里烧肉具有口味独特，香气迷人，肥而不腻，营养丰富等特征。以热食为最佳，而凉后的肉食，经切制拼盘，调以葱蒜酱汁儿，口感也别有风味。更有辅以香葱卷于薄饼内的吃法，蘸以甜酱，味道更佳。

2015 年，泊里烧肉被列入青岛市市级非物质文化遗产名录。

## 非物质文化遗产代表性传承人

# 张华亭

张华亭，男，1958 年生，山东青岛人，家庭自祖辈起就经营泊里烧肉的传统作坊，耳濡目染中对这一祖传技艺情有独钟。20 世纪 70 年代，张华亭高中毕业后掌握了父亲传下来的制作泊里烧肉的技艺。泊里人民公社成立副业门市部后，张华亭的父亲进入这个镇办副业车间，专门从事烧肉加工，并培养张华亭掌握技艺。

改革开放后，张华亭也开始从事这一行业，并在镇驻地开设门市，对外销售。通过祖传秘方和自己研制，“张家烧肉”逐渐成为人民喜爱的美食之一，张华亭也收获了第一桶金。2015 年，张华亭获批黄岛区“非物质文化遗产代表性传承人”后，积极培养学徒工，并把自己 2 名女婿培养成助手，使泊里烧肉非遗传承进一步发扬光大。

张华亭正在制作泊里烧肉

# 瓮城烧鸡制作技艺

瓮城烧鸡

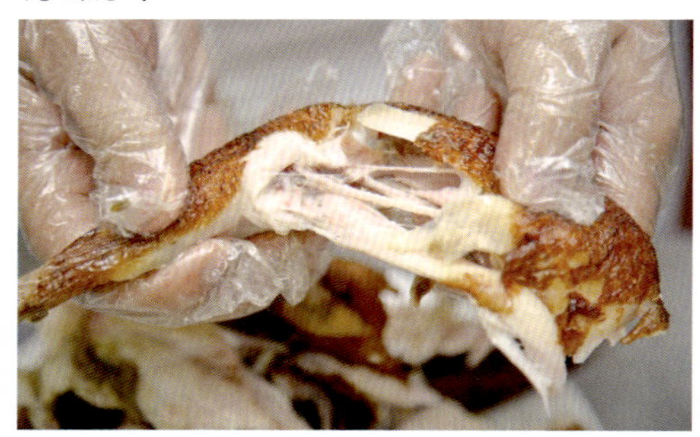
瓮城烧鸡滋味鲜美，香气馥郁

瓮城烧鸡选用产自琅琊散养的小公鸡，制作技艺的源头为明朝晚期灵山卫瓮城下林家秘制烧鸡技艺，其烹饪技艺独特，属于林家祖祖辈辈传男不传女的技艺，至今已有400多年传承史。

瓮城烧鸡制作技艺一直用2.5斤左右的当年琅琊小公鸡为主材，精选四川清溪镇花椒、广西梧州八角、海南优质香叶、山西小茴香、广东韶关干香菇，白芷则选用川白芷或杭白芷等作料秘制而成。

2021年瓮城烧鸡被列入青岛市市级非物质文化遗产名录。

## 非物质文化遗产代表性传承人

# 林蓬勃

林蓬勃，男，1976 年 10 月生，汉族，中国海洋大学 EMBA 毕业，山东青岛人，于 2022 年 10 月被评为瓮城烧鸡制作技艺项目市级非物质文化遗产传承人，瓮城烧鸡制作技艺第五代传承人。

林蓬勃自幼在父亲林玉章的耳提面命下，认真学习家传的瓮城烧鸡制作技艺，1994 年林蓬勃进入厨师行业后，为了进一步传承保护这一家族传承的技艺，他深入研究如何在保持传统瓮城烧鸡制作技艺的基础

林蓬勃正在操作烧鸡主材

上，借助现代化厨房设备进行开发性传承。2006 年注册成立了青岛经济技术开发区都源海鲜食府，把保护传承瓮城烧鸡制作技艺作为头等大事来抓。2012 年 5 月注册成立了青岛都源餐饮管理有限公司，并在公司内组建了以林蓬勃为组长，包括刘进、桑栋梁、林学茂等成员的传承人梯队，每年拿出 6 万元专项资金传承保护这一技艺。2018 年 1 月注册成立了青岛海卫都源餐饮管理有限公司，作为保护瓮城烧鸡的专业单位。

瓮城烧鸡制作技艺源头可追溯到明代。明嘉靖年间，灵山卫守城将士在瓮城全歼入侵倭寇。灵山卫林家赶制烧鸡犒赏将士，自此林家烧鸡被称作“瓮城烧鸡”。数百年来，瓮城烧鸡制作技艺一直是灵山卫林氏家传技艺。林蓬勃作为第五代传承人，严格按照家传瓮城烧鸡制作技艺标准制作瓮城烧鸡：一是选料精把关严；二是独特的制作技艺；三是制作技艺代代相传。他还大力鼓励带徒传艺，对认真学习瓮城烧鸡制作技艺的员工给予奖励，为培育第六代瓮城烧鸡制作技艺传承群体打下了基础。

# 藏南钩编工艺

藏马镇隶属于山东省青岛市黄岛区，地处黄岛区西南部，南靠泊里镇、琅琊镇，西与大村镇相连，东北与张家楼街道相接。

黄岛区藏南钩编工艺发源于明代初年，距今已有500多年历史。初期是在藏马山区域横河流域居住的百姓因为生活需要而采集藏马山上的野草和横河岸边的芦苇编织成篓子、筐、蒲团等生活用具。随着历史的传承和钩编技艺的发展，逐渐形成一种具有独特魅力和地域代表性的文化产品。

在500多年的传承中，形成了多种基本针法和上千种花样，利用针

藏南钩编工艺品

钩编的艺人

法的不同组合，花形图案日趋丰富，制品花色不断翻新，具有立体镂空的艺术效果，既实用又有欣赏价值，在国际市场上享有盛誉。

原料采用便于取材的柳条、秸秆、玉米皮、蒲草纤维等十几种植物秸秆和茎叶，富有弹性，极易编织，又具有天然黄白、紫红对比鲜明光亮的色彩， 富有天然野趣。在工艺上，通过运用平编、细编、网编、方眼编、长编等多种技法，编织成丰富多彩的花纹和造型。

2008 年，藏南钩编工艺被列入青岛市黄岛区区级非物质文化遗产名录。

## 非物质文化遗产代表性传承人

# 石秀芹

石秀芹制作藏南钩编作品

石秀芹，女，1962年10月生，山东青岛人，藏南钩编工艺区级非物质文化遗产传承人。

石秀芹发扬匠人精神，不断地在钩编作品上进行创新和点缀，设计出新的样式和花色。使用绿色环保材料编织成造型各异的凉帽、精美大方的背包和手袋、织工细致的茶具，琳琅满目的藏南钩编已成为新区文化版图上颇具地域特色的文化产品。

钩编工艺门槛低、可学性强，可以不出家门不离乡，又没有年龄学历限制。石秀芹为留守家庭妇女免费传授钩编技能，已带领藏马镇及周边镇街几十个村庄1000余名姐妹从事钩编工作，解决了农村留守妇女就业问题，让她们坐在家里就可以实现就业创收，带领她们走上了致富道路。她的创业基地被区妇联评为“巾帼创业示范基地”。藏南钩编也成为新农村建设农民创业增收的一道亮丽的风景线。

为做好藏南钩编非遗传承，她积极参加各类宣传活动。开办藏南钩编课堂宣传，助力非遗传承。近年来，石秀芹先后获评新区“最美非遗传承人”等荣誉称号。先后参加新区惠民文化展、台儿庄非遗展览会、农村产品展销、杜鹃花开幕式、琅琊台景区展览等宣传活动。

# 海青绿茶种植加工技艺

海青茶原属安徽省黄山市祁门楮叶群体品种之一。1966 年，原胶南施行“南茶北移、南竹北引”，海青茶由青岛市黄岛区海青镇自安徽引进，为江北生长时间最久、面积最大的绿茶基地。现为青岛市农业精品工程之一，国家级无公害茶园基地。

海青镇自然条件优越，生态环境良好，东临黄海，属暖温带湿润季风气候，光照充足，雨量充沛。境内山地丘陵土壤呈微酸性，属黄棕壤土，含有丰富的有机质和微量元素，土壤颗粒较均匀，黏粒含量低，非常适宜茶叶生长。由于地处高纬度，海青茶树越冬期比南方长一两个月，昼夜温差大，利于内含物的积累，茶叶含有丰富的维生素、矿物质和对人体有用的微量元素。优越的沿海气候条件和优良的环境，孕育了海青绿茶叶片厚、滋味浓、豌豆香、耐冲泡的独特品质。

海青茶加工技艺之炒茶

从造型上看，海青绿茶大体分扁平形、卷曲条形两种。扁平形茶的品质特点是：成茶外形扁平光滑，挺直似剑锋，色泽绿润，滋味醇厚，香气高，汤色黄绿明亮，叶底匀嫩。代表产品有：海青峰、炳运茶王、云珠悬针等。卷曲条形茶的品质特点是：成茶色泽翠绿、条索细紧，白毫显露，茶叶香气高爽持久，滋味鲜嫩醇厚，汤色黄绿明亮，叶底柔嫩匀整。海青绿茶叶系列品种中的高档精品海青峰，外观玲珑秀拔，似峰非峰、似剑非剑，碧玉披霜、青峰闪闪，冲泡之黄绿透亮，色泽极佳；品尝之香郁味甘，回味悠长。

海青绿茶的加工技艺有 5 个要点：

鲜叶要求：采用无性系多毫品种鲜叶，如福鼎大白、茂绿等品种，芽头肥壮，满披白毫，鲜叶级别为单芽，最老至一芽一叶初展。鲜叶原料要求芽叶大小均匀，不能采碎、不带蒂头，保持新鲜、清洁。盛装和贮运鲜叶的器具采用清洁、通风性能良好的竹编茶篮或篓筐。鲜叶采摘后及时验收、分级、摊青，防止鲜叶发热变红。在 4 小时内送往加工厂，避免日晒雨淋，并不得与有异味、有毒的物品混装。运输中要求轻放、轻翻、禁压。

摊青处理：适当摊青有利于散失水分，挥发低沸点的芳香物质，使高沸点的芳香物质显露，促使青草味转化为清香，增进香气和滋味。工具采用竹制篾簟，摊叶厚度 2—3 厘米，一般不超过 5 厘米。摊放场所要求清洁卫生、阴凉通风。摊放时间一般 4—8 小时，其间翻拌 1—2 次，动作要轻，以防芽叶损伤。摊放程度一般以芽叶含水量 70% 左右为宜，此时青草气基本消失，清香或花果香显露。

高温杀青：杀青是进一步减少水分，便于做形，制止多酚氧化，保持绿茶清汤绿叶品质的关键工序。

摊晾回潮：一方面使水分向干叶部分回潮，保持含水均匀，另一方面迅速降低叶温，防止杀青叶红变，保持绿色。杀青叶用竹匾薄摊，厚度不超过 10 厘米，时间 5—10 分钟，有条件的地区可以用风扇送冷风，

人工采茶

帮助降低叶表面温度，防止叶梗红变，散发水分，提高清香，便于做形。

加工做形：主要包含两大工序，一个是理条，促进条索直、紧、细，另一个是搓条提毫，进一步固定外形。

2008 年，海青绿茶种植加工技艺被列入青岛市黄岛区区级非物质文化遗产名录。

## 非物质文化遗产代表性传承人

# 殷丙运

殷丙运（左）在传授传统手工制茶工艺

殷丙运，男，1963 年 1 月生，山东黄岛区人，海青绿茶种植加工技艺区级非物质文化遗产传承人。

1993 年成立胶南市海青镇炳运茶厂，后更名为青岛海青炳运茶厂，主要以茶叶种植、加工、销售为主。1997 年以个人肖像正式注册“炳运”茶叶品牌。多次前往杭州茶叶研究所学习，考取中级评茶师，通过不断学习继承和发扬了传统茶叶加工工艺，有 30 余年的手工制茶经验。其研制培育的炳运茶王、精品龙、炳运春等茶种香似清谷幽兰，茶汤清澈，耐冲泡，深得消费者喜爱。

1956 年实施南茶北移、南竹北引，原胶南海青镇自安徽引进茶种，定名为“海青茶”。“家父殷术全就是最早的海青茶人，参与了全部的引育、种植、炒制和创新的先驱，见证了青岛茶叶发展的历史。小时候的我，放学后跟父亲泡在茶园里，疏枝、采茶、松土、沤肥……那时候没有电炒锅，父亲手把手教我控制火候，怎么杀青、怎么炒青。”1980 年，殷丙运在父亲带领下经营起“东蔡家茶厂”，开创了海青茶个体加工的先河，秉承传统炒青、烘青技艺。1996 年，前往浙江、安徽，学习了西湖龙井、碧螺春、毛尖、毛峰等茶叶品种的加工工艺和炒制方法，跟随当地的工艺大师精研技法、深钻精髓，学成了南北方兼备的手艺。回来后，结合学习经验，创制出了“炳运精品龙”。

炒制的精品龙、炳运春等品种多次荣获国家级“中茶杯”评选特等奖和一等奖；连续三届被评为“青岛十大名茶”，获青岛国际名优茶评比“金奖”；获得“青岛市消费者放心满意产品”。

## 李传村

李传村，男，1954 年 1 月生，山东青岛人，海青绿茶种植加工技艺区级代表性传承人，2019 年度青岛西海岸新区“最美非遗传承人”。

于 1990 年拜师同村老炒茶师傅，在还是属于村集体的茶厂里每天跟着师傅学习炒作海青绿茶，去杭州“龙井”和安徽“毛峰”等原产地学习名茶的炒制技术，以积累和提高炒制名茶技艺和水平。

拜师台湾炒茶技师，研发了具有北方特色的红茶，既填补了黄岛区红茶和乌龙茶的空白，又彻底解决了夏季茶销售难的问题，给茶农每亩增收 1500 多元。为引进茶叶新品种，他带领茶叶科技团队跑湖

李传村在生产车间观察茶鲜叶摊晾情况

南考察选购“碧香早”绿茶品种，到浙江选购适合炒制红茶的品种“紫鹃”。先在基地栽培、试验、示范，观察长势特点是否适合北方种植，为茶农老茶园改造，更换新品种，提高了经济收入，增强了北方茶的市场竞争力。

他主持制定了“青岛红茶生产技术规程”，同时参与了青岛绿茶标准研究与制定，建立了青岛市特色球形红茶研发专家工作站，对青岛市特色球形红茶进行了研究与开发；组织成立了“碧雪春茶叶专业合作社”；建立了“公司 + 基地 + 合作社组织 + 农户”的产业化模式；确保大批量优质级鲜茶供给，帮助茶农加工销售鲜茶叶，带领茶农共同致富。

通过 30 多年的学习和实践，形成了自己的制茶技艺和风格。他不仅自己做茶，还把海青绿茶技艺传承给女儿、儿子、女婿。每年茶季，都会敞开茶厂的大门，迎接并教授各地慕名而来学习制作的爱茶人。

# 胶河大白菜种植技艺

胶河大白菜种植园

青岛市黄岛区六汪镇西邻诸城市，北接胶州市，地势南高北低，丘陵占镇域总面积的80%。胶河自南部入境，北流入胶州，沿河有少量平原。当地属季风性气候，年平均气温 12℃，日照时数平均 2500 小时，无霜期 212 天，年平均降霜日 10 天，年平均降水量 750 毫米，年平均风速 5.3 米 / 秒，年平均相对湿度 73%。冬暖夏凉，湿润宜人，区域土壤非常肥沃，有机质含量高，适宜大白菜生长。

胶河大白菜是六汪镇的特色蔬菜，深受当地百姓的喜爱，也是当地冬季的特色美食。因广泛种植于胶河流域两岸，胶河大白菜由此得名。据史料记载，胶河大白菜在明代年间已有种植，至清代顺治年间，种植甚多。清乾隆十七年（1752）重修《胶州志》中记载：其蔬，菘谓之白菜，其品为蔬菜第一，叶卷如纯束，故谓之卷心白。

胶河大白菜喜获丰收

胶河大白菜具有帮嫩薄、汁乳白、味鲜美、纤维细、营养好等优点。其种植工艺包括 6 部分：选种、播种、育苗、定植、施肥灌溉、采收。胶河大白菜在春季播种，必须选择冬性强、耐低温、耐先期抽薹、早熟、抗软腐病、高产、优质的品种，于每年 3 月中旬至 4 月上旬择时播种，播种后覆土并随即覆地膜，提高地温，以利苗齐、苗全。

2008 年，胶河大白菜顺利通过蔬菜供应质检各项指标的质量检测，被选为奥帆赛专用食品；同年，“胶之源大白菜”在国家工商总局商标局注册为原产地证明商标。2012 年，在中日韩三国食客品鉴大白菜的活动中，胶河大白菜勇夺头筹。2014 年，胶河大白菜顺利通过了农业部“无公害农产品”认证。2017 年，胶河大白菜获评了国家十大畅销蔬菜品牌；在品牌战略的推动下，“胶玉”牌白菜在第二届中国蔬菜行业品牌评选中被评为“全国十佳畅销蔬菜品牌”。2020 年，“胶河大白菜”被国家知识产权局商标局注册为国家地理标志证明商标。

2010 年，胶河大白菜种植技艺被列入青岛市黄岛区区级非物质文化遗产名录。

# 李家洼子地瓜粉条手工加工工艺

李家洼子村隶属青岛市黄岛区胶南街道办事处，在历史上以农业、粉条加工业为主。地势属沙质丘陵地，非常适合种植地瓜，种植出来的地瓜不但糖分高且淀粉含量高，口感清甜。

传说，李氏先人在明代中期遇到过一场饥荒，粮食都不长，就种了地瓜这种易成长、易饱腹的作物应对饥荒。后来饥荒过去了，地瓜吃不了，便逐渐研习制作粉条。制作粉条是李家洼子村祖祖辈辈流传下来的工艺，为了保持粉条的风味不变，直到现在仍坚持手工制作，鼎盛时期全村近多半人加工粉条。

李家洼子地瓜粉条制作过程中用到的老物件

李家洼子地瓜粉条一直沿用传统天然酸浆提取淀粉工艺，其制作技艺的主要内容有：

选料与制料：原料只有地瓜淀粉和水。筛选出上等地瓜用清水反复清洗，把洗净的地瓜切成小块，放入石磨中磨碎，接住从磨盘流出的地瓜浆，经过两次过滤出杂质和地瓜渣，加入天然发酵的酸浆放在大缸里。经过 12 小时充分沉淀，撇去上面的水进行二次过滤，再经 12 小时的发酵，使地瓜的色素及黄粉分离，将其冲洗去便剩下洁白天然的淀粉。而后把淀粉放入布兜里吊起来一天左右，要不断地晃动布兜，使淀粉中的水分流出。第二天把淀粉团从布兜里扒出，拿到外面晾晒，过几天再把粉团用刀砍成小块继续晾晒，大约晾晒 20 天即可制作粉条。

李家洼子手工粉条制造过程中清洗红薯

和面与下粉：手工粉条技艺最关键的一步就是打芡糊。取适量晾晒好的地瓜淀粉加入适量温水，待淀粉完全溶解于水中时，倒入开水，将芡糊冲熟，然后用木棍不停地搅拌，加入淀粉和面；和面子是累活，一般要一个多小时才能完成；接下来还要经过上面子、掌瓢、打面、漏条、沸煮、拨锅、冷却、挽粉条、洗粉、提粉等十几道工序。

冷冻与晾晒：刚漏出的粉条经过老化后放在院子里进行天然冷冻，使粉条的分子间结合得更加紧密有序，物理性状发生变化，使之比普通粉条柔韧筋道。冷冻好的粉条到了第二天清晨就要捶粉（把冷冻的粉条用木棍把冰打掉）、化粉晾晒，味美可口的粉条便制作而成。

制作技艺上更是有自己鲜明的特征，主要表现在：纯手工、纯天然制作。李家洼子地瓜粉条为纯手工制作，原料只使用上等地瓜。

特定时间制作。传统上，制作粉条只有到寒冬腊月天气零下 5℃左右时才是最适合做粉条的季节，因为传统工艺做粉条时有一道关键的“冷冻”工艺。

技艺传承全靠口传心授、耳濡目染。现在粉条制作技艺的传承仍然像几百年前那样依靠师徒之间言传身教，难于用称或量来掌握，全凭观感或手感来用心操作。

李家洼子地瓜粉条手工加工工艺存在着较高的精神价值、经济价值、食用价值和学术价值。在乡村振兴路径探索的道路上，2013 年李家洼子村成立了青岛李家洼子红薯粉条专业合作社，并且成功申请到了在粉条包装上加印“非物质文化遗产”标识。李家洼子有成规模粉条专业加工户近百余家（农民直销），一年能卖 50 多万斤，保守收入在 500 万到 600 万元。手工粉条的传统技艺不仅得到了发扬与传承，更为村民们在冬季农闲时找到了一条增收致富的新路。

2010 年，李家洼子地瓜粉条手工加工工艺被列入青岛市黄岛区区级非物质文化遗产名录。

## 非物质文化遗产代表性传承人

# 李省

李省，男，1974 年 4 月生，汉族，山东青岛人，于 2015 年 5 月被评为李家洼子地瓜粉条手工加工技艺区级非物质文化遗产传承人。

随着老艺人的去世，以及年轻人对于这种传统技艺缺乏兴趣，使得一些独具特色的传统技艺正面临着灭绝的危险，因此李省更注重对传承人的培养。他积极地带徒授艺，培养新一代手工技艺传承人，让广大非物质文化遗产保护的志愿者参与宣传保护，还充分利用广播、电视、新闻网站等新闻媒体传播非物质文化遗产的实用价值和历史价值。

李省自幼跟随父母做粉条，学会了地瓜粉条制作的全套技艺，成年后一直坚持每年冬天制作粉条，掌握了地瓜酸浆发酵法的核心技艺，粉条芡糊制作等全套技艺，能在保持老工艺不变的基础上提高产量，降低成本。

李省参加过区文化和旅游局组织的泊里大集、小珠山、金沙滩啤酒城等非遗展示传承活动，2019年1月被青岛西海岸新区文化和旅游局评为2018年度青岛西海岸新区最美非遗传承人；2019年12月被黄岛区人才工作领导小组办公室授予“青岛西海岸新区第二批民间传统技艺人才”荣誉称号。

李省晾晒制作好的手工粉条

## 李平

李平，男，1971年1月生，汉族，初中学历，山东青岛人。于2015年5月被评为李家洼子地瓜粉条手工加工工艺区级非物质文化遗产传承人。

他自幼跟随父母做粉条，学会了地瓜粉条制作的全套技艺，成年后一直坚持每年冬天制作粉条，无授徒。

李平晾晒粉条

# 打炕技术

打炕技术在原胶南农村是很普通的一种农家活，以大场镇最为典型，分布在大场镇各村及周边村。

打炕技术在原胶南农村有广泛应用，每家每户都有土炕，这种居住方式有着悠久的历史，世代相袭传承至今。主要是用墼垒成洞，再把洞盖严实，上面睡觉，下面烧火取暖，有双洞式、三洞式和多洞式。

盘土炕是需要一定技术的，用现代的话讲就是具有一定的科技含量。有的人盘炕结实，好烧又热炕。有的人盘的炕或断墼塌炕，引起火灾，或火道不顺冒烟呛人，多烧柴草不热炕。

盘炕先从学脱墼开始。土炕结实不结实，热炕不热炕与墼的质量有很大关系。脱墼一般选在春天，春天雨少干得快。清明后，天气变暖，先备下土，打成土盆，担上水泡着土。第二天把麦秸撒到浸泡过的土里，赤着脚进去踩。踩完一遍后，用锨把泥堆起来调好干湿再用脚踩，直到把泥里的生土和泥疙瘩踩开为止。这样反复几次，泥草匀和，干湿适度，才开始脱墼。脱墼得需要两个人，一人用锨端着泥，一人先用手把泥扒平，然后将四个角用拳捶实，再蘸着水把面抹平，轻轻一起挂子，平平

打炕的第二大步骤—和灰

整整，有棱有角的墼便出来了。把盛水的盆往后一拖，用小笤帚刷净挂子，放到平地上再脱。第二天过午把墼轻轻地立起来，用刀将背面和边缘一抢，四五天便干了。有时天气不好，夜里听到雷声，赶紧打着灯笼起来盖墼，因为被雨淋了的墼不热炕。

备好墼以后，随时可以拆炕。打炕一般选在六月，麦收完，秋庄稼出了苗，锄完一遍地就进入伏季的农闲时节。农民也称挂了锄。打出的炕洞土正好给玉米追肥，炕洞土中含有大量的钾，追肥后的玉米长势旺。

打炕是一件细致活，横立的墼要站实，两边的行距斜度要对直。尤其是放在灶膛后口通炕道和炕道通墙壁烟道的两块墼，平放的高低坡度要合适。高了挡火挡烟，不好烧不热炕，低了火走得急，浪费草不热锅，甚至能从烟囱里往外冒火星，不安全。炕面的盖墼要压实垫平，墼缝对齐，然后抹上草沙和匀的细泥，用泥板擦平，泥干了再在上面铺上席子草可以使用。刚筑好的土炕，先是用温火烧，后用大火，如果开始用大火烧，就会像瓷器似的烧炸裂，土炕便会四处冒烟。土炕烘干后，还不能立即就睡人，还要放柴草在上面，让土炕发汗，发完汗后，土炕铺上席垫，才能睡人。

2010年，打炕技术被列入青岛市黄岛区区级非物质文化遗产名录。

当代村民家中的炕

# 炸翻花

手工翻花制作

制作成型的翻花

炸翻花也叫“菊花果”或“炸果子”，是经筛面、包酥、压片、成型、油炸等多道工序制作而成的传统手工艺食品。炸开以后就像是盛开的菊花，所以叫炸翻花，寓意来年的生活要翻上一番。在青岛市黄岛区，这种食品在琅琊、隐珠等镇街均有生产。

该食品流传于民间，为更美观，便于炸制，人们在面块中间切成长口，将一头从中缝翻过，就其做法，人们取名为“翻花”。因其口感极佳，且意通“繁华”，人们逐渐赋予其送福、送彩的含义，每逢婚庆嫁娶，当地百姓就一定要亲自下厨，做上一些，送给亲友。

炸翻花制作技艺流程为：筛面，用细箩过筛，将面结筛除；用定量的水将白糖用文火化成糖水备用；取定量面粉，用热油烫成酥面备用；用烫好的酥面，加入白糖、桂花等辅料，再放入冷水搅匀至软硬适用为度；将干面放入和面机内，加入化好的糖水，再根据面粉的水分多少，不同季节，倒入适量冷水，和成大面；将大面切成面块，再将面块送入压面机，压成薄片，然后切成长约15厘米的短条，扭成花形；将油倒入锅内，用文火烧至温热时，将翻花放入锅内炸5—10分钟，呈金黄色后捞出，冷却后可即食。

2010年，炸翻花被列入青岛市黄岛区区级非物质文化遗产名录。

## 非物质文化遗产代表性传承人

### 刘洪华

刘洪华，男，1974年7月生，山东黄岛人，炸翻花项目区级非物质文化遗产传承人。

2007年在黄岛区盛客隆食品有限公司工作期间向当地的老手艺人不断学习探讨，掌握了该传统手艺。2018年5月被评定为炸翻花非物质遗产区级代表性传承人。

# 胶河塔桥全羊烹制工艺

胶河塔桥全羊烹制工艺主要起源并分布于山东省青岛市黄岛区六汪镇塔桥村，该村三面环河，风景优美。据史料记载，塔桥村是原胶南历史上最古老的村庄之一，西汉时期，原村庄东南有一塔，村西有石桥一座，故名塔桥。后因战乱，塔、桥及村庄均毁于战火，明初，辛、杜、田三姓迁此重新立村，李、张、刘、王等姓陆续迁来逐渐繁衍至今。

“胶河塔桥全羊”是以山羊、肉桂、豆蔻、山根等为传统配方制作改良演化形成的农家羊肉烧烤名吃。

塔桥村与羊的渊源由来已久，肉羊屠宰一直是塔桥村的传统产业。早在 20 世纪 80 年代，塔桥村“户户杀羊”的名头就远近闻名，多数村民以此为生。但那时仅仅只是屠宰，对羊的料理烹制还仅是一家一户的家常料理。20 世纪末，村里的退伍军人卢秀涛在一次战友聚会时首创全羊入锅烹制吃法，引得全村人的一致称赞，于是“塔桥全羊”作为一种烹制工艺在村里迅速传播。

塔桥村选择优质山羊为原料，肉质鲜嫩，不膻不腥。烹制工艺考究，保留了传统的方式用大锅炖肉、木柴烧火，用锅不用明火。羊肉出锅后味道纯正鲜美，咸淡适中、肉嫩爽口的同时又相对于其他的做法保留了更多的营养价值。

塔桥村全羊烹制工艺特色可大致归为以下几点：

活羊宰杀。选用当年产的生长时间七八个月的本地山羊和小尾寒羊，必须现场宰杀，且要在两个小时之内完成加工，不能放置过久或者冰鲜。

大锅老汤炖煮。塔桥全羊的制作有四口大锅 ：第一口锅煮羊白条，猛火熬煮，汤色奶白，羊肉熟烂后出锅 ；第二口锅煮羊杂，去除羊杂腥味，煮熟后捞出沥干，作为羊汤的主料；第三口锅里是常年熬制的老汤，汤里有秘制调料，用来使羊白条更加入味；第四口锅用来烤全羊，经老汤煨过的羊白条，盛出放在篦子上，先以冰糖铺底，再加入自家精选调料。

特色配料熏制。塔桥烤羊名为烤，实为熏，与诸城烧烤有异曲同工之妙。熏制采用肉桂、豆蔻、砂仁、山根等28种名贵调料。熏制后的羊肉，上了糖色，口感独特，有一股淡淡的焦香。

塔桥烤羊排

塔桥羊汤

一羊三吃。这是塔桥全羊宴的主角，也是最经典的吃法，指的是将一只羊制作羊杂汤、清炖羊腿和烤羊排三道主菜。烹制手法如下：

嫩羊宰杀后，去皮、清内脏，把羊根据部位砍成大小适中的肉块，洗净。将要烤的羊排和要煮的羊肉分开。

全羊做工主要看火候。煮羊肉简单，把羊肉放入清水锅中，除了加适量盐，什么调料也不需加，白煮40分钟后，羊肉香气扑鼻，清炖羊腿配上蒜泥，肉质酥烂，香而不腻；羊杂汤的做法类似煮羊肉，将羊肝、肚、肠、心、肺，以及羊宝、羊鞭等均匀切碎，辅以清汤上桌，佐以盐、葱花、胡椒，水脂交融，鲜而不腻；烤羊排程序相对复杂，把葱、姜、八角、桂皮、料酒等20多种配料按比例配好，放入清水锅中，搅匀，将羊排放入锅中，用柴火慢火煮约1个小时；煮好后，将羊排均匀摆在篦子上进行烤制，用软草慢火烧，每隔七八分钟翻转一次，半个小时，便色泽黄亮，外酥里嫩，脆而不煳，油而不腻，嚼在嘴里满口留香。

在全羊宴的基础上，村里有了更长远的规划，村民也有了新盼头。2006 年，在当地政府的大力支持下，塔桥村注册了“塔桥全羊”的商标，大大地拉动了当地的经济。该村已经形成了收购、屠宰、加工、销售一条龙服务体系，带动了一大批农民走上了致富道路。

塔桥全羊用料讲究、制作复杂，坚持“肉鲜、料齐、艺精”的工艺特点，并在传承古法制作配方的基础上守正创新，独特的塔桥全羊文化就此形成。

2015 年，胶河塔桥全羊烹制工艺入选青岛市黄岛区区级非物质文化遗产名录。

## 非物质文化遗产代表性传承人

### 栾炳刚

栾炳刚，男，1971 年 1 月生，汉族，山东青岛人，于 2015 年 5 月被评为胶宁塔桥全羊烹制工艺区级非物质文化遗产传承人。

栾炳刚制作烤羊

栾炳刚的父亲年轻时就会做卤熏的菜品，而且手艺不错，每到逢年过节都会做上几样，亲朋好友尝过都赞不绝口。2004 年，栾炳刚拜有 30 多年熏烤经验的赵师傅学艺，师傅手把手教学，毫无保留地将烤羊工艺传授给栾炳刚。2005 至今，栾炳刚做的烤羊让客户青睐有加，烤羊技艺也得到了师傅和专业人士的肯定和赞赏。

2021 年参加大众网直播“踏青寻味，食尚新区”活动，获商务局颁发的“新区美味”十家特色餐饮店之一的殊荣；同年被新区工委宣传部和市场监管局授予“最美个体业户”荣誉称号。

# 王台增聚回饼

王台镇，青岛市黄岛区下辖镇。王台镇历史悠久，西汉时期，境内置柜县，唐贞观年间立镇，民国时期为镇治，商业繁荣，店铺林立，所出“增聚回饼”为当地名糕点。

增聚回饼，又称增聚烩饼、托炉。为黄岛区王台镇特产的一种享誉古今的食品名吃。王台，自古是青岛胶州湾的商业重镇，南来北往的旅人，促进了本地经济的发展，也带火了本地独具特色的美食。

在清朝咸丰年间，王台街道上店铺林立，客商集聚，繁荣的当铺街也应运而生。在当铺街上，有一家糕点作坊成了远近闻名的“网红店”，南来北往的客商来到王台，都要带一些店里的点心回去孝敬老人，这种糕点便是增聚回饼。

增聚回饼的店主姓王，王家祖先曾在京城制作过点心，回到王台后就建起了糕点作坊，开始专门生产回饼。精湛的制作技艺加上独具特色的酥软味道，让增聚回饼在当地声名大噪，其制作工艺也被一代代地传承下来，成为老字号，至今已有 170 多年的历史。

王台增参加 CCTV-10《家乡至味》栏目拍摄

如今，增聚回饼仍是享誉青岛的美食小吃。第五代传人庄淑华在坚守全手工制作的同时，对烤制的过程进行了局部改良，让回饼既能保持老味道不变，又能增加产量以满足食客的需求。

王台增聚回饼由磨制精面、纯花生油、蔗糖，搅拌成型蒸熟后，再置入专制箱烤制而成。具有甘、香、酥的味质，面食软脆，将其泡入水中，能自动形成黏合状，口感极佳，老少皆宜。“回饼”二字，有两种含义：一是回潮，烤箱烘焙出来后，要自然回潮，第一天不能包装，第二天才能包装；二是回香，回饼有一种自然的碱香。

增聚回饼成品

增聚回饼的传人王恩和，是王台镇北村人。据老人说，他从 15 岁起跟随其大爷在家庭作坊里干活，20 岁左右逐渐掌握了增聚回饼的制作工艺，为增聚回饼的第四代传人。第五代传人王洪智是王恩和的儿子，与妻子庄淑华一起传承回饼。现今已传承到第六代。

早些年，增聚回饼还担当着一项使命 —— 走亲访友的礼物。包装严实的回饼，一张写有“正宗王氏家传配方”的大红纸覆在上面，用稔绳横三竖二捆着。包袱一掀，浓郁的回饼香便猛地冲你而来，让人有些猝不及防。往往是手头阔绰的人家，才能够包上这么一大包香气十足的增聚回饼。

2010 年，王台增聚回饼被列入青岛市黄岛区区级非物质文化遗产名录。

# 胡家烧鸡制作工艺

胡记烧鸡成品

胡家烧鸡已有百年历史，在泊里一带也是很有名气的老店之一，经洗、煮、熏、烤等多道工序加工而成，已经过了四代传人 100 多年的历史。泊里胡家烧鸡创始人胡氏，经过自己的摸索秘制成胡家烧鸡，胡佰金在胡家烧鸡的基础之上，创建了自己独有的特色味道，口味独特，香气迷人，名传泊里一带。胡经田不断地探索改进，使胡家烧鸡老店名声越来越大，食品供不应求。

民国时期胡家烧鸡生意越发兴隆。胡建华在其父亲胡经田带领下扩大店铺，铺号为“泊里胡家烧鸡店”。2008 年，泊里镇党委政府设立专项基金，用于扶持发展泊里特色小吃这一传统产业。2009 年，作为泊里饮食特色之一参加了“胶南市首届美食节”，深受广大群众好评。

泊里胡家烧鸡选用重量在一斤多重的新鲜活鸡，放入桂皮、白糖、陈皮、八角、小茴香、姜、饴糖、肉蔻、丁香、花椒、大葱等 40 多种材料。

制作方法如下：

新鲜活鸡，宰杀之后放尽血水，热水烫，去毛洗净，在靠肩的颈部直开一小口，取出嗉囊；再在肛门用水洗净开一口子，然后先用刀背敲断大腿骨，从肛门上边开口处把两只腿交叉插入鸡腹内；再将右翅膀从宰杀的刀口处穿入，使翅膀尖从鸡嘴露出，鸡头弯回别在鸡膀下边，左膀向里别在背上，与右膀呈一直线；最后将鸡腹内两只鸡爪撑开，顶住鸡腹，用以上方法将鸡宰杀别好备用。

将别好的鸡在调好的材料中浸泡 20—30 分钟。

大锅内放足水，把所有香料装入一只纱布袋中，扎紧袋口，放入锅中，将水烧开，然后加入糖、盐，调好味，将别好的鸡整齐地放入，用旺火烧开，撇去浮沫，稍煮 5 分钟，将锅中鸡上下翻动一次，盖上锅盖，改用文火煮 4—6 小时，以肉烂脱骨为止。煮鸡的卤汁应妥善收存，以后再用，老卤越用越香。香料袋在鸡煮熟后捞出，下次煮鸡时再放入，一般可用 2—5 次。若制作 1 只鸡可用砂锅，香料用量酌减，也可取些卤汁使用。

把煮好的鸡捞出晾干，用白糖等材料进行熬制涂抹鸡身，涂匀后进行熏烤。

泊里胡家烧鸡，是一种传统的家庭手工制作工艺，是新鲜活鸡添加 40 多种材料，经洗、煮、熏等多道工序加工而成的纯手工艺制品。外观油润发亮，咸香可口，味道鲜美，香气浓郁，肉烂脱骨，肥而不腻，嚼其骨，有余香，趁热提起鸡腿轻抖，鸡肉可脱落，为菜中上品，冷食热食均可。

2015 年，胡家烧鸡制作工艺被列入青岛市黄岛区区级非物质文化遗产名录。

# 扎扫帚手工技艺

扎扫帚手工技艺传承人用竹条编织扫帚

明朝，青岛市黄岛区西红石村的陈氏先祖由江苏海州云台山下的大路村迁来，扎竹扫帚的手艺就是从那时候带来的，至今已有500多年历史。

1949年，扎编扫帚的习惯仍然在西红石村流传，但只是一些上了年纪的老人闲暇时的小打小闹，扎好后拿到集市上卖了换成柴米油盐，解决生活所需，并未形成规模。历史上，全村80%以上的农户都在从事扫帚扎编，产品主要包括扫帚、笤帚、筢子、竹箅子等，其中扫帚是主打产品，主要分为用作粮食生产的“燕尾扫帚”和环卫清洁的“马尾扫帚”两大品种系列。

扎扫帚的原材料主要是毛竹，均是从浙江一带采购运来。扫帚制作主要包括提枝理料、铺帚捆把、扎坯成型等三大环节，可细分为选料、去杂枝、去叶鞘、压软、扎结、勒紧、修整成型等十几道工序，把均用时15分钟，用料3—4斤，人均日产量30把。

红石扫帚扎制流程：

提枝理料：将毛竹的小枝剔除，选取苗子头长80—85厘米、把长1—

1.05 米的竹头尖、竹丫枝等作为原材料，利用专业工具，经过使劲拉、摔、揉等工序，将原料加工成适合扎扫帚的竹毛条。

铺帚捆把 ：从竹毛条中挑选一根较大较粗的枝条放在地上作为骨架，再将较小的枝条依次平铺在上面，用绳子在扫帚把处简单捆绑后做成扫帚坯上称量。一般农村用它来打粮食的燕尾扫帚重量为 4.5 斤，环卫工人用的马尾扫帚重 3 斤。

扎坯成型：由 1 名成年男性，将扎扫帚专业工具勒绳绑在腰上，通过扭腰蹬腿，利用腰和腿部的力量，将直径约 1 毫米的 20 号铁丝用力绑在扫帚坯的把处，一般需捆绑九道铁丝，一把扫帚即制作完成。

红石扫帚所用原料为天然毛竹，在浙江一带广泛种植，成本低廉。目前扫帚仍然是农民打晒粮食、城乡清扫街道的主要工具。随着大气污染越来越严重、人们对低碳环保越来越重视，红石扫帚全部依靠手工扎制、整个生产过程去机械化、无污染的优势也必将越来越受到人们青睐。

2015 年，扎扫帚手工技艺被列入青岛市黄岛区区级非物质文化遗产名录。

扎扫帚手工技艺传承人挑选扫帚原材料竹条编织扫帚

# 草木灰海参传统加工工艺

草木灰海参传统加工工艺是青岛海之润海洋生物科技有限公司有效保护并传承的一种传统技艺。红胡子海参基地位于琅琊镇台西头村南，距离国家级旅游风景区琅琊台仅 200 米，基地海岸线东西近 3 千米。南北 2 千米，海域使用总面积近万亩。

红胡子，原名崔继光，字辉，乃明永乐三年（1405）武德将军崔斌之后人，自幼习武，过目不忘，力大无比。十几岁便留二尺的胡须，胡须别于常人为红色，16 岁便领兵打仗，屡树战功，卫（今黄岛区灵山卫）在其死后为其立碑于卫之前所夏河所（今黄岛区琅琊镇夏河城）东城门，

海参捕捞

让后人敬仰，后人称颂其为“红胡子将军”。崔继光精养生之道，海边常常见到的老百姓称其为“神物”（所谓神物，就是海参捞上来后自己能消失，化成一摊水，所以当地老百姓没人敢吃海参），就是海参，崔继光拿它当饭吃，将海参剖杀后煮熟，用草木灰搓干后存放。后来这一加工工艺就在崔氏家族内部传承了下来。

崔继光的后人崔贵德后来传承了该工艺并告诉当地人，这一传统技艺才得以保存并流传开来。1959 年到 1961 年，全国大旱，庄稼几乎颗粒无收，百姓饿得都吃草根、树皮，但崔贵德的全家却没饿着。崔贵德将海边随处可见的海参按照祖法加工成草木灰海参，用来充饥。当时老百姓没人吃海参，崔贵德将这种草木灰海参的传统技艺告知了一些当地的关系好的村民和亲戚，让他们度过了那个难忘的灾年。

1998 年崔贵德的孙子崔坤鹏大学毕业，继承了祖辈的加工技艺，并开始在当地一些村民和亲属中了解草木灰海参的加工技艺，并将之发扬光大。

崔坤鹏找到崔贵德的表侄杨照南老人，老人说现在在沿海一带已经有很多人会加工草木灰海参了，杨照南回忆在那个颗粒无收的年代，崔贵德手把手地教授他草木灰海参加工技艺，让全家得以生存得很好。凑巧，崔坤鹏的爱人胡见叶的母亲杨秀兰就是杨照南老人的徒弟，崔坤鹏经过入户走访，融合众家之长，如草木灰海参有的用豆秆灰搓、有的用玉米秆灰搓、有的用麦秆灰搓，加工火候也大不一样，没有任何章法，仅仅是能保存为主，最后将草木灰海参加工技艺梳理出来，并到国家市场监督管理总局注册了“红胡子”品牌，将这一传统技艺有效地保护了起来。后来根据现代科技的需求，将原来的草木灰海参改进为淡干海参、即食海参等商品，成为老百姓餐桌上的上等菜肴。

海参加工一直是琅琊沿海村的传统产业，早在 20 世纪 80 年代，琅琊镇的“猛子将”就远近闻名。不过当时他们的主业是扎猛捞“蒿子”，蒿子可以做蒿子冻，是当地的一种美食，顺便碰到海参就捞上来，用传统草木灰加工法加工后放在屋檐下阴干着，很少有人买，也很少有人吃，大家都觉得海参是个神物不敢碰。到了 90 年代，从大城市回来的本乡人认为海参是好东西，就买回去吃，慢慢地，海参加工就成了一种产业。黄岛区的其他沿海区域也开始对海参进行捕捞加工，加工规模扩大了，外地的客商来来往往，知名度一下子就提高了。

海参加工工艺第一步是捕捞海参。第二步是剖杀，用剪刀在海参肚子中间剪开三分之一的口，将海参肠卵挤出来。第三步是清洗，将海参体内体外的泥沙清洗干净。第四步是煮参，水开锅后将参倒入锅中，开锅后将表面的泡沫撇掉，煮约 40 分钟出锅。第五步是腌制，将海参放在容器里，放一层海参，撒一层盐，最后用盐封住容器，腌制 7 天左右。第六步是烤参，将海参连盐倒入锅中，反复翻炒，直到海参的刺扎手为宜。第七步是搓草木灰，将海参倒入盛有草木灰的容器里，反复揉搓，直到海参表面没有水分。第八步是晾晒，将搓好的海参用线串起来，放在房檐底下阴干，直到海参干到用手拧能拧成一个麻花为宜，太硬或者太软都不合适。

盐渍海参

2015 年，草木灰海参传统加工工艺被列入青岛市黄岛区区级非物质文化遗产名录。

# 琅耶瓷艺

琅耶瓷艺，即琅耶陶瓷烧制技艺，产生于古代琅琊地区，琅耶窑位于今青岛市黄岛区境内。

青岛市黄岛区地处山东半岛西南部的胶州湾畔，南临黄海。历史悠久，新石器时代是龙山文化的重要区域。历史上的琅琊地域范围很广，包括现在的青岛、日照、临沂和江苏的连云港等广大区域，黄岛区为古代琅琊的中心区域。

古代琅耶窑分布区域较广，黄岛区内的肖家庄就发现了5000年前烧制陶器的横穴窑，周边地区相继发现了黑陶、白陶、红陶、黄陶等多种颜色的陶片和碗、盘、盆、高领罐等，陶片上多以水波纹、刻线纹、扇贝纹为饰，素雅大方，显现出很高的艺术水准；秦筑琅琊台时，需要用大量的建筑材料和日用器具，同时造就了一大批的专业窑口，具有官窑性质，至今还有地名能证实这一历史事实，“琅耶古窑村”（今划归诸城桃林，原叫琅古窑乡）就是一个鲜明的例证。域内多处汉代墓群，考古发掘出土众多的陶器和瓷器，有实用性器具，也有礼器。本地区域内有多处地方出产适合于烧制陶瓷的窑土，如海青的董家洼、王台的田家窑等。由此衍生了许多与此有关的村名地名：田家窑、代家窑、徐家窑、大窑、小窑等，这都昭示着这里烧制陶瓷的厚重历史。

黄岛区是中国古陶瓷制作的重要发祥地，出土了大量的龙山文化陶器，先秦及秦汉时期陶器和原始青瓷，以及唐宋时期的陶瓷。境内有多处地方如海青、王台等地区出产适合于烧制陶瓷的泥土。其中有几处地方有自然风化的高岭土，为陶瓷的烧制创造了良好的自然条件，造就了古代琅耶陶瓷技术的产生与发展，对当下琅耶新瓷的产生与发展奠定了

琅耶陶瓷产品展示

坚实基础。

青岛市黄岛区制陶史可以追溯到5000多年前。龙山文化陶器，可被认为是琅耶窑前身，先秦及秦汉时期为琅耶窑和琅耶陶瓷烧制技艺的形成时期，并形成了“琅耶窑”的名称。唐宋时期的陶和瓷为琅耶陶瓷烧制技艺的发展时期,工艺和烧制技术上完成了琅耶窑由陶到瓷的升级。

琅耶陶瓷的制作工艺非常复杂，主要有练泥、制坯、刻花、绘制、施釉、烧窑、后期处理等工序，每道工序中又有多个环节，技术含量很高，原材料要求很高，每道工序，每个环节必须掌握得很好，才能产出合格的琅耶陶瓷。

琅耶陶瓷制作技艺，自古至今有一个清晰的发展阶段：工序上由简单的拉坯造型、低温烧制，到挂釉、彩绘，再到高温烧制、窑变等，工序越来越复杂，烧制水平越来越高。元代由于战乱的原因，琅耶古窑工艺几乎失传，明清以降几度兴废。为了抢救几近消失的传统技艺，2010

琅耶瓷器博物馆

年成立琅耶陶瓷研究所，挖掘整理古窑传统的制陶工艺，恢复了琅耶窑的烧制工艺，并且充分借鉴汲取外地先进的烧制技术，成功创烧了琅耶新瓷。现代琅耶陶瓷与古代琅耶陶瓷，技艺上存在着明显的传承关系。

当代琅耶陶瓷的烧制技术是在传承古代琅耶窑技艺的基础上，汲取了其他地区的先进工艺，并加入了现代文化因素而形成的。琅耶新瓷大体分为：彩瓷、青花、釉里红、高温色釉几个系列，不同品类有着共同和不同的工序和技艺。

传统琅耶陶瓷和现在琅耶陶瓷共同工艺特征是练泥（采土石，碓细、淘洗、去杂、制块等）；制坯成型（拉坯、印坯、利坯、晒坯）。

彩瓷的工艺特征是绘制（在坯胎上绘图）、挂釉（在绘制好的坯胎喷釉）、烧制（一般需要几次烧制）。青花、釉里红的工艺特征是绘制（用苏麻离青等天然材料绘制图案），分期按不同温度数次烧制。高温色釉的工艺特征是喷釉（在素胎上喷釉）、高温烧造、发生窑变、冷却一定时间出窑。

琅耶陶瓷，具有很高的艺术价值和经济价值，同时它也是古代和当代琅琊文化的重要组成部分，因此对其保护与传承的意义重大。历史上的琅耶窑曾经有众多窑口，但现在都废弃，成了遗址，目前已经恢复新建一处琅耶陶瓷烧制窑口，烧制琅耶新瓷，掌握烧制工艺的只有几人。

2017 年，琅耶瓷艺被列入青岛市市级非物质文化遗产名录。

（说明：琅邪、琅耶、琅琊，作为地名在历史上通用，古籍上出现为琅邪或琅耶，现代规范地名名称为琅琊，历史上的陶瓷名称为琅耶陶瓷。）

## 非物质文化遗产代表性传承人

### 钟安利

钟安利，男，1951 年 11 月生，汉族，本科学历，山东青州人。1970 年入伍，1971 年入党，于 2006 年被评为琅耶瓷艺区级非物质文化遗产传承人。

钟安利（中）传承琅耶瓷艺

钟安利师承田老大。1977 年，他到胶南工作，下乡到王台田家窑工作期间，认真向田老大学习制陶技艺，熟悉了基本程序与制作流程，并在田老大指导下做出了盒罐等器具。钟安利十余年时间里继续考察了解古琅琊地区陶瓷技艺发展历史和窑口遗址，搜集标本和资料，为恢复古窑、创烧琅耶新瓷做了充分的准备。2010 年，钟安利成立琅耶窑陶瓷研究所，主要挖掘整理古窑制陶工艺技术，恢复琅耶窑，试烧琅耶新瓷，使几乎消失的琅耶陶瓷工艺得以恢复。李静、曾庆猛、高严、郭顺臣，师承钟安利，都与琅耶瓷艺非遗技艺传承关系密切，钟安利特安排作为传承人进行重点培养和传承。

2015 年代表山东出展第十一届世界文化创意博览会。2018 年琅耶窑 15 件精品艺术瓷器特展于上合组织青岛峰会元首会客厅、贵宾休息厅内。2019 年北京世园会选取 12 件艺术瓷陈展于 C2 馆。2019 年、2020 年连续两年设计的文创产品被授予“青岛西海岸十佳伴手礼”荣誉称号。台中视《大陆寻奇》栏目制成专题片在东南亚广泛传播。在 2021 年 10 月的“各美其美 —— 中日韩国际陶瓷精品展”中，琅耶瓷共有 18 件高温艺术瓷参加，充分体现了琅琊文化，受到大众的一致好评。

# 海水豆腐制作工艺

滨海街道位于青岛市黄岛区东南沿海，北与黄岛城区相接，西与张家楼街道相邻，东、南濒临黄海，东与灵山岛隔海相望。面积90平方千米，海岸线长约30千米。滨海街道依山傍海，山海环境和人文景观十分丰富，境内大珠山为“岸海名山”，是青岛市滨海旅游胜地。

滨海街道东古镇营村的“海水豆腐”独具特色，早在洪武年间，此处为海口，因此设立海防机构，部署炮台，称之为古镇口。早些年，村子里近300户人家，几乎都做豆腐，至今已经有百余年的历史。

从豆腐的制作工艺来分有卤水豆腐、石膏豆腐等，而区别于传统豆腐的制作方法，海水豆腐因不添加任何调和剂、增白剂、消泡剂等对人体有害的物质，且富有镁、锌、硒等矿物质，豆腐口味独特、营养丰富。

东古镇营村的海水豆腐加工工艺是延续以前古老的卤水点豆腐的工艺，但是东古镇村营没有盐池。老百姓要是做豆腐需要去盐池场买卤水，一来路途崎岖坎坷，二来费时费力，渐渐在百姓中考虑到既然卤水能点豆腐，海水是不是也能点豆腐？经过多次试验，渐渐地，百姓们掌握了海水点豆腐的技巧。

在中华人民共和国成立前，由于当时生产水平和生活水平限制，老百姓一年也难吃上几次豆腐，只有逢年过节和家里娶亲才能吃上。后来每年春节家家户户都会做几个大豆腐分给亲朋好友，豆腐谐音“兜福”，逢年过节，豆腐猪肉粉条，或者豆腐炖比管鱼等，十分地可口。

海水豆腐因其为使用低的卤化物制成的豆腐，不仅在口感上具有鲜嫩、爽滑的特点，而且营养丰富，没有其他豆腐的卤水味。其基本制作工艺流程如下：

海水卤豆腐

泡豆：选用优质大豆在水缸或水槽内浸泡，夏季 4 小时、冬季 20 小时；

冲洗：将泡好的豆子捞出用清水清洗干净；

磨浆：用石磨将泡好大豆打磨成浆；

过浆：将磨好的豆浆用西布进行过滤，滤去豆渣；

熬浆：将过滤好的豆浆加温至沸腾；

点卤：10 斤大豆用 25 斤海水点卤，持续时间约 3 分钟；

定型压制：将点制的豆脑倒进定型盘内，外力挤压水分即可，4 个气压 15 分钟即可成型出盘。

海水豆腐在加工过程中没有添加任何调和剂、增白剂、消泡剂等对人体有害的物质。海水豆腐比传统豆腐出的量少，但结实，几乎能用秤钩勾起来。海水豆腐可以节省大量的淡水，充分利用沿海村镇天然的海水资源。

2014 年，东古镇营村的海水豆腐制作工艺被列入青岛市市级非物质文化遗产名录。

# 喜饽饽传统手工加工工艺

喜饽饽是用最精制的小麦粉，放上最好的引子，配上巧妇的精湛手艺制作而成的传统手工艺食品。这种食品在青岛市黄岛区均有生产。

在黄岛区，几乎家家户户都有结婚、送日子、定亲做三辈大喜饽饽的习俗，寓意着结婚的新人辈辈高升，在新郎新娘结婚当日，要供喜饽饽“拜天地”，祈求幸福平安。喜饽饽有极强的实用性，主要有结婚的喜饽饽、祝寿饽饽、生日饽饽、建房上梁饽饽等。在喜庆的日子，花喜饽饽美丽的身姿一定会飘然而至的。

寿馍

喜饽饽传统手工加工工艺如下。

面：采用精制小麦面，传统采用石磨碾压细筛的头三次面粉，这样方法制作的面筋道光滑，造型白净透亮惹人喜爱。

酵面：也称“酵母”“引子”，一般从上一次制作或醒好的面揪一块下来保存好，放到下一次的面里，如果变干用温水泡开即可。

颜料：早期颜料使用植物汁液，所以色彩并无现在鲜艳，现在为美观及商用多采用食用染料。

油：喜饽饽上色后为了使颜色更为鲜亮持久一般会抹一层香油。

工具：除大众制作面食的工具之外，剪刀、梳子和针是传统造型会用到的工具。

揉制

造型手法：将面揉至光滑之后，就是最关键的成型阶段，这个阶段会因为制作者个人风格手法、观念，甚至当地风俗的影响而各不相同。

蒸制：蒸制之前要进行醒发，再在锅中隔开摆放防止粘连。冷水、大火，蒸熟，中间不可开盖，水蒸气一旦遇冷凝结滴到饽饽上，饽饽就会坍陷变硬。

上色：上色过程就是体现制作者个人艺术修养和审美水平的过程了，这个过程充满了创造性和变化。

晾晒：饽饽做好之后要放在室内自然晾干，带有水分的很难长期保存，容易霉变，产生绿色斑点，但自然阴干后可保存三到五年。

2015 年，喜饽饽传统手工加工工艺被列入青岛市黄岛区区级非物质文化遗产保护项目。

# 山家村织绣鞋垫手工技艺

黄岛区民间流传织绣鞋垫技艺，其中，张家楼街道山家村的织绣鞋垫以织绣手法多、图案丰富、寓意美好、历史悠久、美观耐用最为著名。

山家村的织绣鞋垫手法多样，其中的平绣法源于鲁绣，有着悠久的历史。据传，山家村山姓明初从云南迁此立村，取名山家村。清道光版《诸城县续志》中已称山家村。明初，山姓自云南迁入时就将云南当地刺绣与山东当地鲁绣技艺融合，开始制作织绣衣裤带袖。针法逐渐丰富，技艺日臻成熟，声名鹊起，广为流传。在农耕文明时期，这种手工艺通常母系传承，主要用于鞋面装饰及鞋垫制作。绣花鞋垫不仅具有视觉上的美感和使用中的功能舒适性，还渗透着种种传统的地域思想文化内涵，从民间艺术的角度表现出绣花鞋垫的民俗性。手工织绣鞋垫技艺世世代代相传至今，经久不衰。因其舒适实用、图案美观、寓意美好、属纯手工艺制品，一直深受民间喜爱，成为婚嫁、逢年过节亲朋好友互相赠送的手工艺礼品。

织绣鞋垫，大致又可以分为割绒纳绣、刺绣、平绣三种。割绒纳绣法，俗称割花、割鞋垫。山东半岛的东部，胶东沿海地区过去人们穿鞋子，以纳底鞋为主，民间心灵手巧的妇女们，就把纳割对称鞋底的工艺放在了织绣鞋垫的技艺之中，形成了割绒纳绣这种一次绣成完全对称的两只鞋垫的独特工艺。工序包含棉壳制作：打袼子，把破旧的衣被等洗净晒干，拆成布块，平铺在平整干净的木板上，面粉做成糨糊，将布块一层层均匀地糊在上面，一般要糊 5 层左右，晒干即成布壳，民间叫袼子；固定小样、加衬制模、配棉线挑彩纳绣、分割开绒等工序。其中最重要的环节是纳绣与割绒，即用对针手法纳绣好图案，而后用利刃把绣好的鞋垫从中间均匀割开，鞋垫自然成绒，形成两只相同花色图案、方向相反的鞋垫，天然对称。刺绣法，俗称操绣、操鞋垫，工序包括搓线、对印图案、抽丝、撑布、中空针操绣、铺底包边等，今几乎很少见到。平绣法，俗称扒鞋垫，工序是先打缺子；然后将缺子剪成鞋样，贴上白色新布制成鞋垫，待干燥后，便在上面用平绣法上花，然后用条形布将边缝扎紧，叫绞边；再围绕内边加上一道十字绣，叫锁边，将鞋垫没绣

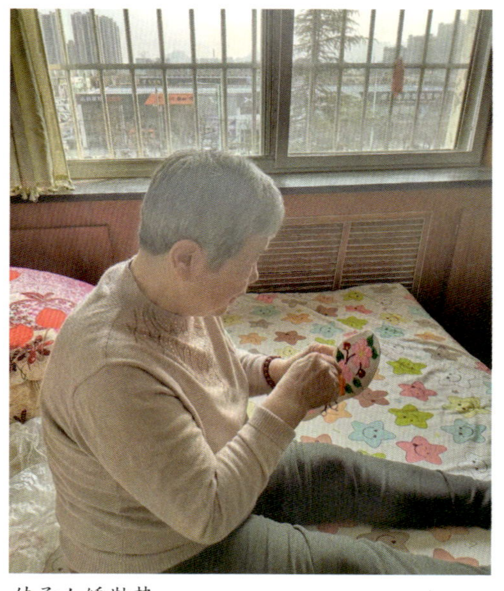
传承人绣鞋垫

割绒纳绣

图案的空白处用彩针线平绣铺满，叫打底；最后用细彩线在绣完的鞋垫上密密地扎满，以起到结实耐穿的作用，一双绣花鞋垫就做成了。

以张家楼街道山家村为代表的民间织绣鞋垫艺术，从产生开始就充分展现了黄岛区沿海地区的生产和生活中的民俗，织绣鞋垫纹样不但重视对我国传统纹样的集成，而且更注重发挥想象力，大量进行再创造，有着自由、豪放的创作特点。由于工艺和制作人的审美的不同，几乎找不到两幅完全相同的作品，有较强的艺术性和独创性。这些纹样题材主

要有动物（龙、凤、鸟、鱼等）、植物（牡丹、石榴、梅、兰、竹、菊、莲花、佛手等）、人物（历史人物、吉祥娃娃等）、吉祥文字（喜、吉祥、步步登高、一帆风顺、万事如意等）等。

“在过去黄岛地区的农村，姑娘们给心上人的定情礼物，往往是一双绣花鞋垫或一双鞋。鞋底中心绣上‘正’字，意思是以正压邪，希望自己的真诚感情保佑情人度过各种艰难历程而不断前进，同时在‘正’字四周绣上‘回’纹等，希望外出的情人早日归来。”可见，在民间的思想文化当中，驱灾避祸、追求安康生活是通往理想生活的永恒主题。民间织绣鞋垫手工技艺世代流传，已经成为一种传统的手工艺。

2015 年，山家村织绣鞋垫手工技艺被列入青岛市黄岛区区级非物质文化遗产名录。

# 韩家寨红蜡加工技艺

韩家寨红蜡加工技艺项目地处青岛市黄岛区王台镇韩家寨村。该村红蜡由来历史已久，据传，早在200多年前的清朝中期，韩家寨的先辈就开始以制蜡卖蜡为生，代代传承。1983年“大包干”以后，制蜡工艺才继续传承，重新开始制蜡，开始全村有三四户合伙制蜡，发展到20世纪末期全村150多户制蜡，并发展、改良制蜡工艺。由最初制蜡使用牛油、羊油做基本原料发展到现在用石蜡做基本原料，由以前笨重的木支架改良为现在轻便的钢筋支架，由以前通过模子在蜡上印字改良

韩家寨红蜡粘蜡过程

为现在直接用毛笔在蜡上写字。2000 年以来，随着市场经济的发展，传统红烛的地位日渐衰微，但是全村仍然有 40 多户人家在制蜡，韩家寨的红蜡已经发展成为一种极富地方特色的民俗用品，也成为农民增收的一项途径，平均每户一冬可生产红蜡 1000 余斤，经济收入万余元。

据韩家寨族谱记载制蜡工艺传到现在已经是十几代了。制大红蜡工艺的主要工序有：

第一道工序是制苇秆，从集上买来苇子，晒干后将其铡成一段一段的，大蜡烛稍长些，小蜡烛稍短些，一般四两到半斤的蜡烛，需用 40 厘米到 42 厘米的苇秆。选苇子大有讲究，必须找硬的、直的，要不没法制成蜡烛，选完苇子就开始去皮，再就是将苇子捋直。

第二道工序是搓芯子，芯子主要用棉花制作，将棉花搓成一段一段的，一般半斤到六两的蜡烛棉芯长约 20 厘米，传统红蜡的棉芯很粗，烟子也不呛人。

第三道工序是熬油蘸蜡，这是最关键的环节。先将买来的石蜡等原料放到锅里加温将其熔化，达到一定温度后，将其舀到桶里或盆里，用木棍搅拌，待其渐渐冷却，直到不厚不薄的时候才开始蘸蜡，将缠有棉芯的苇秆依次放到桶里蘸油，蘸好后放到轮子上冷却，凝固得差不多了再蘸第二遍油，循环往复，一般一支蜡烛要蘸 100 圈左右。这个环节有舀油的，有蘸蜡的，各司其职，一般两个人就行，半成品凝固后，还要进行切割，做得外形一般齐，然后放到铁条上晾着。

韩家寨红蜡蘸蜡过程

第四道工序是上色，也叫挂皮子。在这一步中要将油红粉、朱红印油、牛羊油掺上石蜡，调和在一起，放到小铁锅里加温熔化。加温至 70 摄氏度左右时，就用勺子舀着给蜡烛上色，根据色料的温度变化，有时需要上两遍，有时一遍成功。这个环节需要把握好火候，色料太热了，蜡烛的后跟就会发白，太凉了就会起泡，一般情况下蜡烛尾部不上色，留下空白是为了好看。

第五道工序才是写字。

器具有蜡车、蜡架子、蜡筒子、蜡版、晃蜡碗、上色锅、毛笔等。

制品从大小上区分，小的有二两大小，大的可以做到八斤二两，小的一般用于类似于春节等传统节日和结婚庆典，大的主要用于像渔民祭海等重大的祭祀活动。

2015 年，韩家寨红蜡加工技艺被列入青岛市黄岛区区级非物质文化遗产名录。

# 手工木杆秤制作技艺

大哨头手工木杆秤制作技艺，分布在黄岛区多个村庄及大哨头村。大哨头手工木杆秤是经选用木材、木材初期处理加工、木材精加工成木杆秤雏形，再经校准的砝码设计木杆秤刻度及重量标定，配置校准的秤砣、秤钩、自制铁托盘，安装经多次锻打的秤刀、镶杆、钻眼、镶星、抛光打蜡、秤杆保养等几十道工序纯手工制作而成，具有独特的制作工艺，更是蕴含了广大劳动人民的无穷智慧，已经过了四代传人近 120 年的历史，深受群众喜爱。

杆秤是中国最古老，也是现今人们仍然在使用的衡量工具。其由秤杆、秤砣、秤盘三个部分组成，最主要的特征就在于携带方便。秤杆最好的选择为楠木，楠木制成的秤杆完成后无须上色会自然泛出木质本身的深棕色，大量普及使用的为“红枸子”，取其材质坚强不屈，所有工艺完成后能更清晰地看出深色秤杆衬托下星花泛出的金光。民间有对秤上星花的说法，无论做什么生意若少给一两就少一颗星，星被认为影响人的寿命，所以就有“秤上亏心不得好，秤平斗满是好人”的说法。

木杆秤制作技艺规程甚是复杂精细，其一是选木材，要精选纹路细腻且木质坚硬，柞栎木、红木等上等的硬木材；其二是进行木材处理，按制作木杆秤的大小，确定木板厚度画线、解板、晾干；其三是木板加工，选用无疤痕、裂纹的木板，加工成方木毛坯；其四用手扒子将方木加工成一头大一头小的圆形木杆进行方木毛坯加工；其五，便是制作秤钩、头刀、二刀、秤盘，购置秤砣、镀锌铁皮（或铝皮）、铜皮、黄铜丝等材料配件，以及备用经质量校准的砝码；其六安装头刀二刀——将加工好的圆形木杆，在木杆大头钻孔开装头刀，并调整固定安装，再据

手工木秆称制作

木杆的长度确定二刀位置，在头刀以内钻孔开装二刀，并调整固定；其七便是镶秤、确定定盘星、设计秤杆称量刻度、安装星花、打磨、上色抛光等一系列工艺工序，经标准砝码校准后便可待售。

大哨头木杆秤的发展历史如下：

创始人曲洪聚（1900—1972），在理务关务农。1925 年左右到东北学习木杆秤制作，学成后回到理务关曲家皂户收徒弟一名，由此传承下来。

第二代传人曲洪元，教授多名徒弟。

第三代传人曲荣欣（1928—2000），自小受家庭经商的影响。成年后，子承父业，在泊里镇计量局和黄岛区计量局担任师傅，传教徒弟多名。第四代传人，曲荣欣之子曲宗法（1962— ）。青岛市黄岛区理务关镇曲家皂户村人（现居住青岛市黄岛区大哨头村），致力于木杆秤的推广和发展。1995 年在胶南商城，各大集市出售木杆秤，以老实、不做假得到了广大使用者的喜爱。

2016 年，手工木杆秤制作技艺被列入青岛市黄岛区区级非物质文化遗产名录。

## 非物质文化遗产代表性传承人

# 曲宗法

曲宗法，男，1962 年 12 月生，汉族，高中学历，山东青岛人，现居住于山东省青岛市黄岛区大哨头村。一直从事木杆秤的制作和维修工作，是胶南宗法木杆秤店所有人，手工木杆秤制作技艺区级非物质文化遗产传承人。

曲宗法自幼跟随父亲曲荣欣学习制作木杆秤，1993 年离开理务关镇来胶南经营木杆秤，在此期间，一直秉承诚信的理念，获得了良好的口碑。

曲宗法制作木杆秤中的镶秤，安装星花

曲宗法全面掌握了木杆秤的制作原理，掌握了完备的木杆秤制作工艺和流程，能够熟练地制作和维修木杆秤，并在黄岛区计量局备案。在过去的几年里根据市场需求的变化，创新制作了几种新产品，例如：铝杆秤等。在多年的制作和维修中积累了许多木杆秤的制作和维修经验。

# 琅琊粉条制作技艺

营后村粉条晾晒

营后村位于山东省青岛市黄岛区琅琊镇人民政府驻地夏河城北 0.6 千米处。琅琊镇营后村的刘氏兄弟粉条远近闻名。营后村的粉条制作工艺可以追溯到明清时期的粉条作坊，以红薯为原料制作的粉条口感爽滑有韧性，素有“人造鱼翅”之称，在青岛市黄岛区深受人们喜爱。

营后村的来历可追溯到明朝永乐年间，据当地传说，永乐征北时，在夏河城安营扎寨、立营部，从此成立营后村。全村姓氏较杂，有于、刘、陈、王等 10 多个姓。营后村的粉条制作工艺在 20 世纪 80 年代“大包干”

初期达到了鼎盛，当时村里一共有 15 家粉条作坊。隆冬时节，坡下田间农作物都已收获回仓，村民便开始组织粉条加工队伍，晚上开始做粉条，等到白天，趁着初升的太阳，村南、村北一排排用架杆撑起的粉条，在阳光下晶莹剔透、闪闪发光。

营后村粉条晾晒

地瓜粉条的手工制作流程烦琐，分为制芡糊、捶打漏粉成型、清洗、上挂、晾晒成型等多道工序。在实践中，营后村形成了独特的制作技艺“瓢漏法”。水瓢底部镶嵌铁片做漏网，铁孔的大小直接决定了粉条的粗细。漏粉前要先试一下和好的粉团是否合适，漏下的粉条不粗、不细、不断即为合适；下条快，表示粉团太稀；下条慢，则粉团太干。粉团经漏眼垂落变细，进开水烫煮，竹筷捞出，用凉水冷却后放进地瓜浆水中进一步冷却，这是最关键的一道工序。

粉条制作工艺复杂，需要 7 人左右相互配合。粉条制作所需的器具也种类繁多，包括大箩、小箩、箩锤、提瓢、漏瓢、箩架、架杆、粉绳、泥缸、山石缸、泥盆、白布料、粉碎机、地瓜铲等。粉条冷却后经过整理挂在室外晾晒，半干后需要用温水冲洗一遍，再次晾干。成品地瓜粉条的色泽、韧性、口感好坏都是靠粉条制作人的经验，口授心传，这种传统技艺凝聚了农民的经验与智慧。

2016 年，琅琊粉条制作技艺被列入青岛市黄岛区区级非物质文化遗产名录。

刘中亮和刘中明哥俩在晾晒粉条

## 非物质文化遗产代表性传承人

# 刘中明、刘中亮

刘中明，男，1944 年 12 月生，汉族，中共党员，小学学历，山东青岛人，于 2018 年 5 月被评为琅琊粉条制作技艺区级非物质文化遗产传承人。

刘中亮，男，1958 年 6 月生，汉族，中共党员，高中学历，山东青岛人。于 2018 年 5 月被评为琅琊粉条制作技艺区级非物质文化遗产传承人。

自 1983 年“大包干”以来，二人在于帮中、樊存吉等教导学习下利用冬闲季节用鲜地瓜制作粉条。粉条卖钱，地瓜渣做饲料、粉浆积肥。过程为将鲜地瓜加工成糊状，再过出渣用浆沉淀后，用细箩提出细渣三次，沉淀出淀粉并成坨，晾晒半干开始下粉条。用淀粉水搅拌煮熟制作成黏状的芡，将淀粉掺入搅拌成淀粉团后用手端漏瓢漏到开水锅中，熟后拨出并摇圈穿杆后挂出，手工将粉条分离晾晒，再用清温水洗干净晒干后出售。

# 琅琊竹编技艺

大南庄村位于青岛市黄岛区琅琊镇人民政府驻地夏河城西南1.1千米处。琅琊竹编技艺是琅琊镇大南庄村的传统手工工艺。大南庄村以王姓为主，据村民回忆，明朝末年王姓一族从柏阁庄迁此立村，因村中大量种植翠竹，景观秀丽，故名秀竹村。清道光《诸城县续志·疆域》中，已称之为大南庄。

大南庄村的竹编技艺可以追溯到明朝时期。竹子质地坚硬，开裂性强，富有弹性和韧性，而且能编易织，坚固耐用。当地农民、渔民的生产、生活工具可用竹竿来编制，海上钓鱼需要渔筐、渔筛、渔笼，日常生活需要菜笼、竹盘、笊篱、制酒用的酒盅子等。因此村民便利用竹子编制出各式各样的生产、生活用品进行销售，增加经济收入。

竹编工艺品分为细丝工艺品和粗丝竹编工艺品。竹编产品技艺独特，以精细见长，具有“精选料、特细丝、紧贴胎、密藏头、五彩图”的技艺特色。制作工具种类繁多，包括竹编刀、指扣子、抹子、金坠子、剪

琅琊竹编制品

刀。作为大南庄村民集体传承的手工技艺，全村老少都有竹编的手艺。竹编工艺使用的竹材必须经过严格挑选，经过破竹、烤色、去节、分层、定色、刮平、划丝、抽匀等十几道工序，制作出精细的竹丝。竹编所用竹丝断面为矩形，厚薄粗细上都有严格要求，厚度仅为一两根头发丝厚，宽度也只有四五根头发丝宽，根根竹丝都通过匀刀达到厚薄均匀，粗细一致。竹编技艺全凭双手和一把刀进行手工编织，让根根竹丝依胎成型，在编织过程中，以经纬编织法为主，还可以穿插各种技法，如疏编、穿、削、锁、钉、扎、套等，使编制的图案花色变化多样。

大南庄村村民王景治是琅琊竹编技艺的传承人之一，他已经从事竹编行业 40 多年。据他回忆，1997 年左右是竹编工艺的辉煌时期，许多商贩来大南庄村大量收购编制好的产品，村民只需在家编制，不用外出销售。当时琅琊竹编远销北京、天津、上海、青岛及大连等地。经过很长时间的培育，可用作竹编材料的竹子品种有十几种，其中最为有经济效益的有罗汉竹、鹅尾竹、清杂竹等。

竹编产品具有纯天然与环保的特点，贴合了当下人们对返璞归真生活方式的向往，这是琅琊竹编潜在的市场前景。但是纯手工制作的竹编产品，从价格来看，比批量生产的机器制品较高，不具备价格优势。而大南庄竹编以使用的家用产品为主，一些产品已经逐渐远离居民的日常生活，如竹编暖壶等物品已经退出市场。同时，许多老年人编织已达 40 年之久，这些竹编手艺人缺乏创新的能力和动力，这使得竹编产品局限于家用品和农具，更加符合市场需求的竹编工艺品或文创产品尚未被开发出来。

2016 年，琅琊竹编技艺被列入青岛市黄岛区区级非物质文化遗产名录。

 非物质文化遗产代表性传承人

# 王景治

王景治，男，1951 年 9 月生，小学学历，汉族，山东青岛人，于 2016 年 5 月被评为琅琊竹编技艺项目区级非物质文化遗产传承人。

王景治从爷爷辈就从事竹编，父亲手艺精湛，自己设计许多各式各样的物品，至今留存几样。从小在父辈的影响下，王景治也爱好竹编，利用空闲时间跟父亲学习编制竹编，大约 14 岁就开始编制各种农业生产和生活中的物品。起初，由于皮肤细腻，工艺不熟练，竹编编制过程比较复杂，稍有不当就会被刀具和竹条划破手指，经常一道接一道伤疤。当时姊妹比较多，他是家中老大，为了减轻家庭负担，只有跟随父亲编制竹编增加经济收入，一年如一日直到如今还坚守着父亲的手艺。

制作过程为先用编刀把竹子分为 4 份，根据编制物品的大小决定篾子的粗细，然后围底子，再编把子，上把子，再上沿等工序。截至目前无授徒。

王景治在编制竹筐

# 益寿延年酒泡制技艺

益寿延年酒泡制过程

益寿延年酒泡制技艺起源于山东省淄博市临淄区凤凰镇南王村，制作基地虽仍在凤凰镇南王村，但是其药酒已遍及全国各地及东南亚、韩国、日本等地。

益寿延年酒泡制技艺是嫡亲传承，其间经过第一代王殿东、第二代王金启、第三代王清光、第四代王德芳、第五代王兰章和第六代王涛的传承，已有 150 多年历史。

在益寿延年酒制作工艺上延续和传承了 150 多年古老秘方并在多年的实践中进行了改进。配方准确，制作工艺传统、科学。按药效分为风湿性关节炎药酒、肩颈腰痛药酒、跌打损伤药酒。突出增生性骨药酒又分为腰椎突出增生、颈椎突出增生和膝盖骨质增生膏三种。针对不同的骨病、骨质和不同的部位配置不同的中药，泡制不同的药酒，达到对症下药、对症治疗。

运用本家独特配方泡制的药酒进行治疗，针对患者的康复状况随时更换药酒类别，一人一个治疗方案，一病可用多方。

2016 年，益寿延年酒泡制技艺被列入青岛市黄岛区区级非物质文化遗产名录。

 非物质文化遗产代表性传承人

# 王涛

王涛，男，1963年2月生，汉族，本科学历，山东临淄人，于2016年8月被评为益寿延年酒泡制技艺区级非物质文化遗产传承人。

王涛出生于中医世家，从事中医30余年，是益寿延年酒泡制技艺的第六代传人。他受父辈言传身教，自幼喜欢医术，广泛博览中医书籍，熟读《黄帝内经》《神农本草经》《伤寒论》《金匮要略》《温病条辨》等经典传统医药典籍。后来较为系统地学习了制药工艺和风湿、骨病等医术，并不断深造学习，取得按摩师、中医内科医师、中医外科医师三级、药剂师等职业资格证。

王涛

益寿延年酒泡制技艺在王涛这一代得到了极大的发展和良好的传承。他积极创新，以祖传秘方为基础，在现代中医药学等理论的基础上采用传统中医疗法，搜集整理民间秘方，用古法炮制手工提取法萃取出药材活性成分，通过长期实践和理论研讨积累了独特的工作经验，将自家的益寿延年药酒又进行了详细的配方和划分。

他还在祖传治疗手法和药酒配方、泡制的基础上，精心研制成益寿延年药酒的新剂型，对骨质增生、肩周炎、风湿性关节炎、风湿性腰痛、痛风等病症有独特疗效。

# 琅琊玉筋鱼加工制作技艺

琅琊玉筋鱼，全国农产品地域标志保护产品，因主产于青岛市黄岛区琅琊海域得名。玉筋鱼，玉筋鱼科，玉筋鱼属，因形体酷似山东农家的面条，在本地俗称“面条鱼”，又名“沙里钻”，为近海沙泥附近小型鱼类，体长柱状，稍侧扁，成鱼长 10—13 厘米。玉筋鱼保护区海域物产丰富，水域广阔，无径流注入，几乎不受大陆影响，水质无污染，

海捕玉筋鱼

水文条件相对稳定。据历年玉筋鱼的捕捞资料表明，由于超规模、超强度、超时间的捕捞，已经造成玉筋鱼资源发生了明显变化。琅琊玉筋鱼味道鲜美，营养十分丰富，为鱼类上品。

玉筋鱼光滑无刺、味道鲜美、营养丰富，在山东沿海地区以食面条鱼为首选，并且特别适宜老人及孩童。青岛地区民间流传“面条鱼，大贵贵，贵不贵的称二斤”的顺口溜，“贵”在青岛地区是指价格高的意思。在历史上，玉筋鱼的价格之所以比带鱼、鲍鱼价格高，是因为贮存、运输比较难，且玉筋鱼不宜盐渍，只宜鲜食，所以才有这样的顺口溜。特别是春天的玉筋鱼，时值营养最丰富，韭菜一上市，以“面条鱼下韭菜”为名吃，味道鲜美，常吃不厌。

民间传说，徐福东渡扶桑之时，就将捕捞的面条鱼晾晒储藏作为航行途中的主要菜肴。据原胶南市博物馆馆长、琅琊文化学者王景东介绍，秦始皇来过琅琊之后，当地流传起了这样一段顺口溜赞美面条鱼：“琅琊如东瀛，扶桑遥相望，西施思故乡，面条鱼难忘，蛏子不如它，白鳝比它差。”另有《胶南历史文化概要》记载，郑板桥任潍县县令，来到属地，寻秦始皇足迹，尝了面条鱼下韭菜后，回其真味，唇齿留香，高兴之余即赋诗赞曰：“千古名胜琅琊台，吾寻始皇后尘来。斋堂诵经虔诚在，莫如面条一小筷。”历史上许多文人墨客，对面条鱼下韭菜这道菜均有赞美的佳句。

为保证琅琊玉筋鱼成品的口感和味道，通常以刚打捞上来的琅琊玉筋鱼作为原料，及时挑取新鲜完好的鱼体进行加工，拣净杂质，用海水轻轻洗净体表污物，并第一时间进行加工。

刚刚捕捞的玉筋鱼在完成清洗后，需要马上进行炊煮，炊煮过程首先需进行锅汤配置，锅汤配置十分考究，需要取淡水加盐使其波美度至8度左右，用盐量应根据鱼体鲜度及天气情况而定，一般为8%，最高不超10%。盐水在锅中八成满，盐水煮沸取适量鱼放入锅中，见鱼体在盐水中浮起，用笊篱轻轻转动，使其均匀散开受热，鱼体全部浮上水面即煮熟。鱼下锅后，炉火要旺，火力要猛，煮制时间越少越好，每次约2—3 分钟，同时用笊篱不断捞出浮在锅汤上面的污物。

鱼体煮熟后，捞入筐中滴水，待冷却后把鱼轻摇抖松，控干鱼身上的水后，就筐匀撒或用手掌撒于晒筐上，在海边用海风晾晒。一两个小时翻一次，中午太阳太强烈的时候，可以用帘子盖住鱼身，下午阳光微弱了再掀开帘子继续晾晒。当晒至五成干时，用木耙轻轻翻动，晴天一天即可干燥。约九成干时收拾起堆放，稍回潮后包装，包装多为真空封盒包装，便于运输且能够保证新鲜度。

2019 年，琅琊玉筋鱼加工制作技艺被列入青岛市黄岛区区级非物质文化遗产名录。

# 沐官岛虾皮捕捞技艺

捕捞虾皮所需工具

沐官岛，位于青岛市黄岛区琅琊古港区，岛上有一自然村，黄岛区泊里镇沐官岛村。几百年来，青岛市黄岛区泊里镇沐官岛黄家塘湾渔民，用一种原始的捕捞仔虾的方式，向大海获取海产品。这种传统技艺既保护了海产品的完整，又未给环境造成污染，成为一道独特的风景线。

立秋以后，黄家塘湾口洄游一批用肉眼看不见的仔虾，这种虾通体透明，在海水中不易被发现，因此，需要用极细密的网具采捕。于是，生活在海边的泊里人就发明了推网，为了能走进深一点的海水中去，他们又发明了踩着高跷进海的方法，于是，这种古老的传统技艺就产生了。

2019 年，沐官岛虾皮捕捞技艺被列入青岛市黄岛区区级非物质文化遗产名录。

用专用工具捕捞小虾

# 大夼香传统制作技艺

大夼香

大夼香传统制作技艺保存并流传于青岛市黄岛区红石崖街道办事处大夼社区。大夼社区和即墨的云桥村、胶州的谈家庄是青岛三大主要制香村。大夼香传统制作技艺制香所用原料木粉分别来自河南省、河北省以及山东省临沂等地。大夼香的主要销售范围是在青岛西海岸新区，辐射日照、诸城等。近年大夼香远销北京、上海、青岛、济南等地。

香是青岛市黄岛老百姓日常生活中不可或缺的用品。岁时节日以及人生礼仪的重要时刻，百姓有烧香祭祀神灵、祖先的传统，当地对于香的需求量大。

据村民回忆，早在中华人民共和国成立前，村中就有人用传统工艺制香，但人数较少，没有形成一定的规模。

1955 年该村成立和平一社。1957 年，大夼村的第一任党支部书记薛顺山到即墨城南云桥村请来制香师傅王佩全，教会村里人制香这门手艺，带领村民 60 多人成立香坊。

1976 年左右，大夼村的第二代制香人开始跟着第一代学习制香。“大包干”之后，大夼村是 5 — 6 家合伙开香厂，1985 年、1986 年左右，各家开始自己干，一直干到现在。第二代代表性传承人是韩道成，他 1980 年开始做香。第三代代表性传承人是 1992 年出生的韩修岩，是韩道成的侄子。

大夼香始终坚持用心制作、精心制作，做出的香质量上乘，在当地远近闻名，一直被消费者广泛认可。其制作方法如下：

配料：主要是木粉、榆树皮粉、香料、颜料（红、绿、黄）等。

筛粉：制香配料中的木粉、榆树皮粉、炭粉有时会有小木片、碎石等杂质，需要对原材料进行过筛处理。

对香进行晾晒

和面：取适量的榆面放在热水中烫 10 分钟，发挥其黏性。按照配方（以榆面 100 斤为例，需要 150 斤木粉、半斤香料、6 两颜料、200 斤水）放入木盆，用木棍搅拌均匀，为避免烫伤，等合适温度进行人工踩面子。由于木盆里的温度很高，木盆上放上一个粗绳子，踩面人用手拉绳子，当温度过烫，踩面人依靠臂力使脚离开木盆，防止烫伤。

打棒子：和面完成后，等到适宜的温度，将和好的面切成小块，进一步使其散热。将工具连接好，取适量和好的面（必须洗手），在香桩顶端反复揉搓敲打，使其大小和香桶大小相仿。

压香、接香：装进香桶，压香杠子，香从香桶下的香嘴出来接在托盘上。

摆香、摺香：托盘按照顺序排在一个长凳上，将托盘里柔软状态的香线轻轻转移到布箩上，再用切刀、抿子将香线分割均匀，盖上晒箩，一上一下左右手抓好两个箩，举过头顶，两臂翻转抖动，最后用布箩慢慢盖在晒箩上。

晾晒：将成型湿香，分组逐一罗列到一排，先自然晾一阵。将摆好香的晒箩拿出放在户外地里香帐子（用土堆起 80 厘米的土墙，铺上 30 厘米的砖石）上晾晒，晒 2—3 天。

包装：将晒好的香根据需要用纸包装起来。

大夼香传统制作技艺为纯手工制作，一般需要六七个人合作才能完成。制作受时间影响较大，技艺传承全靠口传心授、耳濡目染。该技艺具有重要的经济价值、社会价值和学术研究价值。

2019 年，大夼香传统制作技艺被列入青岛市黄岛区区级非物质文化遗产名录。

 **非物质文化遗产代表性传承人** 

## 韩道成

韩道成，男，1963 年 6 月生，汉族，高中学历，山东青岛人，大夼香传统制作技艺区级非物质文化遗产传承人。

大夼村是青岛市闻名的制香村，从 1952 年开始，村里就有人制香，

韩道成制香

20 世纪 80 年代，村里制香的个体户在高峰期达 100 多家，大夼香名扬青岛。韩道成师承父辈，从 18 岁就开始做香，一做就是 40 年。在与妻子丁伟萍结婚后，把制香当成了生存的营生，夫妇俩认真向村里的老手艺人学习制香工艺，甚至自费去外地学习。经过学习，他们对藏香、鲁香等制香工艺都有了全方位的了解，制造出了多种多样的香，成为青岛地区“制香”界响当当的名片。传统技艺不改良、跟不上潮流，也会遇上销售瓶颈。对此，韩道成夫妇积极在转型中寻找新机遇，两人综合考虑供香的用途、香型等因素，潜心研究，彩色香、无烟香等应运而生，他们研制的迎春福供香品牌深受广大消费者的喜爱。如今，韩道成的侄子韩修岩学会了制香技艺，成为大夼传统制香技艺的第三代代表性传承人之一。

2019 年，韩修岩参加了青岛西海岸新区文化和旅游局组织的非物质文化遗产展会。

# 古陶瓷修复技艺

古陶瓷修复必须一件一件精雕细琢，一条看似简单的青花线条，在修复过程中仍然要做到色分五彩。项目技艺流程为：检查、清洗、拆卸、拼接、配补、打磨、打底、上色、上釉、做旧等十多个步骤。

20世纪初，李家的古陶瓷修复技艺在高密东风村产生和发展。李元敬发展古陶瓷修复技艺，并将技艺传授给儿子李明德。李明德随父实践扩延技艺，并将古陶瓷修复技艺传授给儿子李杰、李锴，李杰继承祖传技艺，结合20余年的材料工程师基础和多年的修复实践经验，总结归纳出古陶瓷无痕修复技艺。在吸收传统的技法上研发出了取代过去虫胶的无毒无味的“钻石釉”，其硬度接近玻璃，与瓷釉质感一致，是目前国内修复圈所没有的材料，填补了修复材料的空白。在开发研究和修复实践的同时，将技艺传承给女儿李笑蓉，并将技艺定为李氏古陶瓷修复。

薄胎无痕修复壶嘴

1949年后，古陶瓷修复技艺声名影响到潍坊、高密、胶州、平度各地。第三代传承人李杰掌握项目技艺后，历经多年发展，设立黄岛区惜物锔手工工作室，并发展了胶州分部，影响遍及青岛市区甚至深圳、广东都有客户。通过参加展销、参加比赛活动，影响分布于福建、江苏宜兴、北京等地。通过媒体尤其是新媒体的推介宣传和网上销售，进一步扩展了影响分布区域。通过进校园古陶瓷修复技艺体验活动，学生参观和参与学习制作，古陶瓷修复技艺在国内大学生及外国留学生中具有了一定影响。

第一代传承人李元敬（1918—1968），是家族古陶瓷修复文化的创始人，于民国时期创立家族古陶瓷修复技艺，传授给儿子李明德。

第二代传承人李明德（1942— ）自幼随父学习古陶瓷修复技艺，扩延创新，使古陶瓷修复影响进一步推向社会，将技艺传授给两个儿子李杰、李锴。

第三代传承人李杰（1969— ），自幼接触古陶瓷修复文化，耳濡目染，成年后在父亲指导下全面掌握祖上古陶瓷修复技艺。注重对第四代传承人李笑蓉的培养，使李笑蓉的古陶瓷修复技艺逐步成熟。

第四代传承人李笑蓉（2001— ），学习钻研祖上古陶瓷修复技艺，主持工作室及分部的经营管理。

李氏古陶瓷修复技艺传承延续100余年，身手相传，谱系清晰，具有显著的家族技艺传承特征。

项目技艺针对要修复的器物恢复到损坏前的状态，修旧如旧，以至达到修复后声如磬、形如初、色一致，看不出修复痕迹的效果，离不开新材料的支持。开发出的新材料最大特点无毒无味，性能还好。

修复方法分为三大类：其一，破坏性修复，采用锔瓷技艺装饰修复恢复器物的实用性。其二，补缺式修复，指对于拼缝、补缺部分，保留修复痕迹，能分辨出来原器物和修复部分。其三，美术修复或者称商业修复，对于修复部分进行上色处理达到天衣无缝的效果。

2022年，古陶瓷修复技艺被列入青岛市黄岛区区级非物质文化遗产名录。

## 非物质文化遗产代表性传承人

# 李杰

李杰，男，1969年5月生，汉族，山东高密人，于2023年2月被评为古陶瓷修复技艺项目区级非物质文化遗产传承人。

李杰（右）指导学徒雕刻

2020年，李杰在黄岛区成立惜物锔手工工作室，2021年在胶州、黄岛泊里设分部，目的是培养能全面掌握技艺的下一代传承人。目前，工作室设有项目技艺展览室，以及非物质文化遗产古陶瓷修复技艺专门实习场所。与此同时，定期举办李氏古陶瓷修复技艺进校园等活动。李杰凭借出色的文化传播效果和高超的专业技能被西海岸上流汇推选为“文化传播大使”，多次接待中外来访者的参观，被当地电视台多次采访报道，被《半岛都市报》《生活帮》专题采访报道。2022年10月，参加山东省“鲁班杯”全省16地市手造大赛，李杰以修复题材入围优秀奖。

# 泊里馇锅子制作技艺

正在营业中的泊里大集馇锅子业户

泊里镇馇锅子的制作以及食用区域主要以青岛、日照、潍坊为主，具体区域为青岛西南沿海乡镇，如泊里镇、张家楼镇、藏马镇、大场镇、海青镇和琅琊镇。此外，在周边的地区也能见到，如日照市的两城镇、潮河镇以及诸城市的桃林镇等区域，分布面积方圆约 900 平方千米。

泊里馇锅子是泊里大集上的美食之一。伴随着泊里大集的发展，泊里馇锅子历经 300 多年的发展演变，如今已经成为无数客商和游客来泊里品尝的首选美食，在民众中有良好的传播口碑和印象，成为外地人来泊里赶大集必须体验的内容之一。自 2012 年以来，每年腊月期间都被中央电视台各栏目报道宣传，有特别高的知名度。

最早的馇锅子制作主要以泊里镇为主，后期推广到大集上运营，尤其是泊里大集上制作的这一美食最为正宗，口感最佳。因泊里大集只在农历的四、九日子里开市，于是馇锅子商户就带着工具在周边大集上设置摊位，进行叫卖和销售。

馇锅子起源于明朝中期，最早叫“羊杂碎锅”，是泊里地区的一种大众化烹煮模式，早年出现在街坊内，人们露天支锅，锅内煮一些价格低廉的羊杂和羊头等，人称“羊杂碎锅”。因其大火烹煮，汤沸时肉烂骨酥，香气逼人，常常会引来渔民、工匠人、赶脚运输人、小商小贩以及庄稼人食用，因而生意特别好。后来，有经营商户觉得泊里大集人员众多，税费又少且不用租赁房屋，于是羊杂碎锅便被搬到了大集上。因其在制作中边拌边煮，如同“馇治”，于是有人便称其为“馇锅子”。据说，清朝乾隆年间，郑板桥在潍坊出任知县时，得知有馇锅子这种吃法，虽欣赏其制作创意，但感觉格调不雅，于是提倡移于室内，在门市内挂牌待客，但顾客在室内总也找不到那种露天大快朵颐和接地气的感觉，便悄悄地又回到大集中。留在室内的经营模式成为羊肉汤，在大集上的成为馇锅子。

顾客在泊里大集馇锅子摊位享用美食

馇锅子的主要做法有：将优选的山羊屠宰、清洗后，将羊肉、羊头、羊骨、羊下水等用清水浸泡，入温水锅中大火烧开，反复打去浮沫后捞出用水冲洗干净，再向锅内放入清水，用羊骨铺底，把羊肉、羊杂放入，大火烧开，去除浮沫，放入秘制调料包，经过持久大火煎熬后，捞出煮熟的羊肉、羊杂，切成薄片，再配上羊血装入碗内，撒上香菜末、葱花，调入食盐、味精、胡椒粉和辣椒油，一碗热气腾腾，让人口流馋涎的馇锅子就可端上桌享用了。

2022 年，泊里馇锅子制作技艺被列入青岛市黄岛区区级非物质文化遗产名录。

# 西施舌捕捞技艺

西施舌味道鲜美，清代药物学家吴仪洛在《本草从新》中写道："介属之美，无过西施舌，天下以产诸城黄石岚海滨者为第一。"书中提到的黄石岚，就是现在青岛市黄岛区泊里镇西南的黄家塘湾。

准备出售的西施舌

捕捞西施舌

潮河与白马河汇入黄海，冲积形成的"Y"形塘湾就是黄家塘湾。其独特的地理位置和得天独厚的气候条件，滋养出味道独特的西施舌。该区域气候适宜，冬无严寒、夏无酷暑，适宜贝类生长，远离工业厂房，无水污染等环境问题，满足西施舌对水质的要求。几条内河汇入大海，河水携带着的泥沙沉积成了广阔平坦的滩涂，光照、风速、温度都适合贝类生长。更重要的是受潮汐运动，内河淡水入海，导致此处的海水咸度适宜，滋养了西施舌独特的口感，这也使得西施舌在其他地方难以养殖。

2022 年，西施舌捕捞技艺被列入青岛市黄岛区区级非物质文化遗产名录。

# 岛耳河虾仔酱制作技艺

山东省青岛市“岛耳河虾仔酱”，产自青岛市黄岛区王台街道魏家岛耳河村。虾仔酱以当地食用小虾仔、海盐为原料，以祖传老陶缸为容器，古法腌制而成。用古制传统手法酱制的虾仔酱保留了古法风味，酱制古手法工艺得到了传承。

据村里百岁虾仔酱制作人张文堂介绍，在其年幼时村民每年都会制作虾仔酱，并拿到集市贩卖。因虾仔酱风味独特，易于储存，成为远近闻名的地方特色产品。虾酱鲜香醇厚、回味悠长、发酵时间越久风味越独特无比，这一古法腌制技艺传承至今历经 300 多年经久不衰。

青岛岛耳河水产品专业合作社以魏希壮等人为主要代表，制作技艺精湛，虾酱营养价值高，风味独特，已经成功注册了“岛耳河”商标，

村民准备下海捕捞小虾仔

虾仔酱不仅在青岛地区销售，更是作为西海岸特色产品远销潍坊、淄博、济南、北京等地区，深受百姓喜爱。

根据民国版《增修胶志·疆域》记载，宋末魏氏先祖从云南迁此立村，村庄历史上以农、渔业为主。魏家岛耳河村土地为盐碱地，缺少可以腌制咸菜的蔬菜，因此先辈们因地制宜、就地取材，在明末清初的时候就开始制作虾仔酱当作咸菜来食用了。村民们世代相传，虾仔酱制作技艺传承至今有300多年的历史了，村里年龄最大的制作传承人已经有百岁高龄，虾仔酱不仅味道鲜美，而且营养丰富，食用方式多样，形成了地方特有的美食文化。

制作虾仔酱

制盐的方式非常独特，人们推着车子到海滩收集咸土，运回家之后盛在一个底下有孔的大罐子里，将罐子放到支架上面，底部放置一个黑陶盆。向罐中加入清水，水会透过底下的孔滴到黑陶盆里，黑陶盆中的水自然晒干后就形成白色的大颗粒食盐了。

岛耳河虾仔酱制作技艺的主要原料小虾仔，当地人俗称“沫糊”“虾蠓子”，产自魏家岛耳河村东五条河的入海口，此地俗称“五河头”。这里地处河海交汇处，海水咸、河水甜形成了独特的水环境，当地人称“两合水”。小虾仔只在清明时节前后一个月和霜降前后一个月在此生长，产量极少。捕捞的过程称之为推虾，在海水退潮时，人们用两根长的竹竿绑上60目的渔网，前端各绑一个葫芦，使竹竿前端在水中呈漂浮状态，以防止竹竿触到淤泥，后端连接固定在一起，在河道中向前推网捕捞小虾仔。

制作过程干净，配方独特：推上来的虾仔往往夹有杂草或泥沙，人们把小虾仔放到竹筐中，再用两合水清洗干净，需要特别注意的是洗虾不能使用淡水，这样才能保证原料的鲜美度。

小虾仔和食用盐的使用比例是有讲究的，人们经过多次实践探索总结出了科学比例。把称好的大粒盐用石臼碾碎后，加入相应比例的小虾仔中，在干净的黑陶盆中搅拌均匀；再在清洗干净无水的黑陶罐底部撒上一层用石臼碾碎的大粒食用盐；再将搅拌均匀的小虾仔盛入黑陶罐中，上面撒上一层食用盐，用棉布或塑料封住黑陶罐口，盖好盖后置于阴凉处，自然发酵 3—12 个月后即可食用。

虾仔酱储存方便，密封后在常温下存放便可。储藏虾仔酱的器皿，以传统黑陶罐最佳，存放发酵时间越长，其香味越浓郁。

虾仔酱食用方式多样，生食熟食均可，最常见的吃法就是大葱蘸酱，配以玉米饼子，最能触动人的味蕾。虾酱不仅可用作各种烹饪和火锅调味料，也可和其他食物一起做出许多独特的美味小菜，如鸡蛋蒸虾酱、辣椒蒸虾酱、虾酱炖豆腐等，其中，鸡蛋蒸虾酱是胶东的名吃。

村庄现保存有过去村民捕捞虾仔的网具、陶罐、猪皮绑、牛皮绑等虾酱制作工具。2020 年，村民成立了青岛岛耳河水产品专业合作社，致力于岛耳河虾酱手工制作技艺的传承与推广，合作社现有成员 8 人，年龄最大的 63 岁，年龄最小的 46 岁，2021 年加工制作虾酱 2000 公斤，取得了很好的经济效益和社会效益。

2022 年，岛耳河虾仔酱制作技艺被列入青岛市黄岛区区级非物质文化遗产名录。

# 青岛螺钿技艺

青岛西海岸位于青岛市胶州湾西海岸，是螺钿原材料产量丰富的海域。螺钿技艺传承人陈茂强，因为生活在海边，家中吃过的各类贝壳，他都会经过清洗、打磨，变成一件件日常用品，尤其喜爱采集鲍鱼贝壳。其母喜爱剪纸，在方圆几十里剪纸非常出名，陈茂强一边跟母亲学剪纸图案，一边把剪纸图案运用到打磨过的鲍鱼壳上。2010 年，陈茂强与妻子路珺成立了青岛紫贝工艺品有限公司，专门从事螺钿研发、设计、生产与销售。经过 10 年的发展，公司在传统文化领域已经崭露头角，产品除正常满足市场需求外，还在不断设计研发结合当代家居生活的创新型产品，如：家具、箱包、装饰画、高端服装装饰、旅游产品等，以丰富家居生活为主要目的。

螺钿技艺的主要工艺手法是对原贝（鲍鱼贝、珍珠母贝、夜光螺等珍稀贝壳）通过抛光、打磨、蒸煮、切割工艺，形成镶嵌在器物上的

选择合适的贝壳原材料，对贝壳进行反复打磨

花纹图案、几何形状，基材选择稳定的木质材料、陶瓷、金属等，螺钿通过黏合，与基材固定连接，表面刷涂透明或半透明涂层。花纹加工形式主要采用切片、拼接，黏合形成有序的花纹基材，厚度更薄，增大原贝使用面积，增强使用基材，可操作性增大，可弯曲度增强。花纹切割采用可以产业化的新技术，数控切割花纹，使花纹更精细，装点器物更加广泛，可用于木器、皮革、金属、陶瓷、纺织器，表面可做涂层。可形成配件的形式，可用于当代很多器物材料、生活装饰物品等。

螺钿作品

螺钿的价值主要体现在如下方面。历史价值：螺钿制作技艺不仅能反映历史发展和历史见证，还是多种历史信息的综合载体。对研究各时期螺钿的发展、变化提供了强有力的依据，有着重要的参考价值。艺术价值：螺钿作品既具实用性，又具观赏性。在视觉效果上给人以心情舒畅的感受。一件优美的螺钿作品必须具备形式与内容的完美统一，装饰图案所表现出的含义是让人领悟思想文化的情感条件。开发利用价值：螺钿技艺自2000年来一直是收藏界所关注的热点之一，近年来随着国家综合国力的增强，包括螺钿在内的各种螺钿作品成为国内收藏界的热点，并且随着当地旅游业的发展，螺钿成为当地重要的旅游资源，具有较强的市场开发性。

2022年，青岛螺钿技艺被列入青岛市黄岛区区级非物质文化遗产名录。

## 非物质文化遗产代表性传承人

# 陈茂强

陈茂强，男，1971年6月生，汉族，山东青岛人，于2022年7月被评为青岛螺钿技艺项目区级非物质文化遗产传承人。

陈茂强于2009年和妻子创立青岛紫贝工艺品有限公司，把所学应用到螺钿工艺上，优化传承制作工艺，融入现代科技。经过10年的发展，陈茂强带领公司技术研发团队，通过工艺的优化改良实现与多种材质结合，如纺织、金属、陶瓷、皮革、亚克力、玻璃等各种材质的结合，扩大了螺钿使用范围，增加了螺钿应用种类，使螺钿使用空间无限放大。

近年来，陈茂强的公司通过天猫、京东、淘宝店铺，以及抖音大号、小红书、大V短视全网营销模式，参加国际展会等渠道销售，使产业涵盖领域广泛深入。截至2021年12月，公司实现年销售额1200万元。

陈茂强于2019年参加中国深圳十五届文博会。2022年5月，公司入选"山东手造·优选100"企业名录。2022年9月，陈茂强带领设计团队参加山东省首届"振兴传统工艺·鲁班杯"大赛获得文化创意类铜奖。

陈茂强及其制作的螺钿作品

# 蓑衣编制工艺

蓑衣的原材料的采割，蓑衣草的名字叫小乖子草（也叫油草）

山东省青岛市黄岛区王台街道庄家茔村，地处平原。蓑衣采用的小乖子草分布在河道两侧，或田地区域。

据村里老人介绍，村民自明末清初开始制作蓑衣，传承至今已有300多年的历史。村民以前通过制作蓑衣来进行挡风遮雨。

编制蓑衣首先是搜集原材料，以野生小乖子草为主，采集原料最佳时间是中伏，一定在立秋前采集，立秋后采集的易折断、不耐用。采割的小乖子草经精选后快速在阳光下晒干捆好备用。

编制：先将小乖子草放在水里泡透、再晾至半干，并保持半干水分，开始编制。用粗细适宜的双绳线，编制好领子，立好领子后再分路，每编制几行就在两边生扣，也叫加扣，每扣打结时需要用手指捻草进行打结，掌握打结均匀大小统一，这样编制蓑衣美观漂亮呈扇形而且耐用。

蓑衣编制的大小根据需求最后锁扣，也叫锁边，同衣服锁边是同理，一般锁双行也可锁三行，再用剪刀略加修剪。一件手工制品蓑衣才算完工，大约 2 周时间。青岛市黄岛区庄家茔村的赵文赞是该传统技艺的主要传承人。

2022 年，蓑衣编制工艺被列入青岛市黄岛区区级非物质文化遗产名录。

赵文赞在编制蓑衣

# 草泊柳编传统技艺

早在清初，青岛市黄岛区张家楼街道草泊村农民就开始杞柳的种植和柳器的编织，迄今已有近400年历史。民间编织的柳箱、筐、篮、升、斗、簸箕、笸箩等产品，技术精巧，样式考究大方，结实耐用，外销至周边各县市。

清初，草泊村土地肥沃，西邻陡崖水库水泊，湿地较多，促使芦苇、杞柳大量生长，有很多的柳编原材料，王姓祖上便从土山屯迁至此地，从事柳编。

草泊柳编传统技艺传承人王守全（1954—　）自幼对柳编技艺很感兴趣，跟随家族长辈学习柳编技术。1974年，为丰富自己的柳编技艺，

草泊柳编所需原料杞柳

民间艺人正在进行柳编

拜访临沭、诸城等地的柳编艺人切磋柳编技术，集众家所长。几十年以来，每年都会勒编出几百个簸箕、笸箩、篼子。只要农闲他就会到地里寻柳、摘柳，将洁白的柳条编织成升、斗、笸箩、簸箕、篮子……提着它们赶集出售。

20 世纪七八十年代，物资相对匮乏，村庄每年秋末都会组织人员进行柳编。全村大街小巷、各家各户很是热闹，男女老幼忙得不可开交，都想着抓住这个机会，多干活、增加收入。20 世纪 90 年代初，随着市场经济大潮的涤荡，与其他诸多传统手工艺一样，柳编器具的替代品多了，柳编也逐渐退出历史的舞台。然而草泊的柳编工艺并没有消失，王守全等老匠人在坚守着这份传世家业的同时，积极探索新工艺，与时俱进，与市场接轨。随着时间的推移，柳编逐渐演变为一种文化艺术品，广泛应用于生活中的各个领域。

草泊柳编技艺的主要技法有平编、纹编、勒编、砌编、缠边五种。杞柳、白柳是制作柳编的主要原料。杞柳、白柳每年收割春、秋两季，待柳枝长到 1.5—2 米高，收割的杞柳、白柳要趁新鲜剥皮后晾晒，做成柳条备用。

草泊柳编的制作过程可分五步：

一是泡条子：将条子放于水中沤泡，柳条一般 1—3 小时，桑条、荆条等需 7 天以上。

二是晾条子：将泡好的条子从水中取出，置于地窖中，至湿度和柔韧度适宜时，方可编制。

三是分条子：将条子按大、中、小分为几等，各自放置备用。

四是编制：用“梁子”作为辅具，严格掌握尺寸，这是柳编制作过程中最重要的环节，要求精心制作，一丝不苟。

五是修饰：用刀子将编好的成品打掉杂毛，使它光滑、美观。

柳编在中国具有悠久历史和深厚文化内涵，它是中国民间文化非常重要的元素之一，无论是在古代还是现代，柳编都有着广泛的应用领域，成为中国传统文化的重要组成部分。

2023 年，草泊柳编传统技艺被列入青岛市黄岛区区级非物质文化遗产名录。

# 传统和合香制作技艺

和合香制作所需香料

中国传统和合香不是简单的香药混合，更重要的是药性的“和”。传统和合香的制作，首先是要综合考虑该香的用途、香型、品位等因素，再根据这些基本的要求选择香料或药材，按君、臣、佐、辅进行配伍。

和合香的过程要遵古法，择时、择地，将制香人的心性融入其中，达到“无不参三才而运之”。最终制作的香品，达到让用香之人阴阳和、气血和、脏腑和、性命和的效果，因此中国传统香被称为“和合香”。

和合香制品

中国传统和合香在香方的确立、香料的使用、配伍与炮制、

制作的流程等方面都十分考究，有一套严整的、行之有效的方法和规范。可以说，传统和合香工艺是以香气养神为主要的出发点，把香气作为一种可以表达情绪的语言，在保持一道香的药性时还能使其表达一定的意蕴。许多味香料合成一体，传达制香人想要表达的意蕴。

中国传统和合香目前分为四大实践板块：医药养生、生活日用、文房雅趣、宗教信仰。具体表现形式有：佩戴类，如香珠香佩；养生类，如香灸养生；熏香类，如线香、盘香、塔香、香丸、篆香等。

在传承上，主要以教学实践、开设香学文化课堂、培养弟子传承、培养制香技能人才等方式发扬中国和合香文化。

2023 年，传统和合香制作技艺被列入青岛市黄岛区区级非物质文化遗产名录。

# 德贞古琴斫制技艺

古琴的制作又称为斫琴，古琴斫制的历史悠久，历史上广泛存在于中国各个地区。

自古以来，大量琴书著录中都有对斫琴技艺的记载，不仅翔实记录了材质的炮制方法、施材配料、秘制配方等，对琴体布局、比例等方面都有规范的设计要求。从唐至清历代都有古琴保留下来，这些都是民族文化的宝贵遗产。

古琴的形制在汉代定型，样式繁多，如伏羲、灵机、神农、响泉、凤式、连珠、仲尼、列子、伶官、师旷、蕉叶、落霞等样式50多种。斫琴工序有选材、开料、制作琴形、做塌腰、挖槽腹、合琴、安装附件、裹布、刷靠木漆、抹灰、制作面漆等十多道工序。

斫琴所使用的工具

琴的制作流程

古琴象天法地，并有头、颈、肩、腰、尾、足与人身结构相应，琴长一般为三尺六寸五分，象征一年365天。“琴头”上部为额，额上镶有架弦用的硬木称为“岳山”，它是琴的最高部分。岳山一侧亦镶有一条硬木称为“承露”。上面有 7 个“弦眼”，用以穿系琴弦。下方有 7 个调弦用的“琴轸”。琴头侧端，又有“凤舌”和“护轸”。腰以下为“琴尾”，镶有架设琴弦的的硬木称为“龙龈”，两侧边的装饰称为“冠角”。琴的底部有大小两个音孔，中部较大为“龙池”，尾部较小为“凤沼”，槽腹内有“天柱”“地柱”两根音柱。琴面上面有 13 个“琴徽”象征一年 12 个月加一个闰月。

德贞古琴的斫制流程包括 10 多个环节几十道工序，每一道工序都要靠手工制作完成，制作时间长达一到两年。

从选材、定型、面底板的制作、试音以及槽腹内部独特的结构特征都有其特殊的制作方式。再到后续的髹漆，用鹿角霜和大漆混合涂抹在琴板上，这一工序保证了古琴琴体可以历经上千年的弹奏而完好无损。在斫制过程中讲究因材施斫、艺技相融。所斫制的古琴外观大气、古朴，音色高音弹而不破，低音细腻婉约，有老琴特有的声韵。

2023 年，德贞古琴斫制技艺被列入青岛市黄岛区区级非物质文化遗产名录。

# 董城驴肉传统制作技艺

董城驴肉传统制作技艺最早可以追溯至1919年，先后历经韩京阁、薛鸾、薛立全、薛文杰四代人的传承，传承方式为：创始人—师承—子承—子承。

董城驴肉原产地位于青岛市黄岛区，这里物产丰富，交通便利，因此为董城驴肉的制作提供了一定的便利性。董城驴肉祖祖辈辈一直延续采用纯手工制作技艺，历经百余年发展，所研制的董城驴肉传统制作技艺重在用心和掌握火候，前后经过清浸、配料、熬汤等多道工序制作而成。

大料准备（桂皮、八角、香叶、白芷、姜等）

精选的驴肉肉质均匀，不肥不腻，制作过程中加入秘制汤料以及长达2个多小时的小火熬制。所制作出来的产品呈现红褐色，肉嫩味纯、味透骨髓、余味深长、鲜奇滋补，可直接食用的同时，还可以用来涮火锅，好吃的同时还具有丰富的营养价值。据《本草纲目》记载：驴肉味甘、性凉、无毒。解心烦，止风狂、补血益气、治远年劳损。

董城驴肉深受当地百姓的推崇，作为当地美食文化的代表之一，其具有原生态内涵和当地饮食文化的特色，是对于当地百姓的生产生活和习俗的真实记录。

2023 年，董城驴肉传统制作技艺被列入青岛市黄岛区区级非物质文化遗产名录。

熬制驴肉

# 海鲜大包制作技艺

海鲜大包制作技艺依托于"馋笼大包"。海鲜大包使用天然、健康的材料制作，食材的新鲜保证了包子味道的鲜美，在黄岛地区受到广大食客的青睐。

馋笼大包中的大虾

传承人传授技艺

创始人王宝珠，平度县小王庄人氏，在平度当地以制作、售卖面食谋生。1900年，王宝珠随乡亲一起闯关东到吉林，在吉林当地与妻子郭淑英一起经营店铺，并将做面食的手艺教给了妻子郭淑英。1927年，王宝珠夫妇回到青岛老家，开设早餐摊点。

1965年，郭淑英将制作粥品、面食的手艺传给女儿边瑞菊，边瑞菊带着这份技艺进入国营饭店工作。1990年，边瑞菊传给女儿杨杰。杨杰继承家族传承技艺，最开始也是开设早点店铺售卖包子，在积累了足够的经验和资金之后，2017年11月22日，在青岛市黄岛区注册成立青岛馋笼餐饮管理有限公司，帮助了馋笼大包在青岛地区更好地发展。

2023年，海鲜大包制作技艺被列入青岛市黄岛区区级非物质文化遗产名录。

# 九蒸九晒黄精茯苓压片糖果制作技艺

药材晒制

九蒸九晒黄精茯苓压片糖果制作技艺起源于冀鲁豫三省交界处的聊城、濮阳、邯郸等地。清乾隆年间，河南省濮阳市范县人氏李广学偶遇一位张姓游方中医学会黄精九蒸九晒和与其他药材、食材配伍制作药剂的方法，至今已传承六代。第六代传承人郭正元将原来的技法创新发展，采用九蒸九晒的古法制作成一款养生食品。严格选用黄精、茯苓、黑芝麻、人参、山药、黑枣等十余种道地药食两用食材，不断地研究传统配方和制备方法，将丸药制作方法进行了系统改进，在严格的现代食品生产条件下生产而成，以使其符合国家标准和民众需求。2017 年，郭正元在青岛西海岸新区设立北京正天元国际中医研究院黄岛分院，持续钻研，发展出了适合青岛本地特点的九蒸九晒黄精茯苓压片糖果制作技艺。

九蒸九晒黄精茯苓压片糖果制作技艺主要是对主要食材九蒸九晒：选择安徽九华山产的黄精、黑芝麻等道地药食两用的食材进行九蒸九晒。第一蒸，取清洗干净的原料，放到锅里蒸一个半小时，大火改小火，蒸完之后晾晒；晒干以后开始第二次蒸，再晾晒，反复操作。八蒸之后，用即墨黄酒将材料浸泡24小时后晾晒，晾晒后打成粉，和其他食材如茯苓、黑芝麻、山药等切片炒（蒸）熟，打成粉混合在一起，用蜂蜜和成面团，反复甩揉，形成压片糖果。九蒸九晒法炮制中药材，所用蒸、晒、焖、润时间较长，可使药材中所含成分之间充分反应，使其增效减毒效果达到最佳。九蒸九晒黄精茯苓压片糖果不仅可以用于疾病的预防和治疗，也能用于改善调理现代人的身心亚健康状态。

压片糖果手工制作

九蒸九晒黄精茯苓压片糖果制作技艺在传承和弘扬中医文化、继承中医治未病传统、为百姓降低经济负担等方面均具有重要价值。

第六代传承人郭正元将九蒸九晒黄精茯苓压片糖果制作技艺发扬光大：不断改进药剂配伍和制备方法，开发适合当代社会需要的无毒制备流程；不断培养传承人，使这一技法得到更好的推广。

2023年，九蒸九晒黄精茯苓压片糖果制作技艺被列入青岛市黄岛区区级非物质文化遗产名录。

# 琅琊鸡清炖传统制作技艺

琅琊鸡产自青岛市黄岛区琅琊镇，因其肉质鲜美的特点成为广受欢迎的食材。在黄岛区，提及琅琊鸡可谓无人不知无人不晓。

琅琊鸡的烹饪方式主要有三种，即煮、炒、烧，每一种做法都有其严格的规范，都严格遵循食不厌精、脍不厌细的基本理念，从食材的选择到火候的把控都要做到尽善尽美。琅琊鸡结缔组织少，肌纤维较柔韧，清炖好的琅琊鸡肉质紧实细嫩、香气浓郁，让人回味无穷。炖鸡选择质量上乘的琅琊鸡，宰杀清理干净并掏出内脏，将整鸡放入锅中并加入花椒、大料、白芷等各味调料进行煮制，煮至熟透后捞出拆肉，然后将鸡汤倒入拆好的鸡肉中，放入香菜、葱花、枸杞等点缀即可。做好的琅琊炖鸡汤浓肉香、营养健康。

清炖琅琊鸡的辅料

将拆好的肉放入盆中并倒入鸡汤为琅琊鸡成品

琅琊鸡清炖传统制作技艺可谓历史悠久，传承百年以上。创始人赵运昌于 1912 年与同村好友王延峨在胶州开设“三盛栈”饭铺，最初饭铺的琅琊鸡、烧肉等深受食客们的欢迎。发展到 1919 年，赵运昌携家人从胶州迁往附近胶南地区开办饭店继续售卖琅琊鸡。第二代传承人赵金合于 1980 年，将饭铺改名为“康乐饭店”，寓意为吃得健康，玩得快乐。1986 年，赵春福接管父亲赵金合的衣钵开始独立经营饭店，后来他在胶南琅琊镇开办养鸡场用以供应饭店。除了琅琊鸡这一经典菜品外，店内的招牌菜非常多，像海捕鲈鱼家常烧、家常烧牙片鱼、香煎牛仔骨、康乐老炸肉等都深受顾客的喜爱。2015 年，赵得成接管父亲的饭店，成为琅琊鸡传统制作技艺项目的传承人和负责人，他严格规范了琅琊鸡的制作流程，香料等辅料的配比做到了丝毫不差，保证了每一只琅琊鸡都有着同等规格和品质。

为更好地促进这一项目的传承，赵得成通过招收学徒与社会培训的方式培养传承人。历史悠久的琅琊鸡清炖制作技艺承载着青岛人民对饮食文化的追求，它是青岛历史文化和饮食文化的重要佐证，也彰显黄岛区社会经济发展的状况和水平，传承与保护这一制作技艺对于青岛饮食文化体系的发展具有积极意义。

2023 年，琅琊鸡清炖传统制作技艺被列入青岛市黄岛区区级非物质文化遗产名录。

# 泊里海鲜烩饼制作技艺

泊里海鲜烩饼是青岛市黄岛区泊里大集上的主要美食之一。

泊里镇地处黄岛区西南部，曾是藏马县城所在地，有着优越的交通优势。这里人口众多，物产丰富，历史悠久，文化底蕴深厚，农产品和海珍品丰富。在千百年的生产劳动和生活中，人们制作并流传下来众多的美食，“海鲜烩饼”就是其中之一。

泊里海鲜烩饼制作技艺流程为：人们在海鲜市场购置虾蟹、贝类和软体类海鲜后，交给海鲜烩饼经营户。他们将各种海鲜清洗干净，大号炒瓢加热，倒入花生油待油热后，将切好的五花肉放入炒锅，快速将肉

海鲜烩饼制作中

煸香。再将本地蛤蜊和海鲜全部放入炒锅，用炒勺翻炒多次，直至软体类海鲜如鱿鱼、笔管等打卷后，放入自家特制的调料，再反复翻动几次。10 分钟后，锅中食材全部变成红褐色后，依次放入早已切好的面饼、茼蒿和葱花，出锅装盆，一大盆热气腾腾、蟹红肉白、汤浓味鲜的海鲜烩饼就做好了。

泊里海鲜烩饼起源于清朝中期，最早是泊里地区的一种大众化烹煮模式，因其用大火烹煮，汤沸时鲜香可口，物美价廉，常常会引来渔民、工匠人、赶脚运输人、小商小贩以及庄稼人食用，因而生意特别好。后来，有经营商户看到泊里大集人员众多，税费又少且不用租赁房屋，便把海鲜烩饼搬到了大集上，由此带动了这一制作方式的快速推广和发展。

海鲜烩饼的制作以及食用区域主要以青岛、日照、潍坊为主，目前以泊里大集海鲜烩饼最为盛名。

青岛地铁 13 号线开通后，青岛西海岸众多食客在赶大集的同时，纷纷前来品尝。于是，热气腾腾的大锅和众多围坐在一起的食客，形成了泊里大集上一道亮丽的风景。经过地铁转运，众多的青岛市民坐着地铁前来品尝海鲜烩饼，导致每个摊位都人流如潮，中午时分，为品尝一碗海鲜烩饼，往往要排队一小时才能满足，成为名副其实的“网红美食”。2021 年，随着泊里大集条件的改善，有 10 家商户加入行列，成为泊里大集的专属区域。

2023 年，泊里海鲜烩饼制作技艺被列入青岛市黄岛区区级非物质文化遗产名录。

# 旗音传统旗袍制作技艺

青岛市黄岛区纺织历史由来已久，早在春秋战国时期，齐国就以出产的细绢（齐纨）而远近闻名。旗袍形成于20世纪20年代，是在历代袍服的基础上发展而来，它追随着时代，承载着文明，成为中华民族的传统服饰。

在旗袍发展的鼎盛时期，青岛市黄岛区的史守美于20世纪40年代把无影脚针法缝制工艺广泛应用于襟褂、旗袍的制作中。流传下来的一片式裁衣、无省道、无影脚针法，成为旗音传统旗袍制作技艺的独特之处。

张宝花缝制旗袍

在母亲的影响下，第二代传承人张宝花于20世纪70年代进入女子学校精进缝制技术，20世纪90年代开始在当地收徒授艺，将旗音手工旗袍制作技艺进一步发扬光大。

第三代传承人王娟从8岁开始便跟随姥姥和母亲学习旗袍缝制技艺。2016年，王娟在黄岛区成立工作室，以企业为载体进行旗音传统旗袍制作技艺的传承和推广，目前已推广至全国5家旗袍定制工作室。此外，每年王娟会花大量时间去寻找可以应用到旗袍上的传统手工艺。

经过80余年3代人的传承与发展，旗音传统旗袍制作技艺目前包括沟通、选料、设计、量体、制版、裁剪、缝制、整烫8大主要工序。缝制过程中运用镶、嵌、绲、宕、盘、绣等工艺，每一个工序都融汇了

旗音传统旗袍陈列空间

传承人的辛勤和汗水。

旗音手工旗袍的经典样式，能够恰到好处地表现东方女性之美，凸显东方女性内敛优雅的气质，是富有生命力美感的精美旗袍服饰，高度满足了人类在服饰上的需求。旗音手工旗袍造型曲线具有书法般的线条美，设计中融合了山海经、敦煌文化等中华传统文化元素以及海洋文化、琅琊文化等西海岸城市特色文化元素，宋锦、杭罗、香云纱等非遗面料，以及鲁绣、蜀绣、金苍绣等非遗刺绣工艺的应用，都直接体现了中国文化的特色，同时彰显出时代特色和地方特色。通过旗音手工旗袍这一载体，可以让越来越多的人看到中华民族的优秀传统文化，感受到传统手工艺的魅力。

2023 年，旗音传统旗袍制作技艺被列入青岛市黄岛区区级非物质文化遗产名录。

# 三木锔锔瓷技艺

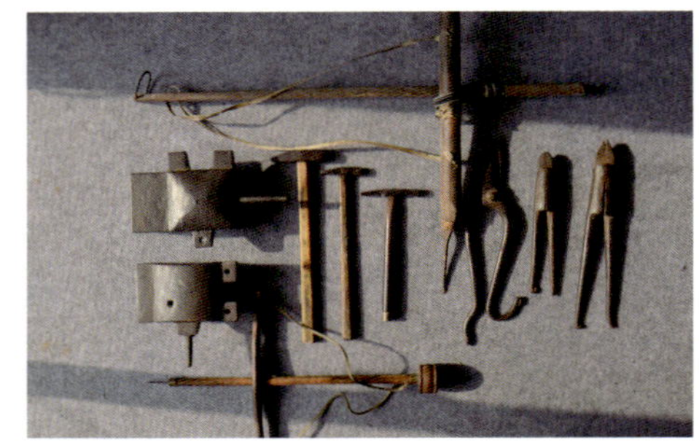
三木锔锔瓷技艺制作工具

据陈氏族谱记载以及陈氏族中长辈口述所传，陈氏三木锔可考的第一代传承人为陈锡林，生卒年不详，锢炉匠，为经营生活而习研锔瓷技艺，以锔瓷为业终生，筑三木锔锔瓷技艺根基，起初做常活，养家糊口，后主修细活。第二代传承人陈济祯，继承并发展祖业，粗活、细活皆精。第三代传承人陈怀朴，锔瓷营生足迹遍布黄岛区一带，走街串巷出摊经营锔瓷为生，以细活见长，经历新旧社会变迁，在传承祖传技艺上煞费苦心，开门授徒，博采众长。第四代传承人陈炳文，陈怀朴长子，传承弘扬家族锔瓷事业，以

锔瓷技艺演示——钻孔

修复玉、陶、瓷、金属等民间精美器具和文物级老瓷器的精细修复为主业。20世纪90年代开始，陈炳文将平生积累的锔瓷技艺传于侄子陈国森。

三木锔锔瓷技艺的基本流程为“一看二思三动”，步骤如下：

1. 捧瓷。接受破损器物后，仔细观察器物破损的程度及样态，小心翼翼地按照陶片、瓷片的裂纹和裂口特点，经对缝、找碴后，用绳系法固定破损器物。

2. 画线、测钉距。在固定好的器物表面，按照裂隙的程度和走向画线，计算合适的钉距、钉形、孔形等。

3. 锔钉制作。根据器物大小、形态、薄厚等因素，用传统的砧子和各种型号小铁锤轻敲细打，制作各类锔钉，诸如芝麻钉、豆钉、米钉、花钉等，以便与器物相得益彰。

4. 打孔。首先使用锐器破瓷，除去釉质，再用金刚钻钻孔。钻孔是非常重要的步骤，关乎器物修复的好坏。打孔需毫厘不差，一是手要拿得稳、对得准，二是孔要对称，不能有一点偏差，钻头的入角、力度、深度都很讲究，只有技法娴熟，才能对各种质地和厚薄的器具锔至滴水不漏的完美。

5. 上钉。上钉不仅是一个简单插入的过程，这一过程直接影响到器物修复后的使用效果。将锔钉嵌入瓷器后用小锤敲打，力度要恰到好处，才使修复更加贴合，通过手工錾刻，用花钉、米钉等各种形状的钉巧手修补。

6. 填缝。锔完后，还有一个对器物缺瓷和钉孔的填缝处理，一般采取蛋清、生石灰、糯米粉按照一定比例调和后涂抹，做到美观与实用的最佳组合。

三木锔锔瓷修复后，盛水至少一日不渗不漏水才能交付，这是良好口碑声名远播的重要原因。三木锔锔瓷独特技艺在于细节完美的极致追求，粗活细作，细活精做，兼顾艺术和美观。

2023年，三木锔锔瓷技艺被列入青岛市黄岛区区级非物质文化遗产名录。

# 徐氏传拓

徐氏传拓所使用的工具

传拓俗称拓碑、锤碑、打碑等。用宣纸、墨、平刷、拓包（扑子）等材料及工具把铜器上的铭文、纹饰和历代刻在石头上的文字、各种造像及砖、瓦、陶器上的文字拓印到纸上即为拓片。传拓既保存了文献资料又留存了纹饰、造像、文字的形态。为书法、绘画、雕塑等研究提供了原大的实物资料，是传承优秀传统文化艺术的重要手段。

徐氏传拓源自徐振元，他随孔庙拓工习技，后在曲阜棋盘街开业，号“珍古堂”。其在毡卷擦墨的基础上，发明了布擦子，克服了用毡擦子造成的字口填墨，地子不匀净，笔画浅细处模糊等缺点。为保守绝技，不公开示人。徐振元又习中医，后因民国战乱回乡行医拓碑，堂号为“三星堂”。徐传福承家学旧业，游走各地文庙，收碑帖，所到之处访求名碑，故收罗地方碑拓宏富。徐传福之子徐广臣承祖业，中华人民共和国成立后公私合营，继续传播传拓技艺，以医生退休。徐广臣之子徐伟，少时随祖父、父学传拓，20 世纪 80 年代改革开放后，书画振兴，徐氏传拓渐又复苏，传拓近 40 年，开办金石传拓研习馆，学生 90 余人。徐氏传拓主要有：

平面拓：品相好，墨色均匀，光亮如镜，墨不透纸，字口清晰。不论干纸上石还是湿纸上石，皆用平口棕刷扫纸入字。不用锤子击，不用打刷打，不用拓包直击，为当今技术含量最高，对被拓石刻损害最小的

徐氏传拓传承人徐伟在拓印

一种拓法，传承至今已有 100 多年历史。

凹凸面拓：以布巾上墨，不仅字口、图案清楚，连自然石面的肌理质感都表现出来，并且速度快，有勾、点、沾、拍、擦、打六种手法，为徐氏传拓仅有。

徐氏传拓用清水湿纸，减少对被拓物的损害。无论是上纸过程还是上墨过程，都不对被拓物表面垂直用力，从而减少损坏。墨不透纸就不会污染被拓物，所拓物表面干净如新，没任何痕迹，也有利于拓片本身的长时间保存。

2023 年，徐氏传拓被列入青岛市黄岛区区级非物质文化遗产名录。

# 有缘来古法制香技艺

有缘来古法制香技艺是一项源自中国山东聊城，又在青岛市发扬光大的古法制香工艺。它以“缘”作为其基础理念，旨在通过天然植物材料的精心研磨和混合，萃取出独特的香味，传递出力量和祝福。

有缘来古法制香技艺在配料

有缘来古法制香技艺所制的香，不仅要芳香养鼻，更要养神养生，开窍生慧。单一香料的香品，则难以具备此效，需多种天然香料配伍而成的“合香”。因此，合香一直是传统制香的主流产品。

有缘来古法制香技艺首先综合考虑的是用途、香型、品位等因素。再按基本要求选择香料或药材，按比例进行配伍。只有各适其位，才能使不同香料尽展其性。诸如传统的贡香、文人香、疗病之香等，都各有其理，亦各有其法。因此有缘来古法制香工艺在配方上十分考究，而且对香料的炮制也非常严格，“不及则功效难求，太过则情味反失。”炮制方法是否得当，会直接影响着香的质量。

这项工艺的过程非常讲究，使用天然的植物材料，如花朵、木材和香草等，通过细致的研磨和混合，使各种成分相互融合，释放出独特的香气。制香师们根据不同的配方和比例，将材料混合在一起，并借助火焰将混合物燃烧，让香气慢慢弥漫开来。

其不仅注重香气的制作，还强调制香过程中的内心净化和专注。制香师在制作过程中会全身心地投入其中，调整自己的情绪和意识状态，以保持对缘的敏感和理解。他们相信，只有在内心与缘相连的状态下，制作出的香气才能真正传递出祝福和美好。

有缘来古法制香技艺需要经过多个步骤：首先，需要挑选优质的天然植物香料，并按照香型和功效进行合理的搭配和比例调配。其次，将混合好的香料磨成细末，以增大香料的表面积，便于后续的加工和提取。再次，将磨好的香料按特定比例混合，使香料能够黏合成块状。最后，将混合好的香料均匀地压制成固体香。这种制香技艺不仅体现了自然与人文的和谐，更呈现出一种独特的视觉、嗅觉和心灵体验。

有缘来古法制香技艺制作出的香品

2023 年，有缘来古法制香技艺被列入青岛市黄岛区区级非物质文化遗产名录。

# 祝兹陶瓷制作技艺

祝兹陶瓷文化村

祝兹陶瓷制作技艺主要分布在青岛市黄岛区六汪镇，技艺传承于2000多年前的祝兹侯国。祝兹城邑经济繁荣，工艺文化先进，西汉早期就已经建有古窑烧制古陶器。随着历史变迁，祝兹古陶制作技艺也因各历史时期生活需求和生产技艺的发展而不断更新变化，形成了祝兹古陶古朴大气、端庄秀美的特点。直至20世纪七八十年代，在六汪镇仍然有龙庵、灰沟等多个古陶窑烧制陶器。随着大量农民工入城工作，愿意学习祝兹陶瓷制作技艺的人越来越少，除了几个七八十岁的老陶匠和少数愿意传承技艺的年轻人，祝兹陶瓷也逐渐消失在了人们的视野里。

2019年，传承团队在龙庵村建设了祝兹陶艺民俗文化村，以祝兹陶瓷制作技艺为主题文化，聚集了几代技艺传承人，引导和培训周边村民参与祝兹陶瓷制作，以文化振兴带动产业振兴和人才振兴，从而带动全面的乡村振兴，现在已建成祝兹古陶文化小院6座，2020年面向社会开放。几年来共接待祝兹古陶参观游客5万余人；在六汪镇党委政府引领和帮扶下建成了青岛祝兹陶瓷工坊助力六汪镇党委政府建成20平方千米的青岛市级祝兹田园综合体。在2021年国家农业农村部举办的“印迹乡村设计大赛”中，祝兹陶瓷作品进入全国总决赛并获得优秀奖，2021年传承人陈绪彬荣获“西海岸新区第三批民间传统技艺人才”称号。

祝兹陶瓷制作团队和制品

2022 年祝兹文化陶瓷入选西海岸新区文旅局“西有物 · 文创好礼”。

2023 年，祝兹陶瓷制作技艺被列入青岛市黄岛区区级非物质文化遗产名录。

# 九 传统医药

# 孙氏艾灸疗法

青岛市黄岛区海洋气候特点明显，非常适合多种中草药植物生长，其中半夏、艾叶、鸡冠花等药用植物分布广、产量大。艾叶能驱寒、除湿、通经络，由于沿海地区人们普遍寒湿较重，以艾叶为主的艾灸疗法便得以在这一带发展。

“孙氏艾灸疗法”自清末孙文修创立至今，历经四代传承，现形成以青岛市黄岛区（含原胶南市）为中心的分布区域。艾灸疗法源头可追溯至商周以前，盛行于春秋战国时期。《诗经·采葛》有“彼采艾兮”，释之“艾所以疗疾”。《孟子·离娄》中“今之欲王音，犹七年之病，

孙氏艾灸疗法部分用品的展示

求三年之艾也”，可见艾灸疗法在春秋战国时期已颇为流行。艾灸疗法在齐鲁大地传承了数千年，在流传中形成了不同派别，孙氏艾灸疗法便是其中手法较独特、疗效较显著的流派。

该疗法是将点燃的艾灸勺对准需要施灸的穴位，在距离皮肤 20 厘米处，平行移动或旋转移动施灸，使皮肤有温热感，直至有红晕为止，从而达到通经络、调阴阳、促康复的目的。

孙氏艾灸疗法一般需要调理 3 个月，每 5 天为一个循环，隔 2 天进行下一个循环。每个循环首日重点疏理膀胱经和督脉；次日重点疏理胆经；第三日重点疏理手足三阴经；第四日重点疏理手足三阳经；第五日重点疏理胸腺及任脉。

孙氏艾灸疗法传承谱系清晰，存续状况良好，其发展历史如下：

清光绪十一年（1885）孙文修生于即墨县，聪颖好学，在游医之余精研《医宗金鉴》《黄帝内经》医书。以“针所不为，灸之所宜”为依据，深究艾灸功效，用艾叶制艾条、艾柱，为民众治疗，形成了孙氏艾灸疗法雏形。创立此疗法后，其行医范围大致在即墨县西北部的瓦戈庄乡、段泊岚乡一带。

第二代传承人孙克惠（1926）继承疗法并在行医传承过程中加以改良，用艾灸盒调脾胃及祛寒湿，相比手持艾条操作手法灵活方便，并能控制艾烟方向，使之直接熏至皮肤表层透入穴位，形成富有特色的艾灸疗法。

第三代传承人孙善雪（1962）主动并潜心传承发展。为了适应就诊者需求，成立了青岛琅琊扶阳铁灸健康养生咨询管理有限公司，开设仓艾养生体验中心，使孙氏艾灸疗法迎来了大发展的黄金期。

为了更好传承发展孙氏艾灸疗法，孙海兰、吴伟花被作为孙氏艾灸疗法第四代传承群体进行悉心培养。女性传承人的加入，让众多女性就诊者在灸疗过程中避免了因性别产生的尴尬。

随着广大患者对孙氏艾灸疗法诊治效果的普遍认可，口口相传，拥有社会群众基础及良好信誉口碑的孙氏艾灸疗法为越来越多的患者所知，逐渐辐射到青岛市各区市以及日照、潍坊、烟台的一些县市区。

孙氏艾灸疗法以《黄帝内经》《扁鹊心书》等医书中的中医理论为指导，经络系统为基础，将所施的灸法作用于人体。艾火的温热及药物的作用集中在穴位上，并通过刺激穴位激发经气，从而调动经络调节作用，增强免疫功能，各因素相辅相成以形成整体疗效。该疗法有利于疏通经络，用阳气滋润脏腑，保证气血充足，达到灸到病祛的疗效。这种疗法不仅调动人体自身之力，还借用艾草药性和灸火热性等外援，实行整体调理，对症施灸。采用的艾炭具有无烟无味、价格低廉、疗效显著等特点。孙氏艾灸疗法简单易学，施术方便，其“绿色”调理环保高效，可弥补针药之不足，并能够自疗互疗，符合中医贵在早治的理念。第三代传承人孙善雪对此进行传承创新，使其操作简单，一人学会，全家受益，既可保健，又可疗疾，效果显著。

孙氏艾灸疗法传承发扬了我国传统艾灸的精华，且适应当代人的保健养生需求。它能够统调人体上下里外，可使潜在皮肤中的抗癌细胞得以活化；儿童常灸身柱穴、神阙穴，可促进长高等；艾火热而非燥，温而能润，具有补阴和阳功效，对癌症化疗后免疫力的提升有较好的作用。该疗法是中华传统文化的重要组成部分，也是祖先留下的珍贵文化遗产，具有较高的医疗保健价值、传统文化价值和传统中医药价值。

第三代孙氏艾灸疗法传承人孙善雪，自潜心研究实践艾灸疗法以来不故步自封，对家传的艾灸技艺进行了许多探索改进，运用灸勺、陶罐、灸盒、木斧、牛角、铜砭和灸床等 7 种艾灸工具，研究出以“碳化艾绒、经络拍打、刮痧疏通”为主要特色的艾灸疗法。并且，孙善雪使用功效更好的艾炭，在人体特殊部位如头面部施灸有特殊疗效，其燃烧时无艾烟味等特征，并且其疗法在排湿、驱寒诸方面疗效突出，深受当地女性和老年人的欢迎。

自清后期孙文修创立以来，中间经过孙克惠、孙善雪等传承人的传承实践，孙氏艾灸疗法为西海岸新区及其周边区域的民众解除了一些病痛之苦，在周边一带民间产生了较大影响。且因其中心诊所周边高校及外资企业较多，许多患者经孙氏艾灸疗法治愈后，纷纷在外地及外籍人群中赞许该疗法，遂使该疗法在外省及韩国、日本等国也形成了一定的影响。如今在第三代传承人孙善雪和第四代传承人孙海兰、吴伟花的坚守下，孙氏艾灸疗法传承有序并得以发扬光大。

2022 年，孙氏艾灸疗法被列入青岛市黄岛区区级非物质文化遗产名录。

## 非物质文化遗产代表性传承人

# 孙善雪

孙善雪，男，1962 年 8 月生，汉族，中共党员，山东即墨人，于 2023 年 2 月被评为孙氏艾灸疗法区级非物质文化遗产传承人。孙氏艾灸疗法第三代传承人，自幼喜爱中医，喜爱家传的艾灸疗法，主动继承家族艾灸疗法，潜心传承发展艾灸疗法，使孙氏艾灸疗法迎来了大发展的黄金期。2022 年 6 月被评选为中国民族中医药开发协会特种灸法委员会副会长；2023 年 2 月被聘为青岛西海岸新区家庭教育指导师。

牵手青岛西海岸新区广播电视台 96.2 频道，承办孙氏艾灸疗法假性近视眼讲座，已举办 5 期专题讲座。牵手齐鲁第一实验小学，举办“非遗进校园——孙氏艾灸疗法”巡回演讲活动第一场报告会，该场报告会主题是“为健康生命保驾护航”。从致病六淫到常见病艾灸处理方法等方面，为全校 100 余名教师做了专题报告，为 70 多位教师做了全面中医查体式的身体评估，给予健康指导。牵手胶南中心幼儿园，为全体教师做了一场“孙氏艾灸疗法非物质文化进校园”报告会并现场解答老师们提出 16 个身体健康方面的问题。已招收立志从事孙氏艾灸疗法学习的 10 名学员进行培训。

# 隋氏正骨疗法

传统中医正骨是中华优秀传统文化遗产。隋氏正骨疗法发源于山东省青岛市即墨区段泊岚三村，段泊岚位于即墨西北20千米处，历史悠久。

据传承的医书《医宗金鉴·正骨心法要旨》考证和村里的老人口口相传，隋氏正骨疗法由隋人镗所创，可追溯至清同治年间。隋人镗医术高超，名声远扬。其子隋中海，子承父业，对隋氏正骨疗法进行了深入研究，手法更加纯熟。多年后，隋中海携其子隋之宸南迁青岛开设医馆。隋之宸得其父真传，在多年的治疗中积累了大量经验，正骨手法更加精湛。后来隋之宸因年老思乡，迁回即墨。隋之宸怕正骨手法失传便教给了其女隋瑞云。隋瑞云对来诊患者有求必应，分文不取。隋瑞云之子潘勇退伍后，于20世纪90年代初携全家迁往黄岛。隋瑞云把隋氏正骨疗法传给了潘勇和儿媳叶友峰，在黄岛经营正骨馆，遇到有困难的患者都免费治疗，并因此受到人们的赞扬。潘勇之子潘裕昆长大后也成了隋氏正骨疗法的传承人。目前，除隋瑞云外，其他三位传承人在黄岛各自经营着正骨馆，来诊的主要是黄岛区和周边县市的广大患者，他们带着伤痛而来，满意而归。三位传承人还利用业余时间，每年开展多次义诊活动，深受广大人民的好评。

祖传下来的正骨和医用工具

第四代传人隋瑞云目前年事已高，是隋氏正骨疗法的代表性传承人，由于身体原因，已基本不再行医。现在主要是鼓励儿孙把隋氏正骨疗法

发扬光大，以及指导隋氏正骨疗法的传承。第五代传人潘勇为隋氏正骨疗法的代表性传承人，除了为患者诊病治病，就是带领店员研究隋氏正骨医术。再就是为隋氏正骨疗法的发展传承不断地努力，争取下一步让隋氏正骨疗法走出黄岛、走出青岛、走出山东，更好地为广大人民服务。第五代传人叶友峰每天除了为患者治疗，再就是不断钻研，为下一步的培训传承人承担重要职责。第六代传人潘裕昆目前为隋氏正骨疗法都江路店负责人，每天给患者治疗外，还要研究分店发展、新产品研发，及隋氏正骨疗法的宣传和推广。来正骨馆内治疗的患者主要来自黄岛区、青岛、胶州、即墨、平度、莱西等周边县市。隋氏正骨疗法，看似手法简单，但要掌握其中技巧达到良好的治疗效果，不下一番功夫是达不到的，学起来非常不易。

祖传医书

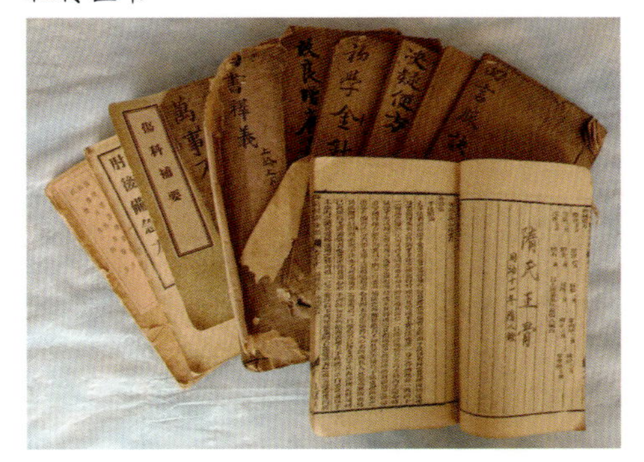

隋氏正骨疗法属中医伤科范畴，是通过中医四诊，即“望、闻、问、切”来辨证的，以“切”为主，主要靠双手的摸法，并且不接触患者皮肤，是隔着衣服去感受患者骨和软组织的变化情况，然后通过手法使骨、关节和筋归位，从而解除错位对气血和神经的压迫，达到骨合缝、筋归槽。不但治好了损伤，同时还解除了因神经压迫而继发的器质性病变和一些疑难杂症。

隋氏正骨疗法都是靠口传心授一代代传下来的，治疗患者无数，具有疗效可靠，不打针，不用仪器，不需住院，无副作用，患者痛苦小，费用低廉，随治随走，又不影响工作和生产等优点，深受广大人民欢迎。不受环境限制，全靠双手，随时随地，都可以为患者治疗，无论在哪都适用。隋氏正骨疗法适用于各类群体，传承 100 多年来，从没间断过，适用于各个历史时期。隋氏正骨疗法，可以用 4 个字简、柔、巧、速来概括手法特点，即手法简单、柔和、巧妙、快速。其中角度、方向、力度是隋氏正骨疗法的核心。

隋氏正骨疗法经过初步辨证后用“摸、接、端、提、推、拿、按、摩、旋、摇、牵、抖”等手法使关节和筋回归原位，达到骨合缝、筋归槽，解除了对神经的压迫，从而治疗酸麻肿痛和一些疑难杂症。隋氏正骨疗法在 100 多年的传承中治疗患者无数，传承和保存了中华传统正骨医术，在一些伤科和疑难杂症的治疗中，发挥了重要的价值。但由于受现代化、科技化、新媒体的影响，隋氏正骨疗法传承面临严峻的挑战。目前仅有 4 位传承人掌握这一疗法，急需相应的保护措施，使这一优秀的中华传统文化得以延续。

2022 年隋氏正骨疗法被列入青岛市黄岛区区级非物质文化遗产名录。

## 非物质文化遗产代表性传承人

### 潘勇

潘勇，男，1972 年 11 月生，汉族，中共党员，山东即墨人，于 2022 年 7 月被评为隋氏正骨疗法项目区级非物质文化遗产传承人。

潘勇出生于山东即墨的一个中医正骨世家，自幼在其外公隋氏正骨第三代传承人隋之宸家里度过，耳濡目染，深受启发。八九岁开始跟随母亲隋瑞云学习隋氏正骨疗法，至 15 岁时便能独立完成一些简单的正骨手法。1993 年前往黄岛并创立潘正堂正骨馆，至今已从事正骨工作 30 余年，治愈患者无数。目前在黄岛经营三家正骨馆，每天除了为患者治疗，然后就是做好正骨疗法的保护和传承，研究伤科古籍增加中医知识，学习前辈的正骨经验，与隋氏正骨融会贯通，创造适用于现代人的新手法，通过不断学习、创新，使隋氏正骨疗法发扬光大，惠及更多的人。

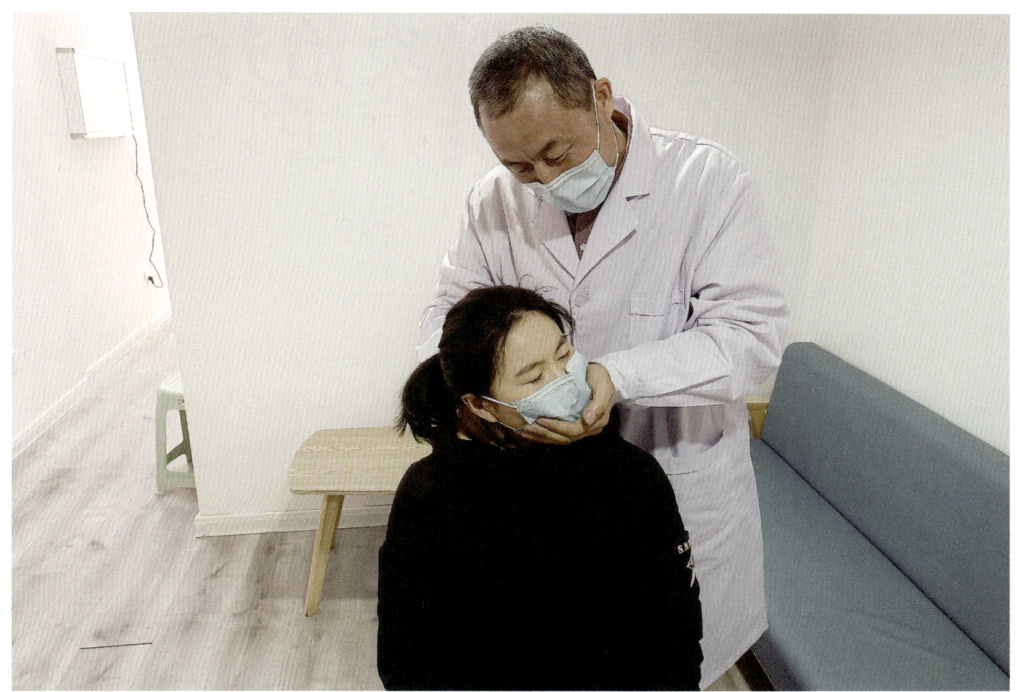

潘勇在正骨

为让隋氏正骨疗法能够给更多患者带来健康，潘勇曾到区养老院免费为老年人调理身体；为长江路街道慈善办捐赠儿童衣物 500 件，为长江路街道慈善事业做出突出贡献。

# 中医仿乳腺炎治疗前列腺炎疗法

中医仿乳腺炎治疗前列腺炎疗法，项目申报地区位于山东省青岛市黄岛区，保护单位为青岛育仁中西医结合医院。

该疗法是王庆华总结了三代师辈人临床治疗前列腺炎的经验，加以临床实践，继承和发展的前列腺炎治疗方法。

王庆华作为该疗法的第四代传承人，从 1991 年开始跟随北京四大名医之孔伯华、施今墨再传弟子齐来增学习中医，齐来增继承了前人医术之精髓，并进一步发扬光大。经过老师 20 年的考察，于 2011 年 9 月 25 日在北京正式拜师，师傅将技艺悉数传授给弟子王庆华。而中医仿

王庆华（左一）与恩师齐来增（左二）讨论病案

乳腺炎治疗前列腺炎疗法是王庆华对三代师辈人临床治疗前列腺炎的继承和发展。扎根黄岛区后，他结合现代理论，提出从“腺”论治，总结了仿乳腺炎治疗前列腺炎的疗法，通过30年的临床，效果显著，给青岛以及周边市区的患者带来了健康。

中医古代无前列腺炎这一病名，古时中医治疗前列腺炎主要以肾论治，如《诸病源候论》云：“诸淋者，由肾虚而膀胱热故也。”王庆华从事男科临床工作30年，接诊数万例前列腺病患者，在按摩前列腺液流出乳白色液体的过程中，联想到乳汁，进一步翻阅大量资料发现，男性前列腺和女性乳腺在结构、功能等方面存在很多相似之处。进一步研究发现，从中医经络学角度和病因方面二者都有关联性，由此提出类比乳腺炎治疗前列腺炎。王庆华总结历代医家在治疗不同病机、不同类型的乳腺炎的方法，根据中医异病同治的理论，应用清热解毒、通经活络、托里排脓等治法，中药配合中医按摩疗法，帮助疏通腺体。最后结合望闻问切辨证施治，按疗程用药，使得临床治愈率高达89%。这一疗法以其较高的治愈率在业界独树一帜。目前受众主要分布于以新区为中心向周边辐射的青岛地区以及周边市区，辐射范围逐步涉及全国。

这一疗法，根据异病同治原理，从腺论治，有据可依。从疾病本身而言，临床实践证明异病同治仿乳腺炎治疗前列腺炎是行之有效的方法，并且受年龄因素影响小，中药治疗副作用小；从文化传承角度而言，该疗法是对传统中医灵活运用与发展，异病同治既是对传统经验继承，更是知识的创新，技术的改革，对于提高临床疗效具有重要意义；从患者角度而言，前列腺炎是男科常见病、多发病，病因复杂，迁延难愈，容易复发，发病年龄也呈年轻化趋势，该疗法可以有效解决男性的难言之隐。

青岛育仁中西医结合医院也对这一疗法做了很多保护工作。在西海岸新区多次举办大型学术会议，邀请来全国各地中医界泰斗参会，其中2021年6月19日在青岛市黄岛区举办的“首届中国中医男科新论研讨会”，来自全国各地的中医男科及相关专业人士近百人参加了会议，大众网线上直播有 40 余万人收看。大会上“仿乳异病同治前列腺炎”的疗法受到大会专家一致认可与推崇。

项目现在有传承又有发展。传承人王庆华扎根青岛，并在 2013 年建立了北京四大名医学术研究中心青岛分中心，定期邀请北京三代传承人齐来增坐诊，第四代传承人王庆华常年坐诊。该疗法受众主要分布于青岛市及周边地区，并通过召徒培训的方式，辐射范围涉及全国。培训目前已举办 6 期，学员覆盖北京、上海、深圳、重庆、广州等地。在培训过程项目主要传承人王庆华收得开门弟子张东林及李韵、于海洋、王晓琛、张珍珍等数人。张东林将此法很好地继承和发展，配合针灸应用于临床，收获了显著疗效。

2021 年该疗法还被区卫健局评为科技创新项目。该疗法是对传统中医理论灵活运用，异病同治既是对传统经验传承运用，更是知识和技术的创新改革，对于提高临床疗效具有重要意义。

2022 年中医仿乳腺炎治疗前列腺炎疗法被列入青岛市黄岛区区级非物质文化遗产名录。

## 非物质文化遗产代表性传承人

# 王庆华

王庆华，男，1966 年 10 月生，汉族，山东济宁人，于 2023 年 2 月被评为中医仿乳腺炎治疗前列腺炎疗法区级非物质文化遗产传承人。

主编、参编医学专著八部，发表论文及科普文章 100 余篇；荣获八项国家专利；首次提出“男性蹲式排尿”能改善前列腺疾病，发表在《中国性科学杂志》2007 年第一学期，被国内外近千家报刊、网站转载；2007 年 10 月在北京大学参加“全国首届中美连续性治疗培训

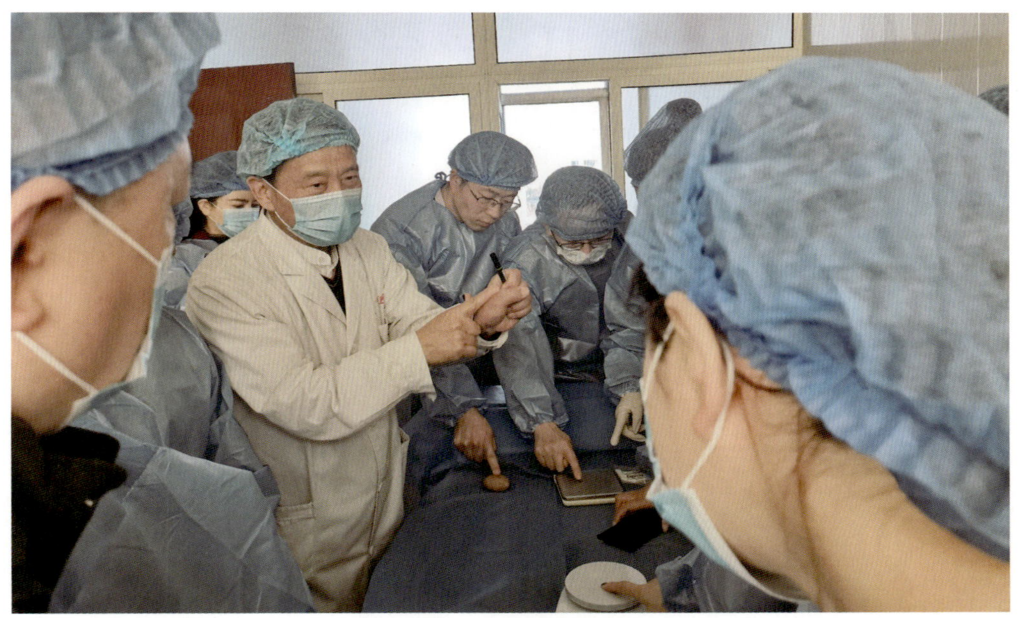

王庆华为学生们讲解具体治疗的操作手法

班”期间，提出的阴茎外支架技术解决勃起障碍受到了美国临床性学院Wm.Granzig院士的赞赏。

# 安氏脉学

脉学在几千年传承实践过程中，出现了许多悬壶济世的医家。在西汉祝兹侯国故地一带的安姓中医世家，历来长于号脉诊病，经传承发展，创立了安氏脉学。安氏脉学创立人安曰荣少年时随父亲学家传诊脉之学，后来在行医乡里期间，根据号脉诊病记录，参照《脉经》《黄帝内经》等医书，整理出多部关于脉学的手抄本，创立了安氏脉学。第二代传承人安为胜，12 岁随父亲学医，后成为赤脚医生，他在号脉行医过程中传承了安氏脉学。第三代传承人安茂钦，1979 年生于黄岛区寨里乡逄家台后村，大学本科，学士学位，执业中医师。安茂钦从 11 岁起，跟随父亲安为胜学医行医，认真研读祖父安曰荣留下的号脉诊病手抄本，逐步掌握了安氏脉学真传。1999 年至今在区第六人民医院中医科工作，接诊患者达上万人次，医治疑难病症近百例，深得患者的好评，多次获得表彰奖励，连年被评为优秀医生。他先后拜多位中医大家为师，将所学的脉学精华融于安氏脉学中，很好地传承发展了安氏脉学。近年来，安茂钦发表了《系统辨证脉学之脉诊技术训练研究》《中医五行音乐对治疗混合性焦虑抑郁障碍中的效

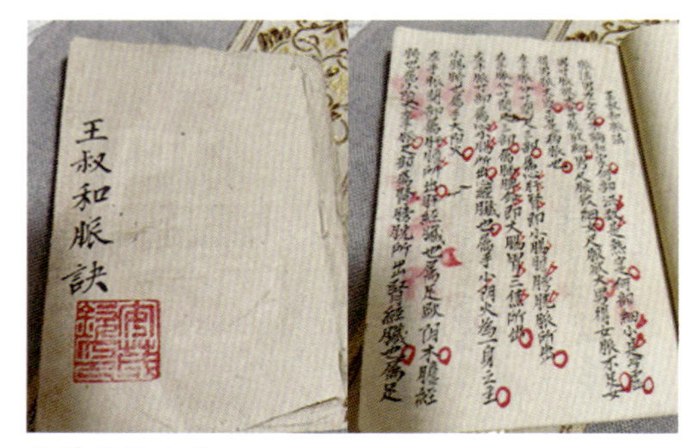

脉学手抄文献

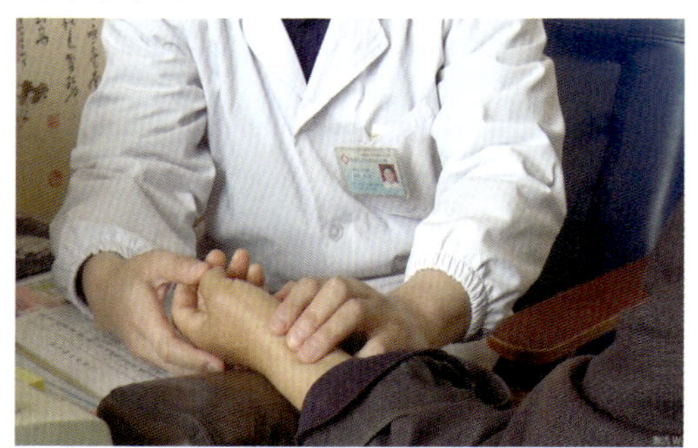
安氏脉学传承人以家传脉法为患者问诊

果研究》等论文，参编一些医学著作。

安氏脉学以传统脉学为基础，运用中医基础理论分析脉的脉理、推断出病理变化、推出临床表现、作出临床诊断，将中医基础理论与临床实践有机结合起来，广泛用于颈椎病、腰椎病、胃病、糖尿病、心肌供血不良、心绞痛、心脏扩大等病症的诊治，且临床效果显著。安氏脉学主要特征：一是能直接辨病，且准确度很高；二是将传统脉学与现代技术相结合，丰富了脉学疗法；三是安氏脉学讲究虚、静、松、空，利于觉察脉象的细微变化。

安茂钦致力于安氏脉学的传承保护，现已培养了以马琳（女，本科）为主，逄梦娜（女，本科）、安康（男，本科）组成的第四代传承群体，他们同在六汪中心卫生院跟随安茂钦学习号脉诊病及其安氏脉学。除此外，还有许多学员也跟随安茂钦学习号脉诊病。

2023 年，安氏脉学被列入青岛市黄岛区区级非物质文化遗产名录。

# 独垛子邢氏正骨术

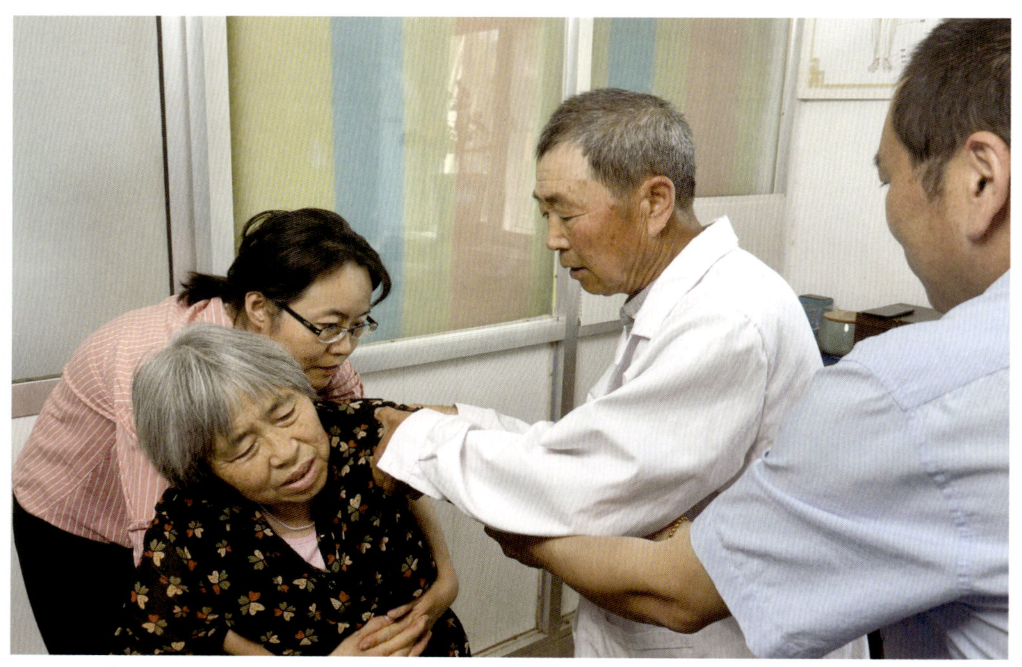

独垛子邢氏正骨术传承人正在正骨

正骨，指用推、拽、按、捺等手法治疗骨折、脱臼等症，是古代医学“十三科”之一。元代医学家危亦林在《世医得效方》卷十八设有《正骨兼金镞科》专门论述骨关节损伤之脉因证治；清代《医宗金鉴　正骨心法要诀》指出“今之正骨科，即古跌打损伤之证也”，可见正骨术在历史中的应用。

独垛子邢氏正骨术起源于 20 世纪初，于 1900 年由第一代传承人邢监生创立，他行医几十载，救人无数，医术精湛，尤长正骨，声誉满载，历经五代传承。经第四代传承人邢宝连改良，在传统独垛子正骨技艺基础上结合现代医学技术，通过现代影像技术快速判断患者病情，将拉筋正骨术融入独垛子正骨技艺中，对关节脱位或肌肉筋膜损伤及伤科通过人工手法配合局部用药，其操作稳、准、敏捷，用力均匀，动作连贯，力量稳重适当。

独垛子邢氏正骨术以接骨技法等传统中医正骨术为主，配合夹板固定法，在传承人的发展下，糅合融入了一些现代脊柱神经医学的正骨手法，配合康复锻炼，活血散淤止痛、舒筋消肿、强筋健骨，增加了正骨的适应症范畴。操作稳、准、敏捷，用力均匀，动作连贯，力量稳重适当，在正骨手法和康复锻炼上都注重不同性别、不同年龄、不同部位的针对性治疗。该项目丰富了中医正骨法，有利于保障民众健康，降低了医疗的时间和经济成本，为骨科医学提供了临床借鉴。

2023 年，独垛子邢氏正骨术被列入青岛市黄岛区区级非物质文化遗产名录。

# 骨痛草本贴制作技艺

骨痛草本贴技艺隶属于青岛佑安本草生物科技有限公司，该公司生产制作的骨痛草本贴产品遍布整个青岛地区，通过线上与线下渠道的结合销往全国各地。

骨痛草本贴的制作技艺十分严谨，将马齿苋、防风、蝎子、威灵仙、白芷等多种中草药，根据独家秘方研磨成细末后倒入适量清水得到药膏，然后将药膏放入敷袋中便得到骨痛草本贴。

制作骨痛草本贴的原材料

骨痛草本贴制作技艺历史悠久，历经陈世忠、陈汝友、陈方剑、陈军佑等四代人的传承。创始人陈世忠，生于 1902 年。1921 年，与同村好友王金湖掏出所有积蓄创办“仁佑”诊所，当时患者盈门。1922 年，二人参考传统医术并结合自身医疗经验合力研发出一款能缓解身体疼痛和肿胀的药膏，一时成为抢手货。第二代传承人陈汝友，接管父亲的诊所后，在古方的基础上利用透骨草、川牛膝、杜仲、防风等中草药制成的骨痛草本贴对于缓解人们挫伤和骨折后的疼痛具有明显的效果。第三代传承人陈方剑，在遵循前辈古方骨痛草本贴制作技艺的基础上，精选多味中草药，反复尝试，精心熬制，结合经络养元的古方和理念制作而成，采用冷敷方式，通过穴位，逐步渗入经络，实现了缓解肌肉酸痛的效果。第四代传承人陈军佑，于

按照秘方用秤严格计量药材

2020 年注册成立青岛佑安本草生物科技有限公司，他传承祖辈留下来的中医古方，融合现代科学技术，以严格的标准打造出了更便捷、更有效、更安全的骨痛草本贴产品。

骨痛草本贴制作技艺秉承传统秘方，制作工艺包含选材、配方、研制等多个步骤，凝胶中含马齿苋、防风、蝎子、威灵仙、白芷等多种中草药成分，无任何毒副作用，具有良好的保健价值。

2023 年，骨痛草本贴制作技艺被列入青岛市黄岛区区级非物质文化遗产名录。

# 郭氏中医熏蒸排浊调理慢性病疗法

郭氏中医熏蒸排浊调理慢性病疗法起源于冀鲁豫三省交界处的聊城、濮阳、邯郸等地。2017 年，郭正元在青岛西海岸新区设立北京正天元国际中医研究院黄岛分院，发展出了适合青岛本地特点的郭氏中医熏蒸排浊调理慢性病治疗方法。

郭氏中医熏蒸排浊调理慢性病疗法起源于清乾隆年间，师得此法的李广学为河南范县人，他偶遇一位游方中医跟随学习熏蒸疗法，至今已传承六代。第五代传承人郭文刚（1929—2003），师承父亲郭书亮。郭文刚将此疗法传于长子郭正元，并于 1997 年亲书：“关于六代祖传秘方治疗风湿病的中草药秘方归长子郭正元所有。”郭正元在南开大学潜心研究 9 年，将原来的疗法创新发展，用电子熏蒸仪器结合熏蒸疗法治愈了无数风寒湿疾病患者。郭氏中医熏蒸排浊调理慢性病疗法有独特的给药途径：将中药按比例配伍混合在一起打成粗末，开水煮 30—45 分钟后，将药水倒入专用容器产生药的气体，对着身体患处进行熏蒸。熏蒸产生的热效应能够有效扩张毛细血管，使药物通过皮肤吸收，确保高浓度药物直接作用于核心肌群。在熏蒸过程中，医师还会通过给患者患部抹药，通过揉搓、拍打、推拿等方法使药

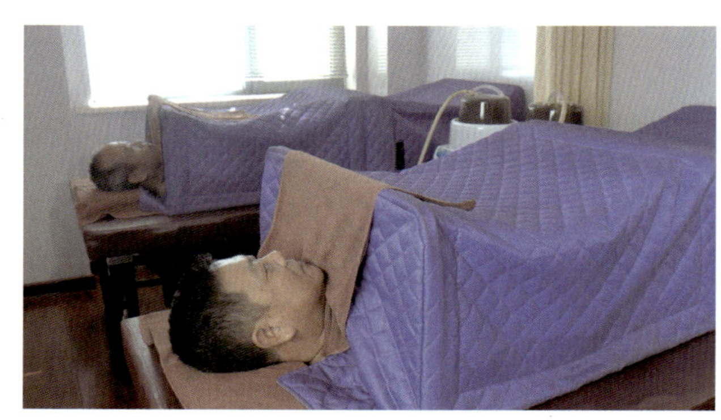

正在使用熏蒸疗法进行治疗的病人

郭正元讲解熏蒸疗法

物更加容易被扩张的毛细血管吸收，达到事半功倍的治疗效果。通过熏蒸，患者体内的浊毒通过汗液逐步排出，达到固本培元的效果，迅速取得良好的疗效，有内服药物所不能发挥的医疗作用，尤其对外科和皮肤科疾病是一种速效快捷的方法。郭氏中医熏蒸排浊调理慢性病疗法属于中医外治法，在患处或体表进行熏蒸，利用药雾蒸汽对皮肤熏蒸，避免了对肝脏、肾脏等器官的损害，也减轻了药物的毒副作用，且患者也无痛感。尤其适用于因风寒湿引起的慢性病患者，对于久病体虚、攻补难施的个体，不乏是一种难得的好方法。

郭氏中医熏蒸排浊调理慢性病疗法是祖国医学的重要组成部分，具有传承和弘扬中医文化、为慢性病患者解除痛苦，有重要的经济和社会价值。郭正元将郭氏中医熏蒸排浊调理慢性病疗法发扬光大：一方面不断改进药剂配伍和制剂方法，开发适合当代人电子熏蒸器和熏蒸床；另一方面不断培养传承人，使这一疗法得到更好的推广。

2023 年，郭氏中医熏蒸排浊调理慢性病疗法被列入青岛市黄岛区区级非物质文化遗产名录。

# 王氏小周天疗法

小周天，指的是气从人体背部督脉上行于头部百会穴，然后从印堂下行到下腹部丹田，循环一圈为小周天。《黄帝内经》认为小周天一旦打通，则水火即济，阴阳相合，达到高度的阴平阳秘。这样，病源消除了。

王氏小周天疗法的创始人为清代雍正年间御医刘铭铨，刘铭铨御医创立了小周天疗法宫廷秘方。第二代传承人是刘铭铨的女儿刘蕴，刘蕴是国际针灸联合会主席，中国中医研究院教授，20 世纪 80 年代中医三

王氏小周天疗法所用的凝胶和砭石

王氏小周天疗法之后背出汗

大泰斗之一。刘蕴在沿袭秘方的基础上，改进共同秘方，研制发展了黑膏药敷药，并用御用膏方开通小周天，调治疑难杂症，同时将宫廷秘方带出中国，在国外广泛运营小周天疗法。第三代传承人，王世军医生，为神经科医师，是刘蕴小周天理论的传承人，跟随刘蕴学习中医理论及实践 6 年。王世军创新研发了导光凝胶 1 号和 2 号，将宫廷秘方与现代医疗技术手段结合，提高了药效。同时培训了 17 名第四代传人，并计划培训百名传人。2018 年，王世军在青岛建设青岛生命河健康四季汇

旗舰店，建筑面积 400 平方米，开放病床 15 张，职工 20 人，年门诊量达 5.8 万人次。

王氏小周天疗法的治疗方法及过程是用宫廷秘方膏与砭石拌匀，外敷于丹田、关元、会阴处，然后用灯烤至出汗。后背肾区与八髎区同样，敷药烤出汗，用相关中草药激活气海、关元等穴，引丹田之气下行与督脉连接；随后在后背腰骶部位连通督脉。宫廷秘方膏几经创新，从早期的外用黑膏药到今天产品的优化提高，大大增加了任脉与督脉的流畅性，如今利用砭石和导光凝胶 1 号、2 号，在温度适宜的情况下，将药物渗透人体，帮助人体完成任督二脉的循环，这种方法要比古人练功快百倍。

2023 年，王氏小周天疗法被列入青岛市黄岛区区级非物质文化遗产名录。

# 十 民俗

# 泊里大集

泊里镇地处山东半岛西南隅，胶州湾畔。泊里大集与泊里镇几乎同时起源，距今已有近300年的历史，是黄岛区尚存的最古老、规模最大的集市之一。集市交通便利，204国道横穿镇驻地，同三高速公路在镇驻地西1千米处设有出口，青岛海滨大道位于镇驻地南3千米处。

泊里大集历史悠久。其历史可以追溯到清朝，据清道光抄本《程氏谱书》载，明洪武二年（1369）程氏六公由安徽徽州迁此立村。相传因地势低洼，有水泊，故名程家泊。《海曲许氏支谱》载："清乾隆年间，许氏十世二支四公许有良由日照许家园迁此，娶程氏为妻。"程氏将村宅送给许氏一半，故又称许半街。后杂姓增多，改称泊子街，亦称泊里、泊儿，清中期设集，称泊里集、泊儿集。

泊里大集

胶南年画中描绘的赶集场景

每逢农历四、九便是泊里大集日，每年农历十月二十四日是山集。据当地老人回忆，直到 1949 年前，泊里大集都十分热闹，周边日照、诸城等地的商贩都远道而来赶集。那时，诸城、日照等地鱼贩子口中所说的“到南海贩鱼”，就是指泊里一带。

人民公社时期，一切物资都由供销社供应，布、棉花、食品、油、面等都得凭票购买。而且，除了上学的孩子，村里的人一年四季都在生产队里干活，平时根本没有时间外出，只有在每年农历十月二十四日这天，全村放假一天赶集。此时农忙已经结束，农民就把想卖的东西拿到集上换成钱，或者提前准备年货。久而久之，这天也就成了放假出山的“放山日”，这一天的泊里大集也称为“泊里山集”。

泊里大集规模较大。泊里集本来就大，到了赶山集那天，人就更多

了。山集那天，原来的集场盛不下这些人，只好把旁边的农田也临时征用了。人们从头天半夜就在家整理上集的物品，天不明就动身了。有背的、扛的、挑的、抬的、推小车的、赶驴车的、赶马车的，卖的几乎都是地里收的东西。大姑娘、小媳妇把平日舍不得穿的好衣服穿在身上，三五成群；一路欢笑、一路嬉闹；上了年纪的老汉，肩上搭条褪色的毛巾，腰里别杆长烟袋，不紧不慢低头走路；青壮年劳力则背个写着化肥字样的编织袋疾步前行；最活泼的就数孩子们了，老师放假了，这些闲不住的孩子们任凭大人打、骂、哄、吓，也不能动摇赶集、看热闹的决心，无奈之下，母亲们只好在千叮咛万嘱咐后，被孩子扯着走了。

泊里大集门类齐全。整个集被分得特别细：有布市、鞋袜市、玩具市、书画市、杂货市、食品市、肉市、蔬菜市、海鲜市、干货市、五金市、农具市、木材市等。最热闹的还要数红席市场，临近年关，忙碌了一年的农民们都愿意在这个时候挑上一领泊里红席回家，铺在炕上，红火又喜庆。临近年关，泊里大集会设立专门的红席市场，各地的席匠都会把自己积攒了一年的劳动成果拿到集市上，希望能卖出个好价钱。

泊里大集在社会、经济、文化方面具有重要的价值。

首先，泊里大集具有重大的经济价值。2001 年，在泊里镇党委、政府的支持下，泊里大集由原来中心街的位置搬迁到二中河以西，占地面积达 70 多亩，20 多个专门的市场，逐渐发展为集日用百货、五金建材、花鸟书画等为一体的大规模综合性集市，年交易额突破 5000 万元。

其次，泊里大集具有重大的社会价值。泊里镇全镇 8 万人，赶集成为广大农村群众一种不可或缺的生活方式，泊里大集是当地及周边藏南镇、大场镇、海青镇以及五莲县群众购买生产生活用品的重要场所。近 500 户商贩常年在此处经营，大集日的商户超过 2000 家，为老百姓提供了生活便利。

最后，泊里大集为非遗保护、传承和发展做出了重大的贡献。这里是著名的山东省非物质文化遗产泊里红席的重要集散地，每年有 1 万多领红席从这里销往各地。近年来，泊里大集还成为当地政府丰富群众文化娱乐生活的重要场所，每年在此举办科普、法制、计生等宣传演出 20 余场次。

2012 年，泊里大集被列入山东省省级非物质文化遗产名录。

## 非物质文化遗产代表性传承人

### 周衍默

周衍默，男，1967 年 8 月生，汉族，中共党员。作为地地道道的泊里镇人，他自幼常随父母赶泊里大集，对大集有深刻的印象。1985 年，他就读于位于泊里镇的胶南二中，2001 年在泊里镇工作，是见证泊里大集几十年来变迁和变化的亲历者。多年来致力于推介和宣传泊里大集，被称为“泊里大集民俗专家”。

泊里大集传承人周衍默（左二）在宣传大集

从事着泊里镇宣传和文化工作的重任，在全面致力于推介和宣传这张引以自豪的“名片”中，通过非遗文化进大集、宣讲直播进大集等多种形式，增加泊里大集的内涵和功能。同时，注重自媒体对大集的宣传效应，先后数十次为各类外地自媒体人提供文字和生活上的便利，让他们在采访这一盛况时满载而归。此外，他在日常生活中注重培育新的接班人，传授他们的经验和知识，让非遗永续传承下去。

2008 年，他就在《青岛日报》发表文章《泊里山集》，荣获青岛市委宣传部“新中国成立 60 周年作品征文奖”。泊里大集由此引起人们的关注，之后，他利用业余时间采写了《300 年传统大集——泊里大集》《最纯民族风——泊里大集》等多篇反映泊里大集的文章被各级报刊采用，让泊里大集走进人们的视野。2012 年，山东电视台来泊里采访，邀请他作为采访主角，摄像镜头拍摄长达 2 个多小时，最后制作成 35 分钟的专题纪录片《泊里大集——百年传统饮食》在《乡村季风》栏目播出，引起了很大的反响。2014 年，青岛电视台在拍摄“年货大集”宣传片时，采用了他的撰稿，全面介绍了泊里大集的盛况。2015 年青岛电视台和黄岛电视台，在直播“泊里大集”中，聘请他现场讲述泊里大集的历史和介绍，让泊里大集的知名度大增。2016 年后，每年都会吸引十几家媒体前来采访报道，聘请他作为主播就成了常态。2019 年，西海岸新区政协出版了他撰写的文章《百年泊里大集》。

# 琅琊祭海

琅琊镇东、南濒黄海，海岸线长 50 千米，沿海居民以出海打鱼、海水养殖为生，这种生活方式滋生出了当地独特的海崇拜文化与祭海习俗。琅琊祭海以祭祀龙王为核心，“出海祭龙王、丰收谢龙王、求雨靠龙王”，表达了渔民对大海的敬畏之心。海边生活和海上作业充满了不确定性，在科技水平不发达的过去，渔民只能将潜在的危险寄托在神灵身上，岸上的亲人将龙王作为唯一的心理安慰和精神寄托。渔民把海难归结为鬼怪作祟，对神的敬仰和对鬼的畏惧成为渔民心理定式，于是就有了“祭海”祭祀活动。

琅琊镇祭海为每年的正月十三，胶东民俗中的“龙王生日”。琅琊镇台西头村、石家村、西杨家洼等沿海村都会自发举行盛大的祭海仪式，祈求渔业丰收、国泰民安，传递出海纳百川、敢为人先、自强不息的精神品质。

琅琊镇所辖地区在过去属于琅琊郡，即秦朝三十六郡之一，琅琊港也是当时五大古港之首。早在 600 多年前，镇上就已经有了龙王庙、海神庙等，祭海活动已经成为当地的传统习俗，在有些朝代，地方官府也会参与到百姓的祭祀当中。这一习惯沿袭到现在，成为当地的文化特色，是渔家文化与海洋崇拜的融合。

每到农历正月十三，渔民们会像过除夕一样为海守夜。五更之前，在海边备好供桌，摆香炉、祭案，各船船主将彩旗猎猎的渔船开到村前海湾，船头面向大海，一字排列，等待正式举行祭海仪式。到了清晨，村民们抬着宰好的整猪，渔妇们穿着节日的盛装，提着供品，从四面八方会集到海滩上。各家井然有序地将供桌、供品摊摆开来，祭品包括鸡、

琅琊祭海

水果、喜饽饽、美酒、鲤鱼、猪头等，摆在祭台上，拿出祭海专用的烛台和蜡烛。在9炮、9鼓、9锣后，祭海仪式前礼开始。主祭人、陪祭人就位后，响起3炮、3鼓、3锣，宣告祭海仪式正式开始，海滩上鞭炮齐鸣、礼花喧天、万头攒动、一片欢腾。一位主祭和两位陪祭穿着秦汉时期的古装，慢步上台站定，在悠扬古乐声中，更衣、净手、沐浴、揾香，礼成之后燃烛迎神。全场肃立，恭迎龙王神位，之后上香、宫女供献敬品，主祭人开始敬酒、跪拜龙王。主持人说道，“一敬酒，岁岁平安；再敬酒，满载而归；三敬酒，感恩大海”，仪式宣告结束。

祭祀仪式结束后，剧团开始扎台唱戏，一般要唱三天三夜，其间还有秧歌、腰鼓及各种民俗表演。祭海仪式结束后，渔民们带着分来的供品及配足船上的粮食和蔬菜，赶赴大海里打鱼，都争着驾船出去，随便撒几网就能满载而归，在码头上交易的人们就像赶大集，人头攒动。如今，成为非物质文化遗产的祭海仪式，内涵更加丰富，从渔民的个体性祈福，演变成了公共性文化展示与民俗传承，传递出人与海洋和谐共处的生态理念。

2022 年的祭海仪式设置在台西头村村委南侧 150 米处海边广场，广场占地 8 亩，适宜做节庆活动。仪式分为热场演出、祭海仪式、非物质文化遗产展示三部分。舞台前摆放着整猪、鱼、鸡等供品，在战鼓表演、秦朝士兵方阵表演过后，“徐福”带领 10 名童男童女从方阵走出，按照秦朝礼仪祈福上苍，踏上远航之路。司仪官宣读献祭品，随祭人抬祭品到香火边，“秦始皇”拿起祭品抛向大海，2 米多高的“龙王”被请上了舞台，渔民们一同祈求这一年风调雨顺。整个琅琊祭海仪式一共持续了 40 余分钟，而后便是精彩的文艺演出和民俗展示。

台西村上自村委，下至村民，都对祭海仪式的举行与传承抱有极大的热情。出生于 1955 年的肖永旭从 1994 年开始担任台西头村党支部书记至今，作为青岛琅琊台西头民俗文化祭海节第十六代传承人，他于 2004 年 4 月成立青岛琅琊旅游度假服务中心，主要担任祭海的策划、设计等工作。出生于 1972 年的肖长满现任台西头村委会主任，主要负责祭海的主持、礼仪、祭拜等工作。村里的百姓则提前两三天就为祭海做准备。和其他地方的习俗不同，琅琊祭海使用的是不开膛的整猪，寓意为新的一年聚财发财。每家每户都要宰杀一头猪，清洗后要用心打扮，嘴衔红花，身披彩绸。村里的妇女还要精心制作做大饽饽，并加以彩绘。

琅琊祭海

相比于过去村民小规模自发的祭海活动，经过组织后的祭海仪式，内容更加丰富，从纯粹的宗教祭典，延伸到了民俗文化展示。这也使得祭海仪式吸引了渔民之外的人群前来参与，推动了当地的农产品与海产品交易，也使得大饽饽、面筋鱼、粉条等地方特色美食有了对外展示的机会。祭海仪式中的文化表演，也使得徐福东渡、姜子牙封立四时主、琅琊台传说、斋堂岛传说等有了进一步传承的契机，实现了民俗文化的动态传承。

2014 年，琅琊祭海被列入青岛市市级非物质文化遗产名录。

# 灵珠山庙会

灵珠山位于青岛黄岛区珠山国家森林公园，原名小珠山。小珠山山脉有大小山 40 余座，大山深处大小庙宇众多。其中菩提寺就坐落在小珠山北面的大庵山。菩提寺原名白云寺，建于明朝永乐年间，后经多次重修，山门上方，悬一长逾 2 米的木匾，上面刻着“白云寺”三个遒劲有力的金色大字。菩提寺被称为小珠山四大古刹之一，因坐落于大庵山的前坡，也被当地人称为大庵庙，又因南临大海、地势较高，山顶常有白云缭绕，因此得名白云寺。

灵珠山庙会历史悠久，明朝时期随着白云寺声名远扬，庙会也逐渐兴盛起来。每逢初一、十五或佛教法会，前来上香的人群络绎不绝，小商小贩沿街售卖，热闹非凡。据当地百姓回忆，当时庙会多在三月三、九月九与春节期间举办。到民国后期，因战乱四起，地方盗贼猖獗，外地客人不敢深入山里进香，使得寺院香火骤减，庙会逐步停止。中华人民共和国成立后，寺院宗教活动停止。1972 年到 1976 年间，白云寺被改成珠山中学。2006 年 12 月，白云寺开始复建，逐步恢复宗教活动，并正式更名为菩提寺。

庙会正是寺庙法会与集市的结合体，集祭祀活动、娱乐活动与购物活动于一体。在灵珠山庙会尚未正式恢复之前，当地百姓就开始自发地小规模组织起民间活动。每年大年三十，前往菩提寺、石屋洞进香的队伍就络绎不绝，人们星夜兼程，只为抢先烧第一炷香。一些村民觉得排队队伍过长，便前往附近的独垛子大油坊上香，这进而又催生了新的民俗活动。

恢复后的庙会活动，时间的确定不仅要考虑到菩提寺的佛教节日，

庙会上看大戏

同时也要兼顾市场的需求，以吸引周围村民与外地游客，满足游客与香客的不同需求。庙会的主会场为位于珠山国家森林公园门前的广场。庙会期间，广场与马路两侧布满各种各样的露天摊点，绵延数公里。

出于推动旅游的目的，灵珠山庙会的举办时间多是春秋时节，气候适宜，适合爬山。而在秋季开展庙会，则可以兼顾农历九月十九观世音菩萨出家日这一重大的佛教节日，使庙会真正有寺庙的参与。游客可以选择纵情山水，品鉴美食，也可以前往菩提寺感悟法会、诵经烧香、祈求平安。灵珠山庙会逐步形成了以宋朝文化为主题，集民俗文化与民间美食于一体的一条龙体验，民众可以体验抛绣球招亲，也可以观赏比武招亲与蹴鞠表演，近距离接触宋朝百姓的生活。

庙会也是推动当地经济发展的重要契机。除了各种特色小吃外，庙会也给了当地土特产对外展示的机会。当地的特色水果樱桃、特色农产品芋头，借此时机向外推销，使得周边农民多了一个销售的渠道。以庙会为契机，灵珠山为大舞台，生态景观与人文情怀在此融入庙会欢乐的氛围之中。

2018 年，灵珠山庙会被列入青岛市市级非物质文化遗产名录。

# 琅琊台天文学说

琅琊台位于青岛市黄岛区西南的海滨。琅琊台原是古琅琊海滨的一座山，名曰琅琊山。《吴越春秋》记载："越王勾践二十五年，徙都琅琊，立观台以望东海。"越王勾践的观台就立在琅琊山上。《辞源》对"观台"的解释是"瞭望天象之台"。薄树人主编的《中国天文学史》中说，古代天文台，夏代称清台，商代称神台，周代称灵台，诸侯称观台。上述定义和古代的称谓，都表明公元前 5 世纪越王勾践在琅琊山立的观台是一座天文台。

《吴越春秋》写越王勾践立观台的主要功能是"以望东海"，就是在台上观测东海上的云气。变幻无穷的云气是天象的重要组成部分，春

琅琊台・徐福殿

琅琊台星空

秋战国时期的诸侯都观测云气，甚至还立下观测制度。《春秋左传》记载鲁僖公每月初一到太庙祭告和听治政事后就“登台以望”，“凡分、至、启、闭，必书云物，为备故也”。就是说，凡是春分秋分、夏至冬至、立春立夏、立秋立冬，必然要对云气情况进行记载，为的是社会和自然若有变故以便及时做好准备。

季节之神四时主是什么时候立在琅琊山的呢？《史记·封禅书》中说：“八神将自古而有之，或曰太公以来作之。”这句话把琅琊山时台的建立时间推到大约公元前 11 世纪的周初或更早，是说八神从很古的时候就有，有人说是姜太公立的，姜尚是齐国的开国公。他为什么要在琅琊山立四时主呢？也就是说为什么要在琅琊山建一座时台呢？因为齐国非常重视天文。《史记》中说：“齐所以为齐，以天齐也。”姜太公建国的时候，就把自己的国家摆在与天等齐的位置。他立在齐国大地的八神：天主、地主、兵主、阴主、阳主、月主、日主和四时主，其中有

山海之间的琅琊台

六位是天文方面的神。齐国是一个非常崇尚四时的国家。那本记载齐国名相管仲治国思想的《管子》一书，就有专门论“四时”的篇章，“四时者，阴阳之大经也”“不识四时，乃失国之基”。《管子》把四时提到如此的高度，可见齐国把四时推崇到什么程度。这说明齐国是贤者智者治国，他们思想上非常明确，遵循四时变化行事是推进社会走向昌盛的大路径。

齐国为什么把时台建在琅琊山上呢？司马迁在《史记·封禅书》中叙述完“四时主祠琅琊”后，紧接着又说“琅琊在齐东方”。古人认为东方代表春天，春天从东方开始，所以齐国把供奉季节之神四时主的时台建在东方海滨的琅琊山上，时台的功能是“观四时施化”。一个“观”字点明了在这里观测并向人们报告春夏秋冬各季在什么时候到来。“施化”一词强调了向社会推行遵循四时变化行事。齐国的贤君都把充分发挥琅琊山时台功能列为施政要务。《管子》和《晏子春秋》两本书记载齐桓公和齐景公每年春秋两季出游都是“遵海而南，放于琅琊”。春天

到那里号召不误农时和查看春耕春种情况，补助那些种不上地的，他们“谓之游”；秋天到那里催促和查看收获情况，救助那些不能自给的人，齐桓公“谓之夕”，齐景公“谓之豫”。他们把“游”“夕”“豫”列“为诸侯度”，就是规定为诸侯的施政制度。我们从上述两本书的记载可以看到，齐国的国君身体力行，通过发挥琅琊山时台“观四时施化”的功能来推进社会发展，而且还有施政制度加以保证。当然，琅琊山时台自从大约公元前 11 世纪的周初甚至更早创立以来，就一直是供奉和祭拜四时主的神圣之地。供奉和祭拜季节之神，也是观四时施化的重要内容。

琅琊台天文学说是现代天文对古天文的延续，它对天气、时令方面的贡献是无可估量的。琅琊台天文历法发展至今，囊括了季节变化，以及潮汐变化，观星象以测云气，与当地居民的生活融为了一体，无时无刻不影响着居民的生活。为人们的耕作、渔猎提供着保障。

2008 年，琅琊台天文学说被列入青岛市黄岛区区级非物质文化遗产名录。

# 王戈庄大集

王戈庄大集

《胶南县志》载，胶南县城位于县境中部胶南镇东北部，三面低丘环抱，东南濒海，风河由南部东流入海。地势自西北略向东南倾斜，县城前身为王戈庄。1948 年胶南县政府迁入后，规模逐步扩大。城西南有王戈庄集，时为全县最大的农贸市场。

清乾隆年间，王戈庄大集已成为当地规模较大的集市。王戈庄村农历每月三、八逢大集，每月一、六逢小集，每年农历四月初八逢“山会集”。1949 年前，牌坊街两侧为集日市场，为原胶南一带较大贸易集散点，有布匹、家具、木器、瓷器、牲口、家禽、粮食、面食等贸易。商品有万余种，按照不同方位有鱼肉市、土特产市、服装区、蔬菜区、杂品区，还有一个古董和民俗市场，这里有以前耕地用的犁杖、树藤编织的簸箕、织布用的纺车等，商品可谓琳琅满目。

老王戈庄村作为原胶南县城的一个特大村落，经历多次行政区域的拆分，历史曾先被拆为 4 个村，后又划为 8 个居委会。

王戈庄街，人多地少，村民们的生产生活有多种渠道和方式。自民国时期始，王戈庄街里商贾云集五行八作样样俱全，日常经营有布匹、家具、当铺、药店、油坊、木器、成衣制鞋、手工编织、银铺、屠宰、运输、酒肆饮食业到处可见。尤其是王戈庄大集（每逢古历三、八）增加牛驴骡马鸡羊猪鸭交易，更是热闹非凡。村民们除从事上述行业外，

王戈庄大集卖零食商贩

还耕种属于自己的少量土地，也有无地的村民为手工业户及富人扛活打短工来维持自己的生活。

20 世纪 50 年代，随着经济的发展和人口的增加，王戈庄大集原来的场地和规模已远远不能满足赶集人的需要，于 70 年代，迁移至东楼南的低洼地带；80 年代迁移至王戈庄三、四村的风河河岸的低洼地带；90 年代经市委决定迁移至大哨头。现在的王戈庄大集占地面积 190 亩，由市场管理所与大哨头村委统一管理。目前，王戈庄大集已发展成为日用百货、五金建材、花鸟书画、水果蔬菜批发为一体的综合性农贸大集。年交易量 180 多万吨，市场批发与大集年交易额约 30 亿元，日上市批发交易人数达 5 千多人，大集 2 万多人，有很大的发展空间和潜力。王戈庄人都是靠集吃集，赶一次集接下来这 5 天就有钱花，日子过得很不错。

2010 年，王戈庄大集被列入青岛市黄岛区区级非物质文化遗产名录。

# 大珠山庙会

大珠山庙会，又称“山会”，缘起于大珠山上的石门寺，会期为每年农历四月初八。庙会期间，石门寺的住持带领寺内僧人及众俗家弟子进行供奉、祭祀、参拜、祈祷等佛事活动，而附近的百姓和各地的善男信女则云集石门寺，上香祈福。石庙内香客云集，香火旺盛；庙外民间戏班子搭台唱戏，商人们摆摊叫卖，热闹非凡。当地老人都对庙会的盛况记忆深刻，对当时社会物质文化匮乏、精神生活较为空虚的村民来说，庙会是每年一度的盛会，附近村民广邀亲朋好友前来参加，并准备酒菜招待亲友，使之成为亲朋团聚、共享热闹的重要时刻。

2008 年大珠山庙会

作为黄岛区重点文物保护单位，石门寺于 1994 年开始恢复重建，但庙会活动恢复较晚。2003 年，石门寺增修了钟鼓楼、天王殿、地藏殿、玉泉宫和念佛堂，增添了大量的应用设施，随后被宗教部门批准为宗教活动场所。在 2003 年到 2006 年期间，为宣传大珠山的杜鹃花会，大珠山庙会短暂地恢复过，包括聘请民间剧团唱戏。相较于历史上宗教意味较浓的庙会活动，恢复后的庙会更多的是出于旅游宣传的角度。庙会的盛行给大珠山旅游风景区增添了浓厚的文化底蕴，同时旅游业的发展也赋予了大珠山庙会得以广泛传承的新活力。

大珠山庙会涵盖了宗教、文化、旅游、民俗、商贸等多层意义，内容丰富。高跷、秧歌、魔术、杂技演出不仅活跃了庙会的氛围，更是展示了民间技艺；玉器、剪纸、绣花、花鸟等工艺品展示与销售则满足了群众的日常购物需求；各类地方特色小吃，包括葱油饼、锅贴、肉饼、卷饼以及烧制或卤制的牛肉、驴肉、鸡、鸭、鹅等特色食品，庙会日应有尽有，从山下一直摆到山上，长达三四里地，使游客流连忘返。

2010 年，大珠山庙会被列入青岛市黄岛区区级非物质文化遗产名录。

大珠山庙会上的文化活动

# 辛安大集

2006年辛安大集

辛安大集现位于辛安街道办事处驻地东北部，开拓路以东，淮河路以南，占地40亩。该区域地处交通要道，交通便利，周边村庄较多，集市由市场管理所管理。辛安大集的主要辐射范围为辛安街道、胶南、胶州。

辛安大集历史悠久，据辛安忠孝寺内石碑载：“明宣宗宣德元年

（1426），赵宏等人倡导于古历三月初五在辛安起集，集日逢五排十，遇小月顺延一天（遇小月为初一，除夕遇 29 日不顺延）。每年农历三月初五和冬月初五日为山集。”辛安大集历时 500 余年，兴盛不衰。

辛安大集集市始设在辛安村内街道，市场排列自北而南为：大牲口市、粮食市、百货市、柴草市、蔬菜市、海货市、木器市、生油生饼市、肉市、烟麻市、棉纱市、破烂市、陶瓷器市、铁器市等，由于当时的经济不发达，交易额不大，当时赶集者皆为男人。

赶大集是人们日常生活中不可缺少的内容，他们的所需、所获都要在这里完成转化，所以，辛安大集才能持续几百年而长盛不衰。据老人们回忆，在近百年中，大集经过多次搬迁，从村北搬到村内，从村内搬到南河滩，后又从南河滩迁到村内，直到村东北市场。虽然多次搬迁，但规模有增无减。近几年来，辛安大集的交易额越来越大，每个大集的交易额在 40 万—50 万元。就是逢辛安小集，交易额也都在 20 万元左右。逢山集或年集，交易额超百万元。

集市上主要以经营农副、农需、渔牧产品和日用生活物品为主，小食摊、手工制作、加工行业也掺杂其中，十分热闹。最热闹的莫过于山集和进入腊月以后的年关大集，这时，周围地区和本地的商贩云集，四乡八邻的乡民成群结队地涌来。那些路途较远的外地商贩，一般都提前一天到，找一家便宜的旅馆住一宿，第二天一早上三四点钟起床，到市场上占个好摊位。胶州一带的菜农，一般都是头天晚上结对走夜路，推着满车的白菜等产品，头车前面挂着一盏马灯照路，往往是次日凌晨两三点到达。安排好摊位后，就三五成堆，生上一堆火，烤一烤被寒霜和汗水浸透的衣服，吃一点从家中带来的、冰冷硬邦的干粮，一起预测着当天的交易行情。正常的交易一般在早饭后才正式开始。大集上人声鼎沸，一直持续到下午三四点钟。还会有外地的戏班、杂耍班到大集上演出。

赶山集的人比平时要多几倍，很多物品也只有在山集时才能买到。

因为经营这些物品的商贩都来自很远的地方，他们只有山集时才到辛安。

在辛安集的基础上又设立了辛安山会，每年农历三月初五、初六两日和十一月初五、初六两日为山会期，赶会的群众和外地的客商达万人。20 世纪 60 年代之前上市物资除当地的农副产品、农具家具、木材外，还有外商带来的货物，如掖县的文房四宝、周村的丝绸、郯城猪、河南驴、南方的竹器、平度的风箱、青州的剪子、高密的刀，以及簸箕、圆斗、木梳、篦子、杈、瓷器、金银首饰等应有尽有，豆腐摊、烧饼铺、烧酒棚、茶水座、糕点案子、油条案子、小饭馆等样样齐全，一街两行。说古书、唱小戏、演杂技、耍魔术、拉洋片、马戏团、文艺团体，样样皆有，人山人海，热闹非凡。

2007 年，辛安大集被列入青岛市黄岛区区级非物质文化遗产名录。

人们在辛安大集上购买对联

# 龙泉王家山会

龙泉王家坐落在胶州湾西南岸，南临龙雀山，每当麦收季节，受冷暖空气对流的影响，这一带经常遭受冰雹灾害，自古便有信仰雹王的风俗。村民在农业种植的同时多以海上捕鱼为业，当地百姓相信龙王可以保佑人们海上平安。清道光八年（1828），灾情不断，周边庄稼颗粒无收，为祈求神灵保佑，龙泉王家村民在本村村长和族长的共同号召下，在村东修建了一座占地半亩的关帝庙。庙中供奉着五座神像，中间是关帝爷，关帝爷的右边是龙王爷，左边是雹王爷，周仓和关平的神像分列两旁。庙门上写着一副对联，上联是“神祖保佑永太平”，下联是“风调雨顺五谷丰”，横批为“国泰民安”。

龙泉王家山会，也叫龙泉王家庙会，发源于龙泉王家村。龙泉王家村是红石崖街道所辖的最大村落，有1000多户人家，王姓占了90%以上。每年的农历四月十八是龙泉庙会举办的日子，当地人习惯称之为“四月八山”。每逢庙会时节，十里八乡都会前往龙泉王家“赶四月八山”，

龙泉王家庙会开幕仪式

或“赶山”。这也是一年当中龙泉王家村最热闹的日子。

据村民回忆，龙泉庙会始于清朝道光八年（1828），民国时期的《胶州志》对此也有记载，庙会绵延 180 多年。庙会日期固定，每年农历四月十八至二十日举办，也可延长至 7 天。龙泉庙会的起源与盛行，与龙泉王家的地理位置、农业生产与社会环境都密切相关。

庙会现场热闹非凡

关于庙会定在四月十八，当地存在两种说法：一说四月十八是当地流行的祭祀日，一说四月十八是寺庙建成之日，且也是龙王爷生日。传说，关帝庙建成之后，百姓祈求风调雨顺，那年直到麦收，村里没有再遭受旱灾，五谷丰登。村民认为关帝庙的神灵都十分灵验，因此将每年四月十八定为庙会。有村民回忆，在过去举办的庙会祭祀仪式上，本村村长带领各家族长和村民带着猪头三牲、香纸蜡烛等供品在关王庙中祭拜，敬奉神灵，燃放鞭炮，以示庆典，并与周边村庄凑钱从外地请来有名气的戏班唱大戏，连唱三五天，周围村庄的人也前来听戏。

龙泉王家庙会的兴盛也与其地理位置有关。清代末期，龙泉王家附近开办了拥有万亩的龙泉盐场，建设了红石崖码头，龙泉河一带成为胶州湾西海岸最大的盐业基地、水产品交易中心和货物集散中心，也为庙会的传承发展提供了基础条件。当时这一带人口较为集中，仅距龙泉王家村方圆 10 里之内的村子就有 40 多个，龙泉王家庙会辐射范围广，除黄岛境内外，还有胶州、胶南、高密、诸城、日照、五莲、莒县等地群众在庙会期间前来听戏、赶会、走亲访友。

2007 年，龙泉王家山会被列入青岛市黄岛区区级非物质文化遗产名录。

# 灵山岛祭海

岛上老人准备好的“海生日”祭品

灵山岛祭海是灵山岛人千百年来一直沿袭的传统民间习俗，主要分布于青岛市黄岛区灵山岛省级自然保护区内的灵山岛及周边村庄。

公元前219年至公元前210年，秦始皇统一华夏后三次巡抚胶东半岛，在胶南琅琊山留下祭海坛遗址；“祭海”是渔民传统民间海事活动和海事生活积累的心理产物。根据当地老渔民回忆，有了渔船就有祭海活动，早在600年前，灵山岛拥有祖庙13座，如妈祖庙、观音庙、鱼骨庙、关帝庙等。这种祭祀方式，其民众的参与性之广、影响之大、延续历史长，此习俗千百年来，代代相传。

至今，灵山岛仍沿袭着这一传统的民间习俗，保留了祭海的粗犷、淳朴的原生态文化风貌，展示着渔民龙信仰的独特传统文化与深厚的民俗内涵。在一定程度上也反映了当地的风土人情，记录了灵山岛宝贵的人文价值，体现了人们对大自然丰富的想象力，寄托了人们对美好生活的向往，并假借传说故事反映了人们对社会生活现象惩恶扬善的价值。

目前，灵山岛仍沿袭着这一传统的民间习俗。灵山岛人把为海过生日看作海岛人乡俗中的一大盛事，就类似于早年农村为庄稼过生日、为太阳过生日一样，以此寄托人们对自然万物的尊崇。

祭海前十几天，渔家媳妇们便开始忙着蒸面馍，有寿桃、圣虫等多种造型。这些面塑经食用色彩装饰后，成为颇具民俗特色的面塑艺术品，扎制一些纸船、木船，在船中象征性放置一些“金银财宝”和“供品”。临近祭海的日子，男人们便忙着选三牲，即猪、公鸡、大个的带鳞鱼。

每年正月十三，一年一度的“海生日”在灵山岛码头举行。岛上人会像过除夕一样为海守夜：五更之前，渔民们在海边备好供桌，摆香炉、祭案，各船船主忙着将彩旗猎猎的渔船开到村前海湾，船头面向大海，一字排列，等待午夜正式举行祭海仪式，渔民们以船为单位在龙王庙前的海滩上开始摆供。一张张供桌上摆满了面塑圣虫、寿桃、各类糖果、点心、三牲（猪、鱼、鸡）等。人们焚烧香纸，磕头朝拜，祈求来年风调雨顺，鱼虾满仓。祭海仪式结束后，渔民们开始聚餐，并欢迎客人一同吃鱼、吃肉、喝酒，来的人越多越好，表明接到的祝福越多。祭海后第二天，渔民便出海开始一年的渔业生产。

祭海大秧歌

灵山岛祭海具有较强的学术研究价值、文化价值和社会影响价值。它的渊源、延续及发展过程，对研究我国历史上沿海地区人类的进程、生存环境和文化、经济构成及发展具有重要的参考价值。

2010 年，灵山岛海祭被列入青岛市黄岛区区级非物质文化遗产名录。

# 阎老山庙会

阎老山又称国老山、果老山，周边百姓更是俗称其为驴山子。阎老山海拔仅 39 米，占地面积 0.16 平方千米，位于王台镇田家窑村北面。阎老山庙会历史悠久，深受当地百姓的喜爱。

2024 年阎老山庙会

关于阎老山的传说，民间历来有两种说法：其一，阎老山源自明朝内阁大学士高宏图（也作高弘图），《南疆绎史》记载：“弘图虽非材，使其幸而当平世，固一贤宰相也。”高宏图为官清廉，刚正不阿，后人为纪念他而将此山命名阎老山。《增修胶志》记载“（明）大学士高宏图墓在治南五十里阎老山”，即王台镇田家窑村东阎老山上。此墓于 1967 年被盗掘，现存两个砖砌墓室，山上留有后人为其重新竖立的墓碑，高宏图墓被列入市级文物保护单位。其二，果老山来源于八仙之一的张果老。传说张果老曾骑驴路过此地，被当地的风景吸引，故而在此休息，因此当地留下了“拴驴桩”“驴脚印”“阁老座”和“饮驴泉”的传说。现在山上仍留有拴驴桩，据说是一块柱状的陨石。

阎老山庙会的传承人田祥福介绍说，此地曾有过寺庙，但在战火中被摧毁，后人也没有再重新修庙，而是在寺庙的遗址，也就是拴驴桩所在的开阔空地处，每年举办庙会。这也成了当地最独特的文化现象，没有庙而有庙会。虽然阎老山庙会会期为每年正月十五，但每年一到正月

王台阁老山庙会父老乡亲会聚一起观看茂腔表演

十四的晚上，周边村庄的村民都会连夜赶往阁老山，希望能在晚上十点前赶到拴驴桩，焚香放炮，以祈求平安，王台镇上的企业家也会特意赶来求财运。

到了正月十五当天，阁老山更是热闹非凡。狭窄的山道上挤满了络绎不绝的人群，路旁空隙处摆放了各种小吃摊位，和春节期间最常见的娱乐设施。据估计，每年庙会最盛的时候，可以吸引 30000 多人，阁老山庙会的吸引力已经远超田家窑村，而成了整个青岛市最有名的文化景观，以及春节期间感受年味的好去处。

中华人民共和国成立后，阁老山庙会停止了一段时间。2000 年左右，庙会重新恢复举办，广受周边群众欢迎。但近些年来，阁老山逐渐成了附近田家窑村的公墓，这使得原本狭小的山体日益被坟墓覆盖。往来赶回的人群只能在坟墓间穿行，极大地阻碍了村民参加庙会的热情，使得参加庙会的人数连年呈下降趋势。

2010 年，阁老山庙会被列入青岛市黄岛区区级非物质文化遗产名录。

# 黄山李老爷庙会

黄山李老爷庙会来源于“没尾巴老李”的黑龙信仰。据当地村民讲述，黑龙姓李，他的父亲原是当地的一名官员，因为看到妻子生出一条黑龙，便拔剑去砍，只砍下了一条龙尾。黑龙受惊慌忙逃命，想要从南天门登天，但因为少了尾巴不能飞上天，掉落在当地喜鹊山附近的诺多夼。因为在此地洒了龙血，当地百姓便修建庙宇祭祀黑龙，久而久之成了远近闻名的李老爷庙。

李老爷庙会的会期为每年的正月十五。沙沟东村村民李进瑞还记得他小时候参加李老爷庙会的盛况。一到这天，周围村庄的人就会到李老爷庙烧香磕头，祈求来年风调雨顺，小商小贩也在寺庙附近的山路上摆摊，销售物资。庙会的火热氛围与春节团圆的喜庆相得益彰，不仅成了附近村民的节日，也是外地亲友前来走亲访友的好时机。

对于当地村民来说，庙会是向李老爷表达感谢的契机，感谢龙王在一年中对当地百姓的庇佑，并祈求来年的五谷丰登，这是农耕文化中最重要的信仰表现。在过去，由于农业生产技术落后，山区的灌溉技术受到局限，因此降雨成了制约农业发展的重要因素。当地百姓认为李老爷十分灵验，当地村民回忆，1949 年前，每逢天旱无雨，村民就会到李老爷庙前求雨，不过三天则必定天降甘霖，不管雨势或大或小，毫无例外。

现在，随着村庄的建设，李老爷庙坐落于离村庄较远的山上，加上新兴媒体的兴起，使得庙会对村民的吸引力大大下降。李老爷庙庙会逐渐衰落。不仅参与庙会的村民数量直线下降，前来兜售货物的商贩数量也急剧减少，这也使得李老爷庙庙会越来越远离当地的生活。

2010 年，黄山李老爷庙会被列入青岛市黄岛区区级非物质文化遗产名录。

# 大沟婚嫁习俗

大沟村位于六汪镇政府驻地东北 4.8 千米处，地处铁山水库上游，北临宝山镇，东临铁山镇，属丘陵地区。据《单氏族谱》载，明成化七年（1471），单氏五世祖单聚、单功、单宝、单敬四人，从高密迁此立村，因地处山沟，而名单家大沟，1949 年后简称大沟。据民国版《增修胶志·疆域》载，清道光时称单家沟，宣统时称单家大沟，民国时称大单家沟。

“男大当婚，女大当嫁”，这是人之常情、古之常礼，是每个青年人的终身大事。但在充斥着封建礼教的旧社会，男女授受不亲，必须有父母之命、媒妁之言才能两相结合，因而便有了“天上无云不能下雨，

根据大沟婚嫁习俗编排的演出

地下无媒不能成亲”的说法。

大沟婚嫁习俗，大致分为这样几个步骤：说媒、下媒契、送日子、做媳子、将媳子。

说媒：媒人一般都是能说会道的人，他们拿着男女双方的生辰八字写成庚帖，互相交换，名为“换帖”。双方各按庚帖去找先生参阅《通书》查日子，俗称“喜不喜”，这叫“合宫”。若是“属、命、宫”三相皆合为“相生”，这叫“上等婚”，婚配大喜。

下媒契：女家应亲之后，媒人就一锤定音，选定日期叫男家到女家送彩礼下聘，这叫“定亲”。“私凭文书官凭印”，男家到女家去下礼定聘，必须以《婚书》为证，名叫“媒契”。下媒契要用四色彩礼，即40个贴着红花的大喜饽饽，每个重一斤半开外；猪肉两刀16斤；粉条两捆，每捆二斤；回饼四封，每封一斤。外加给女方割的衣料，名叫“衣裳面子”，把媒契和聘金放在拜匣里，用红签封固，名叫“看钱”。

送日子：男方下了媒契以后，就找查日子的先生按《通书》选良辰、择吉日，迎娶新人过门。先生根据女方的属命选用不犯本命星的月份，这叫“大利月”。如果大利月不便，就另选可用之月，名叫“借月”。选出适于婚配的月份之后，就再择取宜于嫁娶的黄道吉日。先生用红纸把所禁忌的事宜写成文式，名叫“日子”，约定时间送到女家去，以便女方提前做好出嫁的准备，这叫“送日子”。

做媳子：女子出嫁叫“出门子”，走出闺房叫“出阁”，世俗称为“做媳子”，父母叫作“应从闺女”。应从闺女的陪嫁用品叫“陪送”“妆奁”。头在应从闺女之前先把家什染成红色，再用油漆刷得铮明瓦亮，预先挑好合适的人选，按时抬到男方家里去，名叫“抬家什”。

在这几个步骤中，“将媳子”迎娶最为热闹，也最为有特色。男方提前赁好花轿，请下四名年轻力壮的轿夫，按时到女家去迎娶新人，名叫“将媳子”。男方迎婚的花轿一早就到女家门首了。此时女家正忙得不可开交、自顾不暇，幸有邻家事先约好，把轿夫请到他家去以酒饭相待，名叫“待喜客”。轿夫酒足饭饱之后，就到女家去迎候新娘子上轿。女家先打发抬家什的头里走了，再伺候新人上轿，名叫“发嫁”。用花轿迎娶新人称为“迎亲”。赁花轿的人随轿而行叫“跟班”，跟班的用木棍架着红色的飘带插在大门楼上，这叫“大门挂彩”。把新人封家什的红绳抛到房顶上，预示日子过红了将来拴马用，再把两块新砖并成方块，用红纸包起来摆在窗外，名叫“一方金砖”，以预示发财。花轿刚一落地，立即上来两个儿女双全、与新娘的属命相合的半老徐娘，名叫“架女客”。架女客掀开轿帘，拿出“日子”贴在新房的山墙上，把新人的梳妆用品拿到新房里安放停当，再端出两盆炭火。炭火是用铜盆盛着木炭，上面盖着一方红纸以代火苗，架女客让新娘从轿里把腿伸出来放在上面烤，以表示今后日子过得“红火”。

2015 年，大沟婚嫁习俗被列入青岛市黄岛区区级非物质文化遗产名录。

# 城隍庙庙会

灵山卫北倚小珠山，南濒黄海，与灵山岛隔海相望，气候宜人，面积36平方千米，海岸线长12千米，辖29个行政村，有居民8823户，户籍人口2.6万人。灵山卫驻地有省道泰薛公路、海滨大道横越办事处辖区南部，辛积路纵穿办事处东部，交通便利，区位优势明显。灵山卫城隍庙位于灵山卫街道西街村委西北方。

城隍庙庙会开幕仪式

城隍庙会，指在城隍庙附近聚会，进行祭神、娱乐和购物等活动，是中华文化传统的节日风俗。城隍庙会有着悠久的历史，“城隍”一词源于古代的城墙和护城河，在信奉者眼中，它是护卫百姓安全、保佑一方平安之神。

灵山卫始建于明朝洪武五年（1372），为抵御倭寇，连府设卫，明、清两代均为鲁东南沿海军事要塞，据《灵山卫志·卷四·祭祀志》记载，自设卫以来至雍正十二年（1734）撤并的360年中，灵山卫城隍庙、文庙、马神庙等庙、坛、祠每年定期举办祭奠仪式，以祈求家和兴旺、国泰民安。

古代的庙宇旁多设有戏台，在灵山卫城隍庙大殿的西南侧，也有一个戏台，邻近大街，飞檐斗拱，规模不大，名卫城大戏台。每逢庙会或节日、庆典，必有大戏上演，十里八乡云涌而至，车鸣人呼，歌吹沸天，好不热闹。

每年春秋两季，祭祀风云雷雨神，要请城隍配享。清明节、中元节和十月初一，祭祀厉坛，城隍主享，五月初一要致祭，每月初一、十五庙祝要按时祭祀城隍。逢会，方圆上百里的善男信女和赶会民众及商贾从四面八方会集朝阳寺。庙外，锣鼓喧天，鞭炮齐鸣，戏班、杂耍儿、说书等各路民间艺人各显神通，各种土特产品、面食小吃应有尽有，叫卖声此起彼伏，热闹非凡；庙内，香烟缭绕、纸火熊熊，道士们庄严肃穆地敲击法器诵经，人们顶礼膜拜，祈求赐福消灾、风调雨顺、五谷丰登、万事如意。

城隍庙会

灵山卫城隍庙的存在，印证了灵山卫的历史，承载着文化的记忆，使得我们仍然能够近距离地抚摸历史，唤起我们的古城回忆。灵山卫庙会带给了西海岸新区的老百姓一场丰盛的精神文化大餐。

灵山卫城隍庙自 2011 年修缮以来，定于每年农历四月初八举行庙会，现已成功举办了三届，庙会形式有传统祭祀仪式、城隍巡游民间文艺演出、茂腔戏曲及一些小杂耍，吸引了来自区内外上万人士前来赶庙会，以祈求平安、多福。城隍庙庙会的祭祀仪式非常宏大，仪式前的城隍巡游民间艺术展演也非常壮观，可谓城隍庙庙会的重头戏。

2015 年，城隍庙庙会被列入青岛市黄岛区区级非物质文化遗产名录。

# 六汪大集

六汪大集位于青岛市黄岛区西北部，每逢农历五、十是大集日。

据《樊氏家谱》记载，明洪武二年（1369）樊可诚兄弟从云南迁来，在六处水汪（坑）边立村取名六汪。后来兄弟分家，在原村前另立一村，遂有两个六汪村，该村称后六汪，后惯称六汪。该村农历五、十逢集日。据民国版《增修胶志·疆域》载，自清道光至民国时称该村为六汪集（因逢集而得名）。距今已有 100 多年的历史，是目前黄岛区尚存的最古老、规模最大的集市之一。

六汪村地处丘陵，历史上以农业为主，集市非常繁华，据当地老人回忆，由于交通便利，大集都十分热闹。大集当天，日照、诸城等地的

山东省电视台在六汪大集进行采访

商贩也会远道而来赶集。

改革开放以来，各行各业突飞猛进。随着经济的发展和人口的增长，大集原来的场地和规模已经远远不能满足赶集人的需要。六汪镇党委、政府将大集由原来的大集增扩面积，占地面积40多亩，由市场管理所进行统一管理。

老铁匠正在打铁

目前，六汪大集现拥有建筑、农机维修、面粉食品加工、建筑材料预制、商品零售批发、餐饮等个体户工商业户60多家，其他各类私营业户主50多家，从业人员达500人。通过近几年农业结构，林业、黄烟、畜牧、食用菌等特色农业加快发展，年交易额突破2000万元。每年，六汪镇政府都会在大集组织科普、法制、计生宣传活动和文艺演出，给大集增添了一份浓厚的文化氛围。

六汪大集过去曾是红极一时的大型家畜交易市场。近年来，随着交通越来越便利，大型家畜交易市场逐渐疲软、没落。

2015年，六汪大集被列入青岛市黄岛区区级非物质文化遗产名录。

# 灵山湾拉网节

拉网捕鱼是青岛市黄岛区沿海地区传承千年的传统渔家民俗，是承载着深厚渔家文化的独特生产、生活方式。每年 9 月开海后，灵山湾畔，一线排开的拉网渔民满载着收获的期许，沿用原始的拉网和分配方式，共同参加拉网活动，共享渔家幸福生活。起源于民间、繁盛于民间的灵山湾拉网活动，如今已不再是渔民赖以生存的生产生活方式，更多地成为当地人们对原有渔家生活的纪念。经过不断的演绎发展，逐渐发展成独具韵味的地方特色渔家文化，成为现代人们体验渔家风情、畅享度假的时尚旅游休闲活动。

由于拉网使用的渔网极其长，至少也有 1200 米，所以首先得选宽阔无礁石的海湾，灵山湾正是最佳地点。其次拉网要选准潮汐时间，如此巨大的网在水中的阻力加上鱼的挣扎会让拖拽工作费时费力，所以拉网大都选在跌潮时下网，涨潮时拉拽。每到跌潮时渔民便会开着渔船去布网——先在海面的一端撒下网，固定住，然后 沿着与海滩平行的方向行驶到另一端下网 、固定等待涨潮。岸上的人也不会闲着，他们进行着最古老的“股份制”合作——船老大召集帮忙的“船工”许以鲜鱼做酬劳，通常船老大等出船、出钱的合伙人分到的多一些，占收获的六成，而帮忙拉网的船工们则占到四成，即使这样，也能分到不少的鲜鱼。等到涨潮时，渔网留在岸上的网绳的两端分别站满了准备拉网的船工，有经验的老船工喊着响亮的号子，带领众人用力拉网……从下网，到拉上岸，往往需要一两个小时的时间。虽然拉网耗时耗力，但收获还是令人满意的，特别是在春秋两季，拉网的活动最多，收获也最大，网拉到上千斤根本不成问题。

一年一度开海季，广大市民踊跃参与灵山湾拉网节

作为黄岛区沿海渔民的一种传统生活方式，拉网在当地已有 2000 多年的历史。早在战国齐国时期，当地沿海渔民便在此以捕捞为生，到明朝洪武年间达到鼎盛规模。尽管现在海洋渔业的发展突飞猛进，但这种原始而古老的捕鱼方式和分配机制，依旧原汁原味地流传了下来。

从 2009 年开始，为让更多的游客体验、感受原汁原味的原胶南渔家文化，原胶南经济开发区管委精心策划，充分挖掘、保护和发扬渔家文化，将一代代渔民千百年来以心血和汗水积淀成的生产、生活、节日、礼仪等独特的民风民俗，以节会的形式予以完整的展示，举办了在国内尚属首次的“首届灵山湾拉网节”。真实再现黄海之滨传统的祭海拉网这一古老仪式，将渔民祭海打鱼的生产生活画卷打造成一个非常有吸引力的民间节日，使拉网成为城市居民的一种休闲时尚运动项目，同时丰富了灵山湾旅游产品种类，满足了大众化旅游消费需求，为胶南生态旅游注入新的内涵。

渔网里满满的渔获

拉网节从 2009 年开始，每两年举办一次。整个拉网节历时 1 个月，节庆期间将举行祭海仪式、拉网现场体验、沙滩文艺晚会、沙滩露营、经贸洽谈会等系列活动。

2019 年，灵山湾拉网节被列入青岛市黄岛区区级非物质文化遗产名录。